Henri Bergson
Zeit und Freiheit

Henri Bergson

Zeit und Freiheit

athenäum

Titel der Originalausgabe: »Sur les dornées immédiates de la conscience«: Presses Universitaires de France, Paris.

CIP-Titelaufnahme der Deutschen Bibliothek

Bergson, Henri: Zeit und Freiheit / Henri Bergson.
Mit e. Nachw. von Konstantinos P. Romanòs. –
Nachdr. d. 1920 im Verl. Diederichs, Jena, erschienenen 2. Aufl. –
Frankfurt am Main: Athenäum, 1989
   (Athenäums Taschenbücher; Bd. 135)
   Einheitssacht.: Sur les dornées immédiates de la conscience <dt.>
   ISBN 3-610-04735-6
NE: GT

athenäum^s taschenbücher
Band 135
April 1989

Nachdruck der 1920 im Verlage Eugen Diederichs, Jena,
erschienenen 2. Auflage der Übersetzung bei Westkulturverlag Anton Hain,
Meisenheim am Glan, 1949
Umschlaggestaltung: Karl Gerstner, Basel
Umschlagfoto: Henri Bergson, Ullstein Bilderdienst, Berlin
Satz: Th. Peter, 8702 Kist
Reproduktion, Druck und Bindung: DVG, Darmstadt
Printed in Germany
ISBN 3-610-04735-6

INHALT

Vorwort

Wir drücken uns notwendig durch Worte aus, und wir denken fast immer räumlich. Mit andern Worten, die Sprache zwingt uns, unter unsern Vorstellungen dieselben scharfen und genauen Unterscheidungen, dieselbe Diskontinuität herzustellen wie zwischen den materiellen Gegenständen. Diese Assimilation ist im praktischen Leben von Nutzen und in der Mehrzahl der Wissenschaften notwendig. Es ließe sich jedoch die Frage aufwerfen, ob nicht die unübersteiglichen Schwierigkeiten, die gewisse philosophische Probleme bieten, daher kommen, daß man dabei beharrt, die Erscheinungen, die keinen Raum einnehmen, im Raume nebeneinander zu ordnen, und ob sich der Streit nicht oft dadurch beenden ließe, daß man von den allzu groben Bildern abstrahiert, um die er sich abspielt. Wenn eine unberechtigte Übersetzung des Unausgedehnten in Ausgedehntes, der Qualität in Quantität ins Innere der aufgeworfenen Frage selbst den Widerspruch hineinträgt, ist es dann zu verwundern, daß sich der Widerspruch in den Lösungen, die man ihr gibt, wiederfindet?

Wir haben unter den Problemen das gewählt, das der Metaphysik und Psychologie gemeinsam ist: das Freiheitsproblem. Wir versuchen nachzuweisen, daß jede Erörterung zwischen den Deterministen und ihren Gegnern eine vorangegangene Vermengung der Dauer mit der Ausdehnung, der Sukzession mit der Gleichzeitigkeit, der Qualität mit der Quantität in sich begreift: Mit Aufhebung dieser Vermengung würden aber vielleicht die Einwände gegen die Freiheit, ihre Definitionen und in gewissem Sinne das Problem der Freiheit selbst verschwinden. Dieser Nachweis ist der Gegenstand des dritten Teils unserer Arbeit; die beiden ersten Kapitel, in denen die Begriffe der Intensität und der Dauer einer Untersuchung unterzogen werden, sollen dem dritten Kapitel als Einführung dienen.

Februar 1888   *Henri Bergson*

I. Von der Intensität der psycho-
logischen Zustände

Man nimmt gewöhnlich an, daß die Bewußtseinszustände: Empfindungen, Gefühle, Affekte und Willensanstrengungen, zu- und abnehmen können; einige versichern uns sogar, daß eine Empfindung zwei-, drei-, viermal so intensiv genannt werden kann als eine andre Empfindung von gleicher Natur. Wir werden diese letztere Behauptung, die die These der Psychophysiker ist, späterhin untersuchen; selbst die Gegner der Psychophysik aber sehen nichts Unrichtiges darin, von einer Empfindung zu sprechen, die intensiver sei als eine andre Empfindung, von einer Willensanstrengung, die größer sei als eine andre Willensanstrengung, und auf diese Weise zwischen rein inneren Zuständen quantitative Unterscheidungen aufzustellen. Der gemeine Verstand erklärt sich übrigens ohne die geringste Bedenklichkeit über diesen Punkt: man sagt, es sei einem mehr oder weniger warm, man sei mehr oder weniger betrübt, und diese Unterscheidung von mehr oder weniger nimmt niemanden Wunder, auch wenn man sie ins Gebiet subjektiver Tatsachen und unausgedehnter Dinge hinein fortsetzt. Hier liegt indessen ein sehr dunkler Punkt und ein Problem von größerer Tragweite, als man sich allgemein vorstellt.

Wenn man behauptet, eine Zahl oder ein Körper sei größer als ein andrer, weiß man allerdings sehr wohl, wovon man spricht; denn in beiden Fällen ist von ungleichen Räumen die Rede, wie wir später im einzelnen ausführen werden, und man nennt größer den Raum, der den andern enthält. Wie aber sollte eine intensivere Empfindung eine solche von geringerer Intensität enthalten können? Wird man uns etwa erwidern wollen, die letztere sei in ersterer inbegriffen, die Empfindung der höheren Intensität werde nur unter der Bedingung zu erreichen sein, daß zuvor geringere Intensitätsgrade derselben Empfindung durchlaufen worden sind, und daß es sich also auch hier wieder in gewissem Sinne um das Verhältnis zwischen einem Enthaltenden und Enthaltenen handle? Diese Auffassung von der intensiven Größe scheint die des gemeinen Verstandes zu sein: man kann sie aber nicht zum Range einer philosophischen Erklärung erheben, ohne geradezu einen Zirkelschluß zu begehen. Es ist nämlich unbestreitbar, daß eine Zahl mehr ist als eine andre, wenn sie in der natürlichen Zahlenreihe ihren Platz hat nach ihr; man hat aber die Zahlen in anwachsender Reihenfolge anordnen können, eben weil zwischen ihnen Beziehungen von Enthaltendem und Enthaltenem bestehen und weil man sich imstande fühlt, genau zu erklären, in welchem Sinne die eine größer ist als die andre. Die Frage ist dann, zu wissen, wie es uns denn gelingt, eine derartige Reihe mit intensiven Größen zu bilden, die ja nicht aus Dingen bestehen, die aufeinander gelegt werden können, und woran wir denn erkennen, daß die Glieder dieser Reihe z.B. anwachsen, statt abzunehmen; und das läuft allemal auf die Frage hinaus, weshalb eine intensive Größe einer extensiven vergleichbar sei.

Es hieße der Schwierigkeit nur aus dem Weg gehen, wenn man, wie es gewöhnlich geschieht, zwei Arten von Quantität unterscheiden wollte, die eine extensiv und meßbar, die andere intensiv und eigentlicher Messung nicht zugänglich, dabei aber doch so beschaffen, daß man von ihr trotzdem noch sagen kann, sie sei größer oder kleiner als eine andre Intensität. Denn es wird damit anerkannt, daß diese beiden Formen von Größen etwas Gemeinsames haben, da man sie ja beide Größen nennt und in gleicher Weise anwachsen und abnehmen läßt. Was aber könnte es, vom Gesichtspunkte der Größe aus, zwischen dem Extensiven und dem Intensiven, dem Ausgedehnten und Unausgedehnten Gemeinschaftliches geben? Nennt man die größere Quantität im ersteren Falle die, die die andre enthält, weshalb spricht man auch dann noch von Quantität und Größe, wenn weder ein Enthaltendes noch ein Enthaltenes mehr vorhanden ist? Wenn eine Quantität wachsen und abnehmen kann, wenn man bei ihr das *weniger* sozusagen im Schoß des *mehr* erblickt, ist sie dann nicht eben deswegen teilbar, ausgedehnt? Und liegt dann nicht ein Widerspruch vor, wenn wir von inextensiver Quantität reden? Dennoch kommt der gemeine Verstand mit den Philosophen darin überein, ein rein Intensives zur Größe zu machen, genau wie ein Ausgedehntes. Und nicht nur gebrauchen wir dasselbe Wort, sondern wir empfinden auch einen analogen Eindruck in beiden

Fällen, ob wir nun an ein größeres Intensives denken oder ob es sich um ein größeres Ausgedehntes handelt; die Bezeichnungen »größer« und »kleiner« rufen jedenfalls in beiden Fällen dieselbe Vorstellung hervor. Fragen wir uns nun, worin diese Vorstellung besteht, so liefert uns das Bewußtsein abermals das Bild von einem Enthaltenden und einem Enthaltenen. Wir stellen uns z.B. eine größere Intensität der Willensanstrengung wie eine größere Länge zusammengerollten Drahtes, wie eine Sprungfeder vor, die einen größeren Raum einnehmen wird, wenn ihre Spannung nachläßt. In der Vorstellung eines Intensiven und selbst in dem Worte, das sie wiedergibt, liegt das Bild einer gegenwärtigen Zusammenziehung und folglich einer künftigen Ausweitung, das Bild einer virtuellen Ausgedehntheit, wenn man so sagen könnte, eines zusammengepreßten Raumes. Wir müssen also glauben, daß wir das Intensive ins Extensive übersetzen und daß die Vergleichung zweier intensiver Größen sich vollzieht oder wenigstens ausgedrückt wird durch die verworrene Anschauung von einer Beziehung zwischen zwei Ausdehnungen. Schwierigkeiten scheint aber die genauere Bestimmung der Natur dieser Operation zu bereiten.

Die Lösung, die sich ohne weiteres anbietet, wenn man erst einmal auf diesem Wege weiterdenkt, würde die sein, daß man die Intensität einer Empfindung oder irgendeines Zustandes des Ich durch die Zahl oder Größe der objektiven und somit meßbaren Ursachen definiert, die sie hervorgerufen haben. Es ist nicht zu bestreiten, daß eine intensivere Lichtempfindung die ist, die man durch eine größere Anzahl von Lichtquellen erhalten hat oder erhalten würde, wobei man sich diese als aus gleicher Entfernung wirkend und untereinander identisch zu denken hätte. In der überwiegenden Mehrzahl der Fälle aber sprechen wir ein Urteil über die Intensität der Wirkung aus, ohne auch nur die Natur der Ursache zu kennen, geschweige denn ihre Größe; oft sogar führt uns die Intensität der Wirkung dazu, aufs Geratewohl eine Hypothese über die Zahl und Natur der Ursachen zu bilden und dadurch eine Berichtigung des Urteils unserer Sinne herbeizuführen, die sie uns zuerst als unbedeutend dargestellt hatten. Umsonst wird man dagegen geltend machen, daß wir in diesem Falle den gegenwärtigen Zustand des Ich mit irgendeinem früheren Zustand vergleichen, wo gleichzeitig mit dem Erleben der Wirkung die Ursache als Ganzes wahrgenommen wurde. In einer sehr großen Anzahl von Fällen verfahren wir allerdings auf diese Weise; aber man erklärt damit nicht die Intensitätsunterschiede, die wir zwischen den tiefer gelegenen psychologischen Vorgängen aufstellen, die aus uns selbst hervorgehen und keine äußeren Ursachen mehr haben. Andererseits sprechen wir uns gerade dann am zuversichtlichsten über die Intensität eines psychischen Zustandes aus, wenn der subjektive Aspekt des Phänomens allein unsere Aufmerksamkeit auf sich zieht oder wenn die äußere Ursache, woran wir ihn geknüpft denken, sich nicht eigentlich als meßbar erweist. So erscheint es uns selbstverständlich, daß man beim Ausziehen eines Zahnes einen intensiveren Schmerz empfindet als beim Ausreißen eines Haares; der Künstler weiß über allen Zweifel, daß das Gemälde eines Meisters ihm ein intensiveres Vergnügen gewährt als ein Ladenschild; und man braucht nicht erst von Kohäsionskräften gehört zu haben, um behaupten zu können, daß es weniger Anstrengung kostet, eine Stahlklinge zu biegen als einen Eisenstab zu krümmen. So wird also die Vergleichung zweier Intensitäten größtenteils ohne die geringste Rechenschaft über die Zahl der Ursachen, die Art ihres Wirkens und ihre Ausdehnung vollzogen.

Es bliebe hier allerdings noch eine subtilere Hypothese derselben Art möglich. Es ist bekannt, daß die mechanistischen und hauptsächlich die kinetischen Theorien darauf hinausgehen, die uns wahrnehmbaren und fühlbaren Eigenschaften der Körper durch genau bestimmte Bewegungen ihrer elementaren Teile zu erklären, und einige sehen schon den Zeitpunkt voraus, wo die intensiven Unterschiede der Qualitäten, d.h. unserer Empfindungen sich auf extensive Unterschiede zwischen den Veränderungen werden zurückführen lassen, die dahinter stattfinden. Vielleicht dürfte es nun zulässig sein zu behaupten, daß wir, ohne diese Theorien zu kennen, sie dunkel ahnen, daß wir hinter einem intensiveren Ton eine umfangreichere Vibration vermuten, die sich ins Innerste des vom Reiz getroffenen Teils fortpflanzt, und daß wir auf diese sehr genaue, wenn auch verworren wahrgenommene mathematische Beziehung anspielen, wenn wir von einem Ton sagen, er habe eine höhere Intensität. Aber auch ohne so weit zu gehen, könnte man

12

wohl als Prinzip aufstellen, daß jeder Bewußtseinszustand einem gewissen Reizzustand der Moleküle und Atome der Gehirnsubstanz entspricht und daß die Intensität einer Empfindung für den Umfang, die Verwicklung und die Ausdehnung der Molekularbewegung das Maß abgibt. Diese letztere Hypothese ist mindestens ebenso wahrscheinlich als die erstere, aber sie taugt ebensowenig zur Lösung des Problems. Denn es ist zwar möglich, daß die Intensität einer Empfindung auf eine mehr oder weniger bedeutende Leistung hinweist, die sich in unserem Organismus vollzogen hat; im Bewußtsein gegeben ist uns aber nur die Empfindung, nicht die mechanische Leistung. Wir urteilen ja über die mehr oder weniger große Menge der geleisteten Arbeit erst auf Grund der Intensität der Empfindung: die Intensität bleibt also, dem Anschein nach wenigstens, eine unmittelbare Eigenschaft der Empfindung. Und immer taucht dieselbe Frage auf: weshalb sagen wir von einer höheren Intensität, sie sei größer? Weshalb denken wir an eine größere Quantität oder einen größeren Raum?

Vielleicht liegt die Schwierigkeit des Problems hauptsächlich darin, daß wir Intensitäten verschiedenster Natur, wie z.B. die Intensität eines Gefühls und die einer Empfindung oder einer Willensanstrengung, mit demselben Namen belegen und in derselben Weise vorstellen. Die Willensanstrengung wird von einer Muskelempfindung begleitet, und die Empfindungen selbst sind an gewisse physische Bedingungen geknüpft, die wahrscheinlich auf die Bewertung ihres Intensitätsgrades Einfluß haben: es sind das Phänomene, die sich auf der Oberfläche des Bewußtseins zutragen und die sich allemal, wie wir späterhin sehen werden, mit der Wahrnehmung einer Bewegung oder eines äußeren Gegenstandes assoziieren. Gewisse Zustände der Seele jedoch scheinen uns, ob mit Recht oder mit Unrecht, sich selbst zu genügen: so die hohe Freude, der tiefe Kummer, die Leidenschaften des reflektierenden Gemüts, die ästhetischen Affekte. Die reine Intensität muß sich in diesen einfachen Fällen leichter abgrenzen lassen, wo keinerlei extensives Element mit hineinzuspielen scheint. In der Tat werden wir sehen, daß sie sich hier auf eine gewisse Qualität oder Schattierung zurückführen läßt, deren Tönung sich einer mehr oder weniger beträchtlichen Menge psychischer Zustände

13

mitteilt, oder, wenn man will, auf eine größere oder kleinere Zahl einfacher Zustände, die die fundamentale Erregung durchdringen.

Es ist z.B. ein dunkles Verlangen allmählich zu einer tiefen Leidenschaft geworden. Man wird sich überzeugen können, daß die geringe Intensität dieses Wunsches zunächst darin bestand, daß er uns isoliert und gleichsam dem ganzen übrigen Innenleben fremd erschienen war. Doch allmählich hat der Wunsch eine immer größere Zahl psychischer Elemente durchdrungen, indem er ihnen sozusagen seine eigene Farbe verlieh; und nun scheint sich allen Dingen gegenüber unser Standpunkt verwandelt zu haben. Wird man etwa nicht eine tiefe Leidenschaft, wenn sie einmal entstanden ist, daran gewahr, daß die gleichen Dinge auf einen nicht mehr denselben Eindruck machen? All unsere Empfindungen, alle Vorstellungen erscheinen durch sie wie neu; es ist, als erlebten wir eine zweite Kindheit. Analoges widerfährt uns bei gewissen Träumen, wo unsere Einbildung uns nur ganz Gewöhnliches vorführt und wo dennoch ein gewisser noch nie dagewesener Klang durch die Traumbilder hindurchtönt. Je weiter man eben in die Tiefen des Bewußtseins hinabdringt, desto weniger hat man das Recht, die psychologischen Tatsachen wie Dinge zu behandeln, die sich nebeneinander aufreihen ließen. Wenn man sagt, ein Gegenstand nehme einen großen Raum in der Seele ein, oder sogar, er nehme sie ganz und gar ein, so darf man darunter nur verstehen, daß sein Bild die Tönung Tausender von Wahrnehmungen und Erinnerungen modifiziert hat und daß es sie in diesem Sinne durchdringt, ohne doch selber darin zum Vorschein zu kommen. Diese ganz dynamische Vorstellungsart aber widerstrebt dem reflektierenden Bewußtsein, weil dieses die scharfen Unterscheidungen, die sich ohne weiteres auf Worte bringen lassen, bevorzugt und die Dinge liebt, die bestimmte Umrisse haben, wie die, die wir im Raume erblicken. Es wird daher annehmen, daß ein bestimmtes Begehren sukzessive Größengrade durchlaufen habe, während alles übrige sich gleichgeblieben sei: als könnte noch von Größe gesprochen werden, wo weder Mannigfaltigkeit ist noch Raum! Und wie wir das reflektierende Bewußtsein dabei beobachten können, daß es die immer zahlreicheren Muskelkontraktionen, die sich an der Körperoberfläche vollziehen, auf einen gegebenen Punkt des Organismus konzentriert, um daraus eine Willensanstrengung von anwachsender Intensität zu machen, so wird es auch in der Gestalt eines anschwellenden Begehrens die progressiven Modifikationen abgesondert kristallisieren lassen, die in der verworrenen Masse der gleichzeitig vorhandenen psychischen Vorgänge stattgefunden haben. Es liegt aber hier in Wahrheit mehr eine Qualitäts- als eine Größenveränderung vor.

Was aus der Hoffnung eine so intensive Lustempfindung macht, ist, daß die Zukunft, die wir uns nach Belieben ausmalen können, uns zur selben Zeit in einer Menge von gleich ansprechenden, gleich möglichen Gestaltungen vorschwebt. Auch wenn sich die erwünschteste unter ihnen verwirklicht, müssen wir eben doch die andern aufgeben, und haben dann viel verloren. Die Vorstellung der Zukunft, die eine Unendlichkeit von Möglichkeiten in ihrem Schoße birgt, ist also fruchtbarer als die Zukunft selbst, und so kommt es, daß der Hoffnung ein größerer Reiz beiwohnt als dem Besitz, der Traum anziehender ist als die Wirklichkeit.

Versuchen wir uns klarzumachen, worin die wachsende Intensität einer Freude oder einer Betrübnis besteht, und zwar in den Ausnahmefällen, wo kein physisches Symptom dabei mitspielt. Die innere Freude ist ebensowenig wie die Leidenschaft eine isolierte psychologische Tatsache, die zuerst an einem besondern Orte der Seele anzutreffen wäre und sodann allmählich mehr Raum einnähme. Auf ihrer niedersten Stufe kommt sie annähernd einer Einstellung unserer Bewußtseinszustände in der Richtung auf die Zukunft gleich. Alsdann beginnen unsere Vorstellungen und Empfindungen, wie wenn diese Anziehung ihr Eigengewicht vermindert hätte, in schnellerem Tempo aufeinander zu folgen; auch unsere Bewegungen erfordern nicht mehr dieselbe Anstrengung. Schließlich, wenn die Freude den höchsten Grad erreicht hat, erhalten unsre Wahrnehmungen und Erinnerungsbilder eine völlig unbestimmbare Qualität, die etwa mit Wärme oder mit Licht vergleichbar wäre und die so neu ist, daß wir in gewissen Augenblicken, wenn wir auf uns selbst zurückschauen, fast Verwunderung darüber empfinden, daß wir existieren. So gibt es mehrere charakteristische Formen der rein inneren Freude, lauter sukzessive Etappen, die qualitativen Modifikationen der Masse unserer psychologischen Zustände entsprechen. Doch ist die Zahl der Zustände, die jede dieser Modifikationen erreicht, mehr oder weniger beträchtlich, und wenn wir sie auch nicht ausdrücklich zählen, so wissen wir gleichwohl, ob unsere Freude z.B. alle unsre Tageseindrücke durchdringt oder ob einige davon unberührt bleiben. Wir errichten auf diese Weise Teilpunkte in dem Intervall zwischen zwei sukzessiven Formen der Freude, und dieses gradweise Vorrücken von einer zur andern ist der Grund, weshalb sie uns ihrerseits wie Intensitäten eines und desselben Gefühls erscheinen, das einer Größenveränderung unterworfen ist. Es wäre nicht schwer darzutun, daß die verschiedenen Grade der Traurigkeit ebenfalls qualitativen Veränderungen entsprechen. Die Betrübnis ist anfänglich nichts weiter als eine Einstellung auf die Vergangenheit, eine Verarmung unserer Empfindungen und Vorstellungen, als ob jede von ihnen nun ganz in dem Wenigen aufginge, was sie zu geben hat, als ob uns irgendwie die Zukunft verschlossen wäre. Und zuletzt folgt ein Eindruck von Niedergeschlagenheit, der uns die Sehnsucht zum Nichtsein erregt und bewirkt, daß jede neue Ungunst des Schicksals uns zu einem weiteren Beweis für die Aussichtslosigkeit des Kampfes wird und so uns eine bittere Genugtuung bereitet.

Die ästhetischen Gefühle geben uns noch auffallendere Beispiele für dieses progressive Hinzukommen neuer Elemente, die in der fundamentalen Gemütserregung sichtbar werden und deren Größe zu vermehren scheinen, obwohl sie lediglich ihre Natur modifizieren. Betrachten wir das allereinfachste, das Gefühl von Anmut. Zunächst ist es nur die Wahrnehmung einer gewissen Ungezwungenheit, einer gewissen Leichtigkeit in den äußeren Bewegungen. Da nun die leichten Bewegungen die sind, die einander vorbereiten, finden wir schließlich eine höhere Ungezwungenheit in den Bewegungen, die sich voraussehen ließen, in den gegenwärtigen Gebarungen, die bereits die Andeutung der künftigen Gebarungen enthalten und sie gewissermaßen präformieren. Wenn ruckweise Bewegungen der Anmut entbehren, so erklärt sich dies daraus, daß jede sich hier selbst genügt und die folgenden nicht ankündigt. Wenn die Anmut die Kurven den gebrochenen Linien vorzieht, so kommt dies daher, daß die gekrümmte Linie jeden Augenblick die Richtung ändert, wobei aber jede neue Richtung in der vorangehenden bereits angekündigt wird. Die Wahrnehmung einer Leichtigkeit in der Bewegung fließt somit hier in eins zusammen mit der Lust daran, den Zeitablauf irgendwie zu hemmen und die Zukunft schon im gegenwärtigen in der Hand zu halten. Ein drittes Element stellt sich dann ein, wenn die anmutigen Bewegungen einem Rhythmus gehorchen und von Musik begleitet werden. In diesem Fall nämlich lassen uns Rhythmus und Takt, indem sie uns die Bewegungen des Künstlers noch sicherer vorauszusehen gestatten, daran glauben, daß wir selbst sie beherrschen. Da wir beinahe die Haltung erraten, die er einnehmen wird, scheint es, als ob er, wenn er sie wirklich einnimmt, uns gehorche; die Regelmäßigkeit des Rhythmus stellt zwischen uns und ihm eine Art Verbindung her, und die periodischen Wiederholungen des Taktes sind gleichsam unsichtbare Drähte, durch die wir diese imaginäre Puppe in Bewegung setzen. Und wenn sie einen Augenblick innehält, ist unsre ungeduldig gewordene Hand genötigt, eine Geste zu machen, als wollte sie sie antreiben, als wollte sie sie wieder in jene Bewegung zurückversetzen, deren Rhythmus unser Gedanke und unser Wille geworden ist. Es geht somit in das Gefühl von Anmut eine Art physische Sympathie ein, und wenn man den Zauber dieser Sympathie analysiert, wird man sich überzeugen, daß diese ihrerseits wegen ihrer Verwandtschaft mit der geistigen Sympathie gefällt, deren Vorstellung sie einem auf unmerkliche Weise suggeriert. Dies letztere Element, in das die andern einmünden, nachdem sie es gewissermaßen angekündigt hatten, erklärt die unwiderstehliche Anziehungskraft der Anmut; man würde die Lust nicht begreifen können, die sie uns verursacht, wenn sie weiter nichts wäre als eine Ersparnis an Anstrengung, wie Spencer meint[1]. Die Wahrheit ist vielmehr, daß wir aus allem, was große Anmut besitzt, abgesehen von der Leichtigkeit, die auf Beweglichkeit hinweist, die Andeutung einer möglichen uns entgegenkommenden Bewegung, einer virtuellen oder sogar bereits im Keim vorhandenen Sympathie herauszulesen glauben. Diese bewegliche Sympathie, die da immer im Begriffe steht, sich hinzugeben, macht das wahre Wesen der höheren Anmut aus. So lösen sich also die anwachsenden Intensitäten des ästhetischen Gefühls in eine Menge verschiedenartiger Gefühle auf, von denen jedes einzelne vom

---

1 Essays 1868, vol. II, p. 313.

vorangehenden bereits angekündigt und in ihm sichtbar wird, um dieses sodann definitiv hinter sich zurücktreten zu lassen. Diesen qualitativen Fortschritt deuten wir im Sinne einer Größenveränderung, weil wir das Einfache lieben und weil unsre Sprache nicht dazu angetan ist, die Subtilitäten der psychologischen Zergliederung wiederzugeben.

Um zu begreifen, wie das Gefühl des Schönen selbst einer Abstufung fähig ist, müßte man es einer sorgfältigen Analyse unterziehen. Vielleicht ist die Schwierigkeit, die man bei seiner Definition empfindet, insbesondere darauf zurückzuführen, daß man die Naturschönheiten als den Schönheiten der Kunst voraufgehend ansieht: die Verfahrungsweisen der Kunst wären dann nur die Mittel, wodurch der Künstler das Schöne ausdrückt, und das Wesen des Schönen bliebe im dunkeln. Man könnte aber wohl die Frage stellen, ob die Natur nicht gerade durch das glückliche Zusammentreffen mit gewissen Verfahrungsweisen unserer Kunst schön sei und ob die Kunst nicht in einem gewissen Sinn der Natur voraufgehe. Will man auch nicht soweit gehen, so scheint es doch den Regeln einer gesunden Methode entsprechender zu sein, das Schöne zunächst in den Werken zu studieren, wo es durch eine bewußte Bemühung hervorgebracht worden ist, und dann in unmerklichen Übergängen von der Kunst zur Natur zurückzugehen, die auf ihre Weise Künstlerin ist. Indem man sich auf diesen Standpunkt stellt, wird man, glauben wir, gewahr werden, daß der Zweck der Kunst darin liegt, die aktiven oder vielmehr widerstrebenden Kräfte unserer Persönlichkeit einzuschläfern und uns auf solche Weise in einen Zustand vollendeter Fügsamkeit überzuführen, in dem wir die Vorstellungen, die man uns suggeriert, verwirklichen und das zum Ausdruck gebrachte Gefühl mitfühlen. In den Verfahrungsweisen der Kunst werden wir in abgeschwächter Form, verfeinert und gewissermaßen vergeistigt, die Verfahrungsweisen wiederfinden, durch die gewöhnlich der hypnotische Zustand erzielt wird. – So unterbrechen in der Musik Rhythmus und Takt den normalen Lauf unserer Vorstellungen und Empfindungen, indem sie unsre Aufmerksamkeit veranlassen, zwischen festen Punkten zu pendeln, und sie bemächtigen sich unser mit solcher Kraft, daß die Nachahmung einer schluchzenden Stimme, so diskret sie irgend sein mag, schon genügt, uns in eine tief traurige Stimmung zu versetzen. Wenn die Töne der

Musik stärker auf uns wirken als die der Natur, so kommt das daher, daß die Natur es dabei bewenden läßt, Gefühle auszudrücken, während die Musik sie uns suggeriert. Wie erklärt sich der Zauber der Dichtkunst? Der Dichter ist ein Mensch, bei dem die Gefühle sich zu Bildern entwickeln, und diese wieder zu rhythmischen Worten, die sie ausdrükken sollen. Indem wir diese Bilder an unserm Auge vorüberziehen sehen, erleben wir unsererseits das Gefühl, das sozusagen ihr emotionales Äquivalent war; doch diese Bilder würden sich für uns ohne die regelmäßigen Bewegungen des Rhythmus nicht in gleichem Grade zur Wirklichkeit verdichten; durch ihn eingewiegt und eingeschläfert, gerät unsre Seele in den Zustand traumhaften Vergessens ihrer selbst, in dem sie nur noch mit dem Dichter denkt und fühlt. Die plastischen Künste erzielen eine Wirkung derselben Art durch den Stillstand, den sie mit einem Male ins Leben bringen und den eine Vermittlung physischer Natur auf die Aufmerksamkeit des Betrachtenden überträgt. Wenn die Werke der antiken Bildhauerkunst flüchtige Affekte ausdrücken, die jene Gebilde nur leichthin streifen wie ein Hauch, so teilt dafür die blasse Unbewegtheit des Steins dem zum Ausdruck gebrachten Gefühl und der angefangenen Bewegung ein nicht näher zu bestimmendes Endgültiges und Ewiges mit, worin unser Denken aufgeht und woran unser Wille sich verliert. In der Baukunst trifft man inmitten jener das Gemüt ergreifenden Unbewegtheit selbst gewisse Wirkungen an, die dem Rhythmus verwandt sind. Die Symmetrie der Formen, die ununterbrochene Wiederholung desselben architektonischen Motivs, lassen unser Wahrnehmungsvermögen vom Gleichen zum Gleichen sich hin und her bewegen und drängen jene unausgesetzten Veränderungen zurück, die uns im täglichen Leben ohne Unterlaß das Bewußtsein unsrer Persönlichkeit aufnötigen: eine wenn auch nur andeutende Hinweisung auf eine Idee genügt alsdann, unsere ganze Seele mit ihr zu erfüllen. So hat es die Kunst eigentlich mehr darauf abgesehen, uns einen Eindruck von den Gefühlen zu geben als diesen einen Ausdruck; sie suggeriert sie uns und legt keinen Wert darauf, die Natur nachzuahmen, falls sie noch wirksamere Mittel findet. Die Natur verfährt wie die Kunst suggestiv, sie verfügt aber nicht über den Rhythmus. Sie ersetzt ihn durch jene lange Kameradschaft, die gemeinschaftlich erfahrene

Einflüsse zwischen ihr und uns gestiftet haben, und die uns bei der geringsten Andeutung eines Gefühls mit ihr mitfühlen läßt, nicht anders als wie ein wiederholt Hypnotisierter den Gebärden des Magnetiseurs Folge leistet. Und diese Sympathie stellt sich ganz besonders dann ein, wenn uns die Natur ebenmäßig geformte Wesen vor Augen stellt, so daß unsre Aufmerksamkeit sich in gleicher Weise auf alle Teile der Gestalt ausbreitet, ohne von irgendeinem Teil vornehmlich gefesselt zu werden: wenn unser Wahrnehmungsvermögen durch diese Art von harmonischem Verhältnis eingewiegt wird, wird jedes Hindernis für den freien Aufschwung des Gefühls aufgehoben, und das Gefühl wartet ja nur immer auf die Beseitigung des Hindernisses, um alsbald in sympathische Erregung zu geraten. – Aus dieser Analyse ergibt sich, daß das Gefühl des Schönen kein Gefühl eigener Art ist, sondern daß jedes von uns erlebte Gefühl einen ästhetischen Charakter annehmen kann, vorausgesetzt, daß es suggeriert und nicht äußerlich verursacht worden ist. Hieraus läßt sich nun begreifen, wieso die ästhetische Gemütserregung Grade von Intensität wie auch Grade der Erhebung zuzulassen scheint. Bald unterbricht nämlich das suggerierte Gefühl nur notdürftig das dichte Gewebe der psychologischen Vorgänge, die unsre Geschichte ausmachen, bald lenkt es unsre Aufmerksamkeit von ihnen ab, ohne sie jedoch gänzlich unserm Gesichtskreis zu entrücken; bald tritt es endlich an ihre Stelle, nimmt uns völlig ein und bemächtigt sich unsrer ganzen Seele. Es gibt also unterscheidbare Phasen im Verlauf eines ästhetischen Gefühls ebenso wie im hypnotischen Zustand; und diese Phasen entsprechen weniger Variationen des Grades als Unterschieden des Zustands oder der Natur. Doch der Vorzug eines Kunstwerks ist weniger nach der Stärke zu bemessen, mit der das suggerierte Gefühl uns überwältigt, als nach dem Inhaltsreichtum des Gefühls selbst: m. a. W. wir unterscheiden neben Graden der Intensität instinktiv Grade der Tiefe oder der Erhebung. Analysieren wir diesen letzteren Begriff, so finden wir, daß die Gefühle und Gedanken, die uns vom Künstler suggeriert werden, einen mehr oder weniger beträchtlichen Teil seiner Geschichte zusammenfassend zum Ausdruck bringen. Wenn die Kunst, die nur Empfindungen gibt, als eine untergeordnetere gilt, so kommt das daher, daß durch Analyse selten in einer Empfindung etwas anderes zu entdecken ist als eben diese Empfindung. Die Mehrzahl der Gemütsbewegungen jedoch sind mit unzähligen Empfindungen, Gefühlen oder Vorstellungen geschwängert, die sie durchdringen; jede davon ist somit in ihrer Art etwas Einziges, Undefinierbares, und es scheint, als müsse man das Leben dessen, der sie empfand, wiederleben, um sie in ihrer vollen Ursprünglichkeit fassen zu können. Dennoch hat es der Künstler darauf abgesehen, uns mit diesem so reichhaltigen, so persönlichen, so neuen Affekt bekannt zu machen und uns erleben zu lassen, was er uns begreiflich zu machen nicht imstande wäre. Er wird also unter den äußern Kundgebungen seines Gefühls die festhalten, die unser Leib wenn auch nur flüchtig im Augenblick der Wahrnehmung nachahmt, so daß uns der Künstler mit einem Male in den undefinierbaren psychologischen Zustand hineinversetzt, der jene Kundgebungen hervorgerufen hatte. So wird die Schranke beseitigt, die Zeit und Raum zwischen seinem und unserm Bewußtsein gezogen hatten; und je ideenreicher, je gehaltvoller an Empfindung und Affekten das Gefühl ist, in dessen Bannkreis er uns einführt, desto mehr Tiefe oder Erhebung wird das dargestellte Schöne besitzen. Die sukzessiven Intensitäten des ästhetischen Gefühls entsprechen somit Zustandsänderungen in uns und die Grade der Tiefe der größeren oder kleineren Anzahl elementarer psychischer Vorgänge, die wir in der fundamentalen Emotion verworren unterscheiden.

Die moralischen Gefühle lassen sich einer Untersuchung gleicher Art unterziehen. Betrachten wir beispielsweise das Mitleid. Es besteht zunächst darin, daß man sich in Gedanken an die Stelle der andern versetzt, ihr Leid erleidet. Wäre es aber nichts als dieses, wie behauptet worden ist, so würde es uns eher anweisen, die Unglücklichen zu meiden als ihnen beizustehen, denn das Leiden erregt in uns naturgemäß Widerwillen. Es ist möglich, daß dies Gefühl des Widerwillens dem Mitleid zugrunde liegt; doch es kommt alsbald ein neues Element hinzu, ein Bedürfnis, unsresgleichen zu helfen und ihr Leid zu lindern. Werden wir nun mit La Rochefoucauld sagen, diese angebliche Sympathie sei Berechnung, »eine schlaue Voraussicht künftiger Übel«? Es mag sein, daß die Furcht tatsächlich auch noch in das Mitgefühl eingeht, das uns beim Anblick des Leidens unsres Nächsten befällt; doch sind das immer nur untergeordnete Formen des Mitleids. Das wahre Mitleid besteht darin, daß man das Leid eher wünscht als fürchtet. Es ist ein flüchtiger Wunsch, dessen Verwirklichung man kaum begehren würde und den man doch wider Willen in sich aufkommen läßt, gleich als ob die Natur irgendeine große Ungerechtigkeit beginge und es gelte, jeden Verdacht des Einverständnisses mit ihr zu beseitigen. Das Wesen des Mitleids ist also ein Bedürfnis nach Demütigung, ein Aufschwung der Seele, sich herabzulassen. Dieser schmerzliche Aufschwung hat übrigens seinen Reiz, da es uns in unsrer eigenen Wertschätzung erhöht und bewirkt, daß wir uns über jene sinnlichen Güter erhaben fühlen, von denen sich unser Denken in diesem Augenblicke abwendet. Die anwachsende Intensität des Mitleids besteht somit in einem qualitativen Fortschritt, in einem Übergang vom Widerwillen zur Furcht, von dieser zur Sympathie und von der Sympathie selbst zur Demut.

Wir wollen diese Analyse nicht weiter fortsetzen. Die psychischen Zustände, deren Intensität wir soeben definiert haben, sind in der Tiefe des Gemüts vor sich gehende Zustände, die mit ihrer äußeren Verursachung keineswegs solidarisch zu sein noch auch die Perzeption einer Muskelkontraktion in sich zu schließen scheinen. Sie sind jedoch selten. Es gibt kaum eine Leidenschaft oder einen Wunsch, eine Freude oder einen Kummer, der nicht von physischen Symptomen begleitet wäre; und wo solche Symptome sich einstellen, da leisten sie uns wahrscheinlich bei der Bewertung der Intensitätsgrade irgendwie Dienste. Was die eigentlichen Empfindungen anbetrifft, so sind sie offensichtlich an ihre äußere Ursache gebunden, und wenn sich auch die Intensität der Empfindung nicht durch die Größe ihrer Ursache definieren läßt, so besteht doch zweifellos eine Beziehung zwischen diesen beiden. In einigen seiner Kundgebungen scheint sich sogar das Bewußtsein nach außen auszubreiten, als wenn die Intensität sich ins Ausgedehnte fortentwickelte: so z.B. bei der Muskelanstrengung. Fassen wir dies letztere Phänomen sofort ins Auge: wir versetzen uns dadurch mit einem Male ans entgegengesetzte Ende der Reihe der psychologischen Tatsachen.

Wenn es irgendein Phänomen gibt, das sich dem Bewußtsein unmittelbar in der Form der Quantität oder wenigstens der

Größe darzubieten scheint, so ist dies jedenfalls die Muskelanstrengung. Es scheint, als ob die psychische Kraft, die in der Seele eingesperrt ist, wie die Winde in der Höhle des Äolus, dort nur auf den Augenblick warte, wo sie hervorbrechen könne; der Wille nun sei dieser Kraft zum Wächter gesetzt und öffne ihr gelegentlich einen Ausgang, indem er den Verbrauch nach dem gewünschten Erfolge einrichtet. Wenn man genauer zusieht, wird man sogar sehen, daß diese ziemlich grobe Auffassung der Willensanstrengung bei unserm Glauben an intensive Größen eine bedeutende Rolle spielt. Da die Muskelkraft, die sich im Raum entfaltet und in meßbaren Erscheinungen kundgibt, uns den Eindruck macht, als habe sie vor ihrer Kundgebung bereits existiert, nur mit geringerem Volumen und sozusagen in komprimiertem Zustand, so finden wir weiter kein Bedenken darin, dies Volumen immer kleiner werden zu lassen, und wir glauben schließlich zu begreifen, wie ein rein psychischer Zustand, der keinen Raum einnimmt, dennoch eine Größe haben könne. Die Wissenschaft hat übrigens die Neigung, die Täuschung des gemeinen Verstands in diesem Punkte zu bekräftigen. Bain sagt uns z.B., daß »die Sensibilität, die die Muskelbewegung begleitet, mit dem zentrifugalen Strom der Nervenkraft zusammenfalle«. Das Bewußtsein würde demnach die Verausgabung der Nervenkraft selbst apperzipieren können. W. Wundt spricht gleichfalls von einer Empfindung zentralen Ursprungs, die die Willens-Innervation der Muskeln begleite, und zitiert als Beispiel den Paralytiker, »der eine sehr bestimmte Empfindung habe von der Kraft, die er aufwendet, um sein Bein zu heben, obgleich es unbewegt bleibt«[1]. Die meisten Forscher schließen sich dieser Ansicht an, die in der positiven Wissenschaft unumstößlich dastünde, hätte nicht vor einigen Jahren William James die Aufmerksamkeit der Physiologen auf gewisse Phänomene gelenkt, die bisher wenig beachtet wurden und doch sehr beachtenswert sind.

Wenn ein Paralytiker sich bemüht, ein unbewegliches Glied zu heben, führt er diese Bewegung allerdings nicht aus, aber er führt dafür, ob er will oder nicht, eine andere aus. Irgendeine Bewegung wird irgendwo vollzogen: wäre es

---

1 Grundzüge der physiologischen Psychologie, 6. Aufl. 1910, Bd. II, S. 31.

nicht der Fall, so käme es zu keiner Empfindung von An-strengung[1]. Schon Vulpian hatte darauf aufmerksam ge-macht, daß wenn man einen einseitig Gelähmten auffordert, auf der gelähmten Seite eine Faust zu machen, er unbewußt diesen Akt mit der gesunden Hand ausführt. Ferrier führt ein noch merkwürdigeres Phänomen an[2]. Man strecke den Arm aus, indem man den Zeigefinger leicht zurückbiegt, wie wenn man auf den Hahn einer Pistole drücken wollte: man kann dabei den Finger unbewegt lassen, keinen Muskel der Hand zusammenziehen, keinerlei sichtbare Bewegung machen und dennoch fühlen, daß Energie verbraucht wird. Doch wird man bei näherem Zusehen gewahr, daß diese Empfindung einer Anstrengung zusammenfällt mit der Fixierung der Brustmuskeln, daß die Stimmritze geschlos-sen gehalten, und daß die Muskulatur der Atmungsorgane aktiv kontrahiert wird. Sobald die Atmung wieder den normalen Verlauf nimmt, schwindet das Bewußtsein von Anstrengung, sofern man nicht etwa wirklich den Finger bewegt. Diese Tatsachen scheinen bereits darauf hinzuwei-sen, daß wir uns nicht einer Kraftverausgabung, sondern der daraus resultierenden Muskelbewegung bewußt werden. Das Neue bei W. James besteht darin, daß er diese Hypothe-se an Beispielen erhärtet hat, die sich dazu ganz und gar nicht zu eignen schienen. Wenn z.B. der äußere gerade Muskel des rechten Auges gelähmt ist, bemüht sich der Kranke um-sonst, das Auge nach rechts zu drehen; jedoch scheinen ihm die Gegenstände sich schnell in der Richtung nach rechts zu bewegen, und da der Willensakt zu keinem Erfolg geführt hat, muß, so sagte Helmholtz[3], die Willensanstrengung selbst sich dem Bewußtsein kundgegeben haben. Man hat aber, entgegnet W. James, nicht in Anschlag gebracht, was sich unterdessen am andern Auge zuträgt: dieses bleibt während der Experimente zugedeckt; es bewegt sich aber trotzdem, und es ist unschwer, sich davon zu überzeugen. Diese Bewegung des linken Auges, die das Bewußtsein wahrnimmt, liefert uns die Empfindung der Anstrengung, während sie uns zu gleicher Zeit zum Glauben veranlaßt, die

---

1 W. James, Le sentiment de l'effort (Critique philosophique, 1880, Bd. II).
2 David Ferrier, The functions of the brain, 2nd ed. London 1886, p. 386, 387.
3 Handbuch der Physiologischen Optik, S. 600 f.

vom rechten Auge wahrgenommenen Gegenstände hätten sich bewegt. Diese und andere analoge Beobachtungen führen nun W. James zur Behauptung, daß das Gefühl der Anstrengung zentripetal und nicht zentrifugal ist. Wir werden uns nicht einer Kraft bewußt, die wir etwa dem Organismus mitteilten: unser Gefühl einer Verausgabung von Muskelenergie »ist eine komplexe, aus den zuleitenden Nerven herrührende Empfindung, die von den kontrahierten Muskeln, den gespannten Sehnen, den festgekrümmten Gelenken, der fixierten Brust, der geschlossenen Stimmritze, den zusammengezogenen Brauen, den zusammengepreßten Kinnladen«, kurz von allen peripheren Teilen ausgeht, in denen die Anstrengung eine Modifikation bewirkt.

Wir haben keine Veranlassung, in diesem Streite Stellung zu nehmen. Auch ist die uns zunächst interessierende Frage nicht die, zu wissen, ob das Gefühl der Anstrengung vom Zentrum oder der Peripherie ausgehe, sondern worin eigentlich unsere Perzeption ihrer Intensität bestehe. Nun genügt es aber, sich selbst aufmerksam zu beobachten, um in diesem letzteren Punkte zu einem Schlusse zu gelangen, den W. James zwar nicht formuliert hat, der uns indessen mit dem Geiste seiner Lehre völlig im Einklang zu sein scheint. Wir behaupten, daß in dem Maße, als uns eine gegebene Anstrengung den Eindruck des Anwachsens macht, die Zahl der sich sympathetisch kontrahierenden Muskeln zunimmt, und daß das scheinbare Bewußtsein von einer höheren Intensität der Anstrengung an einem gegebenen Punkte des Organismus sich in Wirklichkeit auf die Perzeption einer größeren Oberfläche des Leibes reduziert, die an dem Vorgang beteiligt ist.

Man versuche z.B. die Faust »immer fester« zu ballen. Es wird der Schein entstehen, als ob die Empfindung einer Anstrengung, die völlig in der Hand lokalisiert ist, nacheinander wachsende Größen durchlaufe. In Wirklichkeit empfindet die Hand immer dasselbe. Nur hat die ursprünglich dort allein lokalisierte Empfindung den Arm mit ergriffen, ist bis zur Schulter aufgestiegen; schließlich steift sich auch der andere Arm, die Beine desgleichen, der Atem stockt; der ganze Körper wird empfunden. Doch gibt man sich von diesen begleitenden Bewegungen nur dann klare Rechenschaft, wenn man darauf aufmerksam gemacht worden ist; bis dahin glaubt man es mit einem einzigen Bewußtseinszustand zu tun zu haben, dessen Größe sich änderte. Preßt man die Lippen immer fester aufeinander, so glaubt man an dieser Stelle ein und dieselbe Empfindung in verstärktem Maße zu bekommen; auch hier wird man bei genauerem Zusehen gewahr werden, daß diese Empfindung identisch bleibt, aber daß gewisse Gesichts- und Kopfmuskeln und schließlich die Muskulatur des ganzen Körpers an dem Vorgang teilgenommen haben. Man empfindet dieses allmähliche Umsichgreifen, dieses Größerwerden der Oberfläche, das wirklich und tatsächlich eine Quantitätsveränderung darstellt; da man aber hauptsächlich an die zusammengepreßten Lippen denkt, lokalisiert man das Anwachsen der Empfindung an dieser Stelle und macht aus der psychischen Kraft, die sich dort auswirkte, eine Größe, obgleich sie keine Ausdehnung besaß. Man beobachte sorgfältig einen Menschen, der immer schwerere Gewichte hebt: die Muskelkontraktion greift allmählich auf den gesamten Körper über; die besondere Empfindung aber, die im Arm wahrgenommen wird, der Arbeit leistet, bleibt lange Zeit konstant, und ändert sich nur qualitativ, indem die Schwere in einem gewissen Zeitpunkt zur Müdigkeit und diese zum Schmerz wird. Trotzdem wird der Ausübende sich einbilden, das Bewußtsein eines stetigen Anwachsens der psychischen Kraft zu haben, die dem Arm zufließt. Er wird seinen Irrtum erst erkennen, wenn er darauf aufmerksam gemacht wird, so sehr ist er geneigt, einen gegebenen psychologischen Zustand nach den ihn begleitenden bewußten Bewegungen zu messen! Wir glauben, man wird aus diesen und vielen andern Fällen derselben Art folgenden Schluß ziehen: Unser Bewußtsein von einem Anwachsen der Muskelanstrengung reduziert sich auf die doppelte Perzeption einer größeren Anzahl peripherischer Empfindungen und einer qualitativen Veränderung, die in einigen von ihnen stattgefunden hat.

Hiermit sind wir also darauf geführt, die Intensität einer an der Oberfläche der Seele verlaufenden Anstrengung in gleicher Weise wie die eines in der Tiefe des Gemüts vor sich gehenden Gefühls zu definieren. In beiden Fällen liegt ein qualitativer Fortschritt und eine verworren wahrgenommene wachsende Komplexität vor. Doch das Bewußtsein, das da gewohnt ist, räumlich zu denken und was es denkt, sich selber vorzusprechen, bezeichnet das Gefühl mit einem einzigen Worte und lokalisiert die Anstrengung genau an dem bestimmten Punkte, wo sie einen Nutzeffekt ergibt: es nimmt dann eine stets sich selbst gleichbleibende Anstrengung wahr, die an der ihr seinerseits angewiesenen Stelle anwächst und ein Gefühl, das, da es seinen Namen nicht ändert, nur stärker wird, ohne seine Natur zu ändern. Es ist wahrscheinlich, daß wir diese Täuschung des Bewußtseins in den Zwischenzuständen zwischen den an der Oberfläche der Seele verlaufenden Anstrengungen und den in der Tiefe des Gemüts vor sich gehenden Gefühlen wieder antreffen werden. Eine große Anzahl psychologischer Zustände wird tatsächlich von Muskelkontraktionen und peripheren Empfindungen begleitet. Diese oberflächlichen Elemente werden bald durch eine rein theoretische Idee, bald durch eine praktisch orientierte Vorstellung miteinander zusammengefaßt. Im ersteren Falle liegt intellektuelle Anstrengung oder Aufmerksamkeit vor; im zweiten ereignen sich Affekte, die man heftige oder akute nennen könnte, Zorn, Schrekken und gewisse Arten der Freude, des Schmerzes, der Leidenschaft und des Begehrens. Zeigen wir nun in Kürze, daß dieselbe Definition der Intensität auch auf diese Zwischenzustände anwendbar ist.

Die Aufmerksamkeit ist nicht ein rein physiologisches Phänomen; doch ist nicht zu leugnen, daß Bewegungen sie begleiten. Diese sind weder Ursache noch Resultat des Phänomens; sie gehören zu ihm, sie drücken es im Ausgedehnten aus, wie das Ribot in so bemerkenswerter Weise gezeigt hat[1]. Schon Fechner führte das in einem Sinnesorgan stattfindende Gefühl der Anstrengung bei der Aufmerksamkeit auf das Muskelgefühl zurück, »das hervorgerufen wird, indem durch eine Art Reflextätigkeit die Muskeln in Bewegung gesetzt werden, die mit den verschiedenen Sinnesorganen in Verbindung stehen.« Er hatte jene ganz bestimmte Empfindung von Spannung und Zusammenziehung der Kopfhaut beobachtet, den Druck von außen nach innen am ganzen Schädel, den man erleidet, wenn man eine starke Anstrengung macht, sich auf etwas zu besinnen. Ribot hat die charakteristischen Bewegungen der willkürlichen Aufmerksamkeit einer genaueren Untersuchung unterzogen: »Die Aufmerksamkeit«, sagt er, »zieht den Stirnmuskel zusam-

---

1 Le mécanisme de l'attention, F. Alcan 1888.

men, dieser Muskel zieht die Brauen an, hebt sie und erzeugt die waagrechten Stirnfalten. ... In extremen Fällen öffnet sich der Mund weit. Bei Kindern und vielen Erwachsenen bewirkt die lebhafte Aufmerksamkeit ein Vorstrecken der Lippen, eine Art Maulen.« Gewiß, es wird immer in die willkürliche Aufmerksamkeit ein rein psychischer Faktor eingehen, wäre es auch nur die durch den Willen bewirkte Ausschließung aller der Vorstellungen, die mit der ins Auge gefaßten nichts zu tun haben. Wenn aber diese Ausschließung einmal geschehen ist, glauben wir noch das Bewußtsein einer zunehmenden Spannung der Seele, einer anwachsenden immateriellen Anstrengung zu haben. Man analysiere diesen Eindruck und man wird darin nichts andres finden als das Gefühl einer Muskelkontraktion, die sich über eine immer größere Oberfläche verbreitet oder ihre Natur verändert, indem die Spannung in Druck, Müdigkeit, Schmerz übergeht.

Nun erblicken wir aber keinen wesentlichen Unterschied zwischen der Anstrengung der Aufmerksamkeit und dem, was Anstrengung der seelischen Spannung genannt werden könnte: heftiges Verlangen, entfesselter Zorn, leidenschaftliche Liebe, wilder Haß. Jeder dieser Zustände ließe sich, glauben wir, auf ein System von Muskelkontraktionen zurückführen, die durch eine Vorstellung zusammengefaßt werden: bei der Aufmerksamkeit die mehr oder weniger reflektierte Vorstellung des Erkennens: bei der Emotion dagegen die unreflektierte Vorstellung des Handelns. Die Intensität dieser heftigen Emotionen braucht also nichts andres zu sein als die begleitende Muskelspannung. Darwin hat in bemerkenswerter Weise die physiologischen Symptome der Wut geschildert: »der Puls ist beschleunigt: das Gesicht rötet sich oder wird leichenblaß; der Atem geht schwer; die Brust hebt sich; die bebenden Nasenflügel erweitern sich. Oft zittert der ganze Leib. Die Stimme verändert sich; die Zähne werden zusammengepreßt oder gegeneinander gerieben, und das Muskelsystem ist gewöhnlich zu einem gewalttätigen, fast wahnwitzigen Akte aufgereizt... die Gebärden stellen mehr oder weniger vollständig die Tätigkeit des Schlagens oder des Ringens mit einem Gegner dar«[1]. Wir wollen nicht soweit gehen, mit W. James[2] zu behaupten,

---

1 The expression of emotions in man and animals, London 1872, S. 74.
2 What is an emotion?, Mind, 1884, S. 189.

28

daß der Wutaffekt sich auf die Summe dieser Organempfindungen zurückführen lasse: immer wird in den Affekt des Zorns ein unreduzierbares psychisches Element eingehen, wäre es auch nur die Vorstellung des Schlagens oder Ringens, von der Darwin spricht, eine Vorstellung, die so vielen verschiedenen Bewegungen eine gemeinsame Richtung aufzwingt. Wenn aber diese Vorstellung die Richtung des emotionalen Zustands und die Orientierung der begleitenden Bewegungen beherrscht, so ist, glauben wir, die zunehmende Intensität des Zustands selbst nichts anderes als die immer tiefer gehende Reizung des Organismus, eine Reizung, die vom Bewußtsein mühelos an der Zahl und der Ausdehnung der in Mitleidenschaft gezogenen Oberflächen gemessen wird. Umsonst wird man dagegen anführen, es gebe zurückgehaltene und daher um so intensivere Wutanfälle. Dort nämlich, wo der Gemütsbewegung freier Lauf gelassen wird, hält sich das Bewußtsein nicht bei den Einzelheiten der begleitenden Bewegungen auf: es hält sich dagegen dabei auf und konzentriert sich auf sie, wenn es sie zu verbergen trachtet. Wenn man schließlich jede Spur von organischer Reizung, jedes leiseste Wollen einer Muskelkontraktion ausschaltet, so bleibt vom Zorn nur mehr eine Vorstellung übrig, oder es kann ihm, sollte man noch immer eine Emotion darin erblicken wollen, jedenfalls keine Intensität zugeschrieben werden.

»Ein intensiver Schrecken«, sagt Herbert Spencer[1], »drückt sich durch Schreie, Anstrengungen, sich zu verstecken oder zu entweichen, Herzklopfen und Zittern aus.« Wir gehen noch weiter und behaupten, daß diese Bewegungen zum Schrecken selbst gehören: durch sie wird der Schrecken zu einer Emotion, die verschiedene Intensitätsgrade durchlaufen kann. Man unterdrücke sie vollständig und es wird der mehr oder weniger intensive Schrecken einer Vorstellung des Schreckens, der lediglich intellektuellen Vergegenwärtigung einer zu fliehenden Gefahr den Platz räumen. Es gibt auch ein Akutwerden des Affekts der Freude, des Schmerzes, des Begehrens, der Abneigung und selbst der Scham, das sich aus den Bewegungen infolge automatischer Reaktion erklären ließe, die der Organismus einleitet und das Bewußtsein perzipiert. »Die Liebe«, sagt Darwin, »macht

---

1 Principles of psychology, vol. I, p. 482.

das Herz schlagen, beschleunigt die Atmung und rötet das Gesicht«[1]. Die Abneigung gibt sich kund durch Bewegungen des Ekels, die man unbewußt wiederholt, wenn man an den ekelerregenden Gegenstand denkt. Man errötet, man krampft unwillkürlich die Finger zusammen, wenn man Scham empfindet, wäre es auch nur im Rückblick auf Vergangenes. Die Heftigkeit dieser Emotionen bemißt sich nach der Zahl und Natur der peripherischen Empfindungen, die sie begleiten. Allmählich und in dem Maße, als der emotionale Zustand an Heftigkeit verliert, während er an Vertiefung gewinnt, werden dann die peripherischen Empfindungen inneren Elementen das Feld räumen: nicht mehr unsre äußern Bewegungen, sondern unsre Vorstellungen, Erinnerungen, überhaupt unsere Bewußtseinszustände werden dann in größerer oder geringerer Zahl sich in bestimmter Richtung orientieren. Es besteht also hinsichtlich der Intensität kein wesentlicher Unterschied zwischen den in der Tiefe des Gemüts sich ereignenden Gefühlen, von denen zu Anfang der Untersuchung die Rede war, und den heftigen oder gewaltsamen Emotionen, die wir soeben haben an uns vorüberziehen lassen. Wenn man sagt, die Liebe, das Begehren, der Haß nehmen an Heftigkeit zu, so heißt das soviel als: sie projizieren sich nach außen, strahlen nach der Oberfläche aus, den innern Elementen substituieren sich peripherische Empfindungen: aber, ob nun diese Gefühle oberflächlich oder tief, heftig oder reflektiert sind, ihre Intensität besteht jedenfalls immer in der Mannigfaltigkeit der einfachen Zustände, die das Bewußtsein verworren darin zu entdecken vermag.

Wir haben uns bisher auf Gefühle und Anstrengungen beschränkt, auf Zustände also, die komplex sind und deren Intensität nicht unbedingt von einer äußeren Ursache abhängig ist. Worin besteht nun aber die Größe der Empfindungen, die uns doch als einfache Zustände erscheinen? Die Intensität dieser Empfindungen variiert wie die äußere Ursache, als deren Äquivalent im Bewußtsein sie gelten sollen: wie erklärt sich das Eindringen des quantitativen in eine inextensive und diesmal unteilbare Wirkung? Um diese Frage zu beantworten, ist zuvor zu unterscheiden zwischen

---

1 The expression of the emotions, a.a.O., S. 78, 79.

den sogenannten affektiven und den vorstellungsmäßigen Empfindungen. Sicherlich finden stufenweise Übergänge von den einen zu den andern statt; ohne Zweifel geht ein affektives Element in die Mehrzahl unserer einfachen Vorstellungen ein. Aber nichts steht im Wege, dies Element herauszugreifen und eine gesonderte Untersuchung darüber anzustellen, worin die Intensität einer affektiven Empfindung, einer Lust oder eines Schmerzes, besteht.

Vielleicht liegt die Schwierigkeit dieses letzteren Problems hauptsächlich daran, daß man im affektiven Zustand nichts andres erblicken will als den bewußten Ausdruck eines organischen Reizes oder die innere Reaktion auf eine äußere Ursache. Man macht die Beobachtung, daß gewöhnlich einer größeren Reizung der Nerven eine intensivere Empfindung entspricht; indessen, da diese Reizungen, insofern als sie Bewegungen sind, unbewußt erfolgen, weil sie ja im Bewußtsein unter dem Aspekt einer ihnen unähnlichen Empfindung auftreten, ist nicht einzusehen, wie sie der Empfindung von ihrer eigenen Größe etwas sollten mitteilen können. Denn, wir wiederholen, es gibt nichts Gemeinsames zwischen übereinander legbaren Größen, wie es etwa die Vibrationsamplituden sind, und Empfindungen, die keinen Raum einnehmen. Wenn es uns scheint, daß die intensivere Empfindung die Empfindung von geringerer Stärke in sich enthalte, wenn sie in unsern Augen die Gestalt einer Größe annimmt, ebenso wie die organische Reizung selbst eine Größe ist, so erklärt sich das wahrscheinlich daraus, daß sie etwas von dem physischen Reiz beibehält, dem sie entspricht. Und sie behält nichts davon bei, wenn sie nur die bewußte Übersetzung einer Molekularbewegung ist; denn eben weil diese Bewegung sich in die Freude- oder Schmerzempfindung übersetzt, bleibt sie, als Molekularbewegung, unbewußt.

Man kann nun aber die Frage aufwerfen, ob Lust und Schmerz, statt lediglich auszudrücken, was sich soeben im Organismus zugetragen hat oder zuträgt, wie gewöhnlich angenommen wird, nicht etwa auch ankündigen, was erfolgen wird, was dort einzutreten im Begriff ist. Es scheint allerdings recht wenig wahrscheinlich zu sein, daß die Natur, die so gründlich utilitaristisch ist, hier dem Bewußtsein die ausschließlich wissenschaftliche Aufgabe zugewiesen habe, uns über Vergangenheit und Gegenwart Auskunft zu erteilen, die doch nicht mehr von uns abhängen. Ferner wäre hervorzuheben, daß man in unmerklichen Abstufungen von den automatischen Bewegungen zu den freien aufsteigt, und daß sich diese letzteren hauptsächlich dadurch von ersteren unterscheiden, daß sie zwischen der äußeren Handlung, die sie veranlaßt, und der beabsichtigten Reaktion, die daraufhin erfolgt, die Einschaltung einer affektiven Empfindung aufweisen. Man könnte sich sehr wohl denken, daß alle unsre Handlungen automatisch wären, und übrigens kennt man organische Wesen der verschiedensten Art, bei denen ein äußerer Reiz eine bestimmte Reaktion erzeugt, ohne daß es dabei zu einem vermittelnden Dazwischentreten des Bewußtseins käme. Wenn bei einigen bevorzugten Wesen Lust und Schmerz auftreten, so geschieht es daher wahrscheinlich zu dem Zwecke, um ihrerseits einen Widerstand gegen die automatische Reaktion zu schaffen, die andernfalls eintreten würde; die Empfindung ist entweder unerklärlich oder sie ist ein Anfang der Freiheit. Wie aber vermöchte sie uns in den Stand zu setzen, der Reaktion entgegenzuwirken, die sich vorbereitet, wenn sie uns deren Natur nicht durch irgendein bestimmtes Zeichen verriete? Und worin sonst könnte dies Zeichen bestehen als im Entwurf und sozusagen in der Präformation der folgenden automatischen Bewegungen unmittelbar in der aufgenommenen Empfindung selbst? Der affektive Zustand hat also nicht bloß den Reizungen, Bewegungen oder physischen Phänomenen zu entsprechen, die stattgefunden haben, sondern obendrein und hauptsächlich denen, die in Vorbereitung sind, die erst zum Dasein gelangen wollen.

Zwar ist zunächst nicht recht einzusehen, wieso diese Hypothese das Problem vereinfachen könne. Denn wir suchen das, was ein physisches Phänomen und ein Bewußtseinszustand unter dem Gesichtspunkt der Größe gemeinsam haben, und es scheint, als werde die Schwierigkeit nur umgekehrt, wenn man den gegenwärtigen Bewußtseinszustand zu einem Hinweis auf die kommende Reaktion macht, statt zur psychischen Übersetzung des vergangenen Reizes. Die beiden Hypothesen unterscheiden sich aber beträchtlich. Denn die molekularen Reize, von denen soeben die Rede war, sind notwendig unbewußt, da ja von diesen Bewegungen als solchen in den Empfindungen, die ihre Übersetzung sind, nichts fortbestehen kann. Doch die automatischen Bewegungen, die die Tendenz haben, dem Reiz zu folgen und als seine natürliche Fortsetzung gelten können, sind wahrscheinlich als Bewegungen bewußt; andernfalls wäre die Empfindung selbst, der die Rolle zufällt, uns zu einer Wahl zwischen jener automatischen Reaktion und andern möglichen Bewegungen zu bestimmen, nicht zu erklären. Die Intensität der affektiven Empfindungen wäre also nichts als unser Bewußtsein von den unwillkürlichen Bewegungen, die in jenen Zuständen ihren Ursprung nehmen, sich dort irgendwie im voraus einzeichnen und ihren freien Lauf nehmen würden, wenn die Natur uns zu Automaten gemacht hätte statt zu bewußten Wesen. Ist diese Schlußfolgerung begründet, so darf ein Schmerz von zunehmender Intensität nicht mit dem Ton einer Skala verglichen werden, der immer stärker wird, sondern eher mit einer Symphonie, bei der sich eine wachsende Zahl von Instrumenten zu Gehör bringt. Im Innern der charakteristischen Empfindung, die für alle anderen den Grundton abgibt, fühlt das Bewußtsein, eine mehr oder weniger beträchtliche Mannigfaltigkeit von Empfindungen, die von verschiedenen Punkten der Peripherie ausgehen, Muskelkontraktionen und organische Bewegungen aller Art: das Konzert dieser elementaren psychischen Zustände drückt die neuen Bedürfnisse des Organismus aus angesichts der ihm angesonnenen neuen Situation. Mit andern Worten, wir taxieren die Intensität eines Schmerzes nach dem Interesse, das ein mehr oder weniger großer Teil des Organismus daran zu nehmen sich veranlaßt sieht. Richet[1] hat beobachtet, daß man seine Schmerzempfindung umso bestimmter lokalisiert, je schwächer der Schmerz ist: wird er stärker, so bezieht man ihn auf das ganze in Mitleidenschaft gezogene Glied. Und er schließt mit der Bemerkung, daß »der Schmerz in dem Maße weiter ausstrahlt, als er an Intensität zunimmt«[2]. Wir meinen, dieser Satz muß umgekehrt und grade die Intensität des Schmerzes durch die Zahl und Ausdehnung der in Mitleidenschaft gezogenen und im Angesicht des Bewußtseins reagierenden Körperteile definiert werden. Um sich davon zu überzeugen, wird es genügen ,

1 L'homme et l'intelligence, S. 36.
2 Ebenda S. 37.

die bemerkenswerte Schilderung zu lesen, die derselbe Verfasser vom Ekel gibt. »Wenn der Reiz schwach ist, kommt es zu keinem Übelsein und zu keinem Erbrechen ... Wird er stärker, so beschränkt er sich nicht auf den Lungen- und Magennerv, sondern strahlt weiter aus und erstreckt sich beinahe auf das gesamte System des Organismus. Das Gesicht wird blaß, die glatten Hautmuskeln ziehen sich zusammen, die Haut bedeckt sich mit kaltem Schweiß, der Herzschlag setzt aus: mit einem Wort, es liegt eine allgemeine organische Störung vor, als Folge der Reizung des verlängerten Marks, und diese Störung ist der extremste Ausdruck des Ekels«[1]. – Ist sie aber nichts andres als der Ausdruck davon? Worin sonst soll denn die allgemeine Empfindung des Ekels bestehen als in der Summe dieser elementaren Empfindungen? Und was anders ist hier unter zunehmender Intensität zu verstehen als die immer weiter wachsende Zahl von Empfindungen, die zu den bereits apperzipierten Empfindungen hinzukommen? Darwin hat ein packendes Bild der auf einen sich steigernden Schmerz folgenden Reaktionen gezeichnet: »Er treibt das Tier an, immer gewaltsamere und verschiedenartigere Anstrengungen zu machen, um der den Schmerz bewirkenden Ursache zu entkommen ... Bei intensiver Schmerzempfindung wird der Mund stark kontrahiert, die Lippen krampfen sich zusammen und die Zähne werden gegeneinander gepreßt. Bald sind die Augen weit geöffnet, bald ziehen sich die Brauen fest zusammen; der Körper ist in Schweiß gebadet; Blutzirkulation und Atmung verändern sich«[2]. – Ist es nicht eben diese Kontraktion der beteiligten Muskeln, an der wir die Intensität des Schmerzes messen? Analysiert man die Vorstellung, die man sich von einer als extrem bezeichneten Schmerzempfindung macht, so versteht man doch wohl darunter, daß sie unerträglich ist, d.h., daß sie den Organismus zu den allerverschiedensten Tätigkeiten reizt, um ihr zu entkommen. Man begreift zwar, daß ein Nerv einen Schmerz übertragen kann, der von jeder automatischen Reaktion unabhängig ist: man begreift auch, daß mehr oder weniger starke Reize diesen Nerv verschieden beeinflussen. Aber diese Unterschiede der Empfindung würden von unserem Bewußtsein niemals als quantitative gedeutet werden, wenn

1 Ebenda S. 43.
2 The expression of the emotions, a.a.O., S. 69, 70, 72.

man nicht die mehr oder weniger ausgedehnten, mehr oder weniger einschneidenden Reaktionen damit in Verbindung brächte, die sie zu begleiten pflegen. Ohne diese nachträglich eintretenden Reaktionen wäre die Intensität des Schmerzes eine Qualität und keine Größe.

Um mehrere Lustempfindungen untereinander zu vergleichen, steht uns kein anderes Mittel zur Verfügung. Was ist eine größere Lustempfindung andres als eine bevorzugte Lust? Und was kann unsre Bevorzugung andres sein als eine gewisse Disposition unsrer Organe, die bewirkt, daß, während zwei Lustempfindungen sich gleichzeitig unserm Gemüte anbieten, unser Körper sich der einen mehr geneigt zeigt? Man analysiere diese Neigung selbst und man wird unzählige kleine Bewegungen finden, die in den beteiligten Organen beginnen und sich dort und sogar in den übrigen Teilen des Leibes präformieren, gleich als ob der Organismus der vorgestellten Lust entgegeninge. Man gebraucht keine Metapher, wenn man die Neigung als Bewegung definiert. Angesichts mehrerer vom Verstand aufgefaßter Lustempfindungen orientiert sich unser Körper spontan, wie durch eine Reflextätigkeit in der Richtung auf eine unter ihnen. Von uns hängt es ab, eine Hemmung herbeizuführen; doch die Anziehungskraft der Lust ist nichts andres als diese begonnene Bewegung, und die Heftigkeit der Lust selbst während des Genusses liegt in der vis inertiae des Organismus, der in ihr versinkt und jede andere Empfindung zurückweist. Ohne diese vis inertiae, die uns durch das Widerstreben gegenüber ablenkenden Einflüssen bewußt wird, wäre die Lust wiederum ein Zustand und keine Größe. Im Geistigen wie im Physischen dient die Attraktion mehr zur Erklärung der Bewegung als zu ihrer Erzeugung.

Wir haben die affektiven Empfindungen gesondert untersucht. Richten wir nunmehr unser Augenmerk darauf, daß auch viele vorstellungsmäßige Empfindungen einen affektiven Charakter haben und auf diese Weise eine Reaktion unsrerseits hervorrufen, die wir bei der Einschätzung ihrer Intensität in Anrechnung bringen! Eine beträchtliche Lichtvermehrung übersetzt sich für uns durch eine charakteristische Empfindung, die noch kein Schmerz ist, die aber Analogien mit dem Geblendetsein aufweist. In dem Maße, als die Amplitude einer Klangvibration zunimmt, kommt es uns vor, als wenn unser Kopf, dann unser Leib vibrierte oder eine Erschütterung erführe. Gewisse vorstellungsmäßige Empfindungen, die des Geschmacks, des Geruchs und der Temperatur, haben sogar beständig einen angenehmen oder unangenehmen Charakter. Zwischen mehr oder weniger bitteren Geschmäcken wird man schwerlich andre als qualitative Unterschiede ausfindig machen können; sie sind wie die Tönungen ein und derselben Farbe. Doch diese Qualitätsdifferenzen werden sogleich als Quantitätsdifferenzen gedeutet wegen ihres affektiven Charakters und der mehr oder weniger ausgesprochenen Reaktionsbewegungen, ob aus Lust oder Unlust, die sie uns suggerieren. Überdies kann, selbst wenn die Empfindung rein vorstellungsmäßig bleibt, ihre äußere Ursache einen gewissen Stärke- oder Schwächegrad nicht überschreiten, ohne unsrerseits Bewegungen hervorzurufen, die uns dazu dienen, sie zu messen. Bald müssen wir nämlich eine Anstrengung machen, um eine solche Empfindung wahrzunehmen, wie wenn sie sich verbergen wollte; bald dringt sie umgekehrt auf uns ein, drängt sich uns auf und nimmt uns derartig in Beschlag, daß wir aller Anstrengung bedürfen, uns von ihr zu befreien und uns zu behaupten. Im ersteren Falle nennt man die Empfindung wenig intensiv und im letzteren sehr intensiv. So z.B. spannen wir, um einen Ton in der Ferne wahrzunehmen, um einen sogenannten schwachen Geruch oder ein schwaches Licht zu unterscheiden, unsre ganze Aktivität an, wir »sind aufmerksam«. Und Geruch und Licht erscheinen uns in diesem Falle eben deshalb als schwach, weil sie unsrer Anstrengung bedürfen, um an Stärke zu gewinnen. Umgekehrt erkennen wir die Empfindung extremer Intensität an den unwiderstehlichen automatischen Reaktionsbewegungen, die sie in uns hervorruft, oder an der Widerstandslosigkeit, zu der sie uns niederwirft. Ein Kanonenschuß, der an unserm Ohre abgefeuert wird, ein blendendes Licht, das plötzlich aufleuchtet, nehmen uns einen Augenblick lang das Bewußtsein unsres Selbst, und bei einem dazu disponierten Menschen kann dieser Zustand sogar längere Zeit andauern. Man muß hinzufügen, daß wir sogar auf dem Gebiet der sogenannten mittleren Intensitäten, in Fällen also, wo wir der vorstellungsmäßigen Empfindung völlig gewachsen sind, ihre Wichtigkeit oft dadurch erkennen, daß wir sie mit einer andern vergleichen, die sie verdrängt, oder indem wir die

Hartnäckigkeit beachten, mit der sie sich immer wieder einstellt. So erscheint das Ticken einer Uhr nachts tonstärker, weil es ohne weiteren Widerstand ein beinahe empfindungs- und vorstellungsleeres Bewußtsein in Beschlag nimmt. Ausländer, die untereinander eine uns unverständliche Sprache reden, machen auf uns den Eindruck, als sprächen sie sehr laut, weil ihre Worte, die in unserm Geist keine Vorstellungen wachrufen, mitten in einer Art intellektueller Bewußtlosigkeit an unser Ohr dringen und wie das Ticken einer Uhr zur Nachtzeit unsre ganze Aufmerksamkeit in Anspruch nehmen. Jedoch berühren wir mit diesen sogenannten mittleren Empfindungen schon eine Reihe psychischer Zustände, deren Intensität eine neue Bedeutung haben muß. Denn meistenteils reagiert der Organismus soviel wie gar nicht, jedenfalls nicht in deutlich wahrnehmbarer Weise und gleichwohl machen wir eine Tonhöhe, eine Lichtintensität, einen Sättigungsgrad der Farbe zu einer Größe. Zweifellos verspricht uns die genaue Beobachtung dessen, was sich im ganzen Umkreis des Organismus vollzieht, wenn wir diesen oder jenen Ton hören, diese oder jene Farbe sehen, noch allerhand Überraschungen: hat uns doch Ch. Féré gezeigt, daß jede Empfindung von einer Steigerung der Muskelkraft begleitet ist, die sich durch den Dynamometer messen läßt[1]. Wie dem aber auch sei, diese Steigerung fällt dem Bewußtsein nicht auf, und wenn man an die Genauigkeit denkt, mit der Töne und Farben, ja sogar Gewichte und Wärmegrade unterschieden werden, wird man leicht erraten können, daß hier ein neues Element der Einschätzung mit ins Spiel kommen muß. Die Natur dieses Elements ist übrigens leicht zu bestimmen.

In dem Maße nämlich, als eine Empfindung ihren affektiven Charakter verliert, um in den Zustand der Vorstellung überzugehen, haben die Reaktionsbewegungen, die sie unsrerseits hervorrief, die Tendenz zu erlöschen; aber dafür gewahren wir das äußere Objekt, das die Ursache von ihr ist, oder, wenn wir es nicht gewahren, so haben wir es bereits wahrgenommen und denken jetzt nur mehr daran. Nun ist diese Ursache extensiv und folglich meßbar: eine Erfahrung, die wir jeden Augenblick machen, die mit dem ersten Auf-

---

1 Ch. Féré, Sensation et mouvement, Paris 1887.

leuchten unsres Bewußtseins begonnen hat und während unsrer gesamten Existenz unausgesetzt fortdauert, lehrt uns, daß eine bestimmte Schattierung der Empfindung einer bestimmten Abstufung des Reizes entspricht. Wir assoziieren demnach mit einer gewissen Qualität der Wirkung die Vorstellung einer gewissen Quantität der Ursache; und zuletzt verlegen wir, wie es bei allen erworbenen Perzeptionen der Fall ist, die Vorstellung in die Empfindung, die Quantität der Ursache in die Qualität der Wirkung. In demselben Augenblick wird die Intensität, die bis dahin nur eine gewisse Schattierung oder Qualität der Empfindung war, zu einer Größe. Man kann sich dieses Fortschritts leicht vergewissern, wenn man z.B. in die rechte Hand eine Stecknadel nimmt und sich damit immer tiefer in die linke Hand sticht. Zuerst wird etwas wie ein Kitzeln empfunden, darauf eine Berührung, der ein Stich nach folgt, sodann ein auf einen Punkt lokalisierter Schmerz und schließlich eine Ausstrahlung des Schmerzes in die umgebende Zone. Je mehr man darüber nachdenkt, desto deutlicher wird man einsehen, daß man es hier mit lauter verschiedenen qualitativen Empfindungen zu tun hat, mit lauter Varianten derselben Art. Dennoch redete man eben noch von ein und derselben Empfindung, die immer weiter um sich greife, von einem immer intensiveren Stich. Man lokalisierte eben, ohne darauf zu achten, in der Empfindung der gestochenen linken Hand die progressive Anstrengung der den Stich ausführenden Rechten. Man verlegte also die Ursache in die Wirkung und deutete ohne es zu wissen die Qualität in Quantität, die Intensität in Größe um. Es ist leicht einzusehen, daß die Intensität jeder vorstellungsmäßigen Empfindung auf dieselbe Art und Weise zu verstehen ist.

Die Tonempfindungen liefern uns sehr deutliche Gradabstufungen der Intensität. Wir haben bereits gesagt, daß man den affektiven Charakter dieser Empfindungen und die von der Gesamtheit des Organismus empfangene Erschütterung in Betracht ziehen müsse. Wir haben nachgewiesen, daß ein sehr intensiver Ton ein solcher ist, der unsre ganze Aufmerksamkeit fesselt und alle andern verdrängt. Man abstrahiere aber von jener Erschütterung, jener deutlich charakterisierten Vibration, die man zuweilen im Kopfe oder sogar am ganzen Körper verspürt; man abstrahiere von der gegenseitigen Konkurrenz gleichzeitiger Töne: was bleibt dann noch übrig außer einer undefinierbaren Qualität des vernommenen Tones? Nur wird diese Qualität alsbald in Quantität umgedeutet, da man sie ja ungezählte Male selbst erzielt hat, indem man z.B. auf einen Gegenstand schlug und dadurch ein bestimmtes Quantum von Anstrengung leiste-te. Man weiß auch, bis zu welchem Grade man seine Stimme anschwellen lassen müßte, um einen analogen Ton hervor-zubringen, und die Vorstellung von dieser Anstrengung stellt sich im Augenblicke ein, wo man die Tonintensität zur Größe macht. Wundt[1] hat auf die ganz besonderen Verbin-dungen der Stimmnervenfasern und Gehörnervenfasern aufmerksam gemacht, die sich im Gehirn des Menschen vollziehen. Und ist doch gesagt worden, daß hören zu sich selbst sprechen heißt. Gewisse Neuropathen können einem Gespräch nicht beiwohnen, ohne die Lippen zu bewegen; das ist nur eine Steigerung dessen, was bei uns allen ge-schieht. Ließe sich denn das Ausdrucksvermögen oder viel-mehr die Suggestionskraft der Musik begreifen, wenn man nicht zugäbe, daß wir innerlich die gehörten Töne wieder-holen, so daß wir uns in den psychologischen Zustand hinein- und zurückversetzen, aus dem sie hervorgegangen sind, in einen ursprünglichen Zustand also, der sich nicht näher bestimmen läßt, den uns aber die vom ganzen Körper angenommenen Bewegungen suggerieren?

Wenn wir von der Intensität eines Tones mittlerer Stärke reden wie von einer Größe, spielen wir demnach vor allem auf die größere oder geringere Anstrengung an, die wir zu leisten hätten, wenn wir uns dieselbe Gehörsempfindung wieder schaffen wollten. Neben der Intensität unterschei-den wir jedoch noch eine andere charakteristische Eigen-schaft des Tons, die Höhe. Sind nun die Höhenunterschiede, wie unser Ohr sie wahrnimmt, quantitative Unterschiede? Wir geben zu, daß ein höherer Ton das Bild einer höheren räumlichen Lage hervorruft. Aber folgt etwa daraus, daß die Noten der Tonleiter, als Gehörsempfindungen betrachtet, sich anders als der Qualität nach unterscheiden? Vergessen wir, was wir in der Physik gelernt haben, und prüfen wir sorgfältig die Vorstellung, die wir von einer höheren oder tieferen Note haben, so denken wir doch wohl ganz einfach an die geringere oder größere Anstrengung, die der Spann-

---

1 Physiologische Psychologie, 1908, Bd. I, S. 364 ff.

muskel der Stimmbänder leisten mußte, um diese Note seinerseits hervorzubringen. Da die Anstrengung, durch die die Stimme von einer Note zur nächsten übergeht, diskontinuierlich ist, stellen wir uns diese sukzessiven Noten wie Punkte im Raum vor, die man einen nach dem andern in Einzelsprüngen erreicht, indem man dabei jedesmal ein leeres Intervall überschreitet: und das eben ist der Grund, weswegen wir zwischen die Noten der Tonleiter Intervalle setzen. Es fragt sich allerdings noch, weshalb die Linie, auf der wir sie stufenweise aufbauen, vertikal und nicht vielmehr horizontal ist, und weshalb wir sagen, daß der Ton in einigen Fällen steige und in andern falle. Es ist unbestreitbar, daß uns die hohen Töne Resonanzwirkungen im Kopf und die tiefen solche im Brustkorb zu erzeugen scheinen: diese Wahrnehmung, mag sie nun auf Wirklichkeit oder auf Einbildung beruhen, hat zweifellos dazu beigetragen, daß wir die Intervalle vertikal zählen. Auch ist zu erwähnen, daß, je mehr bei der Bruststimme die Spannung der Stimmbänder zunimmt, der ungeübte Sänger die beteiligte Körperoberfläche sich um so mehr ausdehnen läßt, denn eben aus diesem Grunde empfindet er die Anstrengung als eine intensivere. Und da er die Luft von unten nach oben ausatmet, wird er dem Ton dieselbe Richtung zuschreiben, die der Luftzug einschlägt; die Mittätigkeit eines größeren Teiles seines ganzen Körpers mit den Stimmmuskeln wird also durch eine Bewegung von unten nach oben zum Ausdruck gelangen. Wir sagen alsdann, die Note sei höher, weil der Körper eine Anstrengung macht, gleich als wollte er einen Gegenstand erreichen, der im Raume höher gelegen ist. Auf diese Art hat sich die Gewohnheit eingebürgert, jeder Note der Tonleiter eine Höhe zuzuweisen, und von dem Tage an, wo der Physiker sie durch die Zahl der ihr innerhalb einer gegebenen Zeit entsprechenden Vibrationen definieren konnte, haben wir nicht mehr gezögert zu sagen, daß unser Ohr unmittelbar Quantitätsunterschiede wahrnimmt. Der Ton aber bliebe reine Qualität, wenn wir die Muskelanstrengung, die ihn hervorrufen soll, oder die Vibration, die ihn erklärt, nicht in ihn hineintrügen.

Die neuesten Experimente von Blix, Goldscheider und Donaldson[1] haben gezeigt, daß Kälte und Wärme nicht von

---

1　On the temperature sense, Mind, 1885.

denselben Punkten der Körperoberfläche empfunden werden. Die Physiologie ist daher jetzt geneigt, zwischen den Empfindungen von Wärme und Kälte einen Unterschied der Natur und nicht mehr bloß des Grades aufzustellen. Doch die psychologische Beobachtung geht noch weiter; ein aufmerksames Bewußtsein würde nämlich leicht spezifische Unterschiede zwischen den verschiedenen Empfindungen von Wärme antreffen, wie auch zwischen den Empfindungen von Kälte. Eine intensivere Wärme ist wirklich eine andere Wärme. Wir nennen sie intensiver, weil wir ungezählte Male diese selbe Veränderung erfahren haben, wenn wir uns einer Wärmequelle näherten, oder wenn ein größerer Teil der Körperoberfläche ihrem Eindruck ausgesetzt war. Zudem werden die Wärme- und Kälteempfindungen sehr schnell affektiv und rufen dann unsrerseits mehr oder weniger ausgesprochene Reaktionen hervor, je nach Maßgabe der äußeren Ursache: und natürlich machen wir dann analoge quantitative Unterschiede zwischen den Empfindungen, die den unterschiedlichen Stärkegraden dieser Ursache entsprechen. Wir wollen nicht weiter hierauf eingehen; jeder befrage sich sorgfältig über diesen Punkt, indem er alles, was die vergangene Erfahrung ihn über die Ursache der Empfindung gelehrt hat, in seinem Gedächtnis auslöscht und sich der Empfindung als solcher unmittelbar gegenüberstellt. Das Ergebnis dieser Prüfung erscheint uns nicht zweifelhaft: man wird sich alsbald überzeugen, daß die Größeneigenschaft der vorstellungsmäßigen Empfindung daher kommt, daß man die Ursache in die Wirkung verlegt und daß die Intensität des affektiven Elements daraus entspringt, daß man in die Empfindung die mehr oder weniger bedeutenden Reaktionsbewegungen einbezieht, in die der äußere Reiz sich fortsetzt. Dieselbe Untersuchung möchten wir für die Druck- und selbst Gewichtsempfindungen angestellt wissen. Sagt man, ein auf die Hand ausgeübter Druck werde immer stärker, so sehe man zu, ob dabei nicht etwa vorgestellt wird, daß die Berührung zum Druck, dieser zum Schmerz geworden ist, und daß der Schmerz wieder, nachdem er mehrere Phasen durchlaufen, sich der Umgebung mitgeteilt hat. Man beachte außerdem und insbesondere, ob man nicht die immer intensiver d.h. ausgedehnter werdende, widerstrebende Kraftanstrengung mit einbezogen hat, die dem äußeren Druck entgegengesetzt wird.

Wenn der Psychophysiker ein schwereres Gewicht hebt, so nimmt er, wie er behauptet, ein Anwachsen der Empfindung wahr. Man prüfe nun, ob dieses Anwachsen der Empfindung nicht vielmehr eine Empfindung des Anwachsens genannt werden müsse. Die ganze Frage dreht sich um diesen Punkt; denn im ersteren Falle wäre die Empfindung eine Quantität, wie ihre äußere Ursache, im zweiten eine Qualität, die für die Größe ihrer Ursache stellvertretend geworden ist. Die Unterscheidung von schwer und leicht könnte wohl als ebenso rückständig und als ebenso naiv erscheinen wie die zwischen warm und kalt. Aber gerade die Naivität dieser Unterscheidung macht sie zu einer psychologischen Tatsächlichkeit. Das Schwere und das Leichte bedeuten für unser Bewußtsein nicht nur verschiedene Gattungen, sondern die Grade der Leichtigkeit und Schwere sind ihrerseits wieder Arten dieser beiden Gattungen. Dabei ist hinzuzufügen, daß der Qualitätsunterschied sich hier spontan in einen Quantitätsunterschied übersetzt, wegen der mehr oder weniger ausgedehnten Kraftanstrengung, die der Körper aufbietet, um ein gegebenes Gewicht emporzuheben. Man kann jedermann leicht davon überzeugen, wenn man ihn auffordert, einen Korb emporzuheben, von dem man ihm sagt, er sei mit Eisenzeug angefüllt, während er tatsächlich leer ist. Er wird das Gleichgewicht zu verlieren meinen, wenn er ihn anfaßt, als hätten entferntere Muskeln sich im voraus für die Arbeitsleistung bereitgehalten und erführen nun eine plötzliche Enttäuschung. Hauptsächlich die Zahl und die Natur dieser sympathetischen Kraftanstrengungen, die sich an verschiedenen Stellen des Organismus vollziehen, geben den Maßstab ab für die Empfindung der Schwere an einem gegebenen Punkte; und diese Empfindung wäre nichts andres, als eine Qualität, führte man nicht auf diese Weise die Vorstellung einer Größe ein. Was übrigens die Täuschung in diesem Punkt bestärkt, ist die eingewurzelte Gewohnheit, an die unmittelbare Perzeption einer homogenen Bewegung im homogenen Raum zu glauben. Wenn ich mit dem Arm ein leichtes Gewicht hebe, während der ganze übrige Körper unbewegt bleibt, habe ich eine Reihe von Muskelempfindungen, deren jede ihr »Lokalzeichen«, ihre eigene Nuance hat; diese Reihe nun deutet das Bewußtsein im Sinn einer kontinuierlichen Bewegung im Raum. Wenn ich sodann ein schwereres Gewicht mit gleicher Geschwindigkeit auf dieselbe Höhe hebe, durchlaufe ich eine neue Serie von Muskelempfindungen, deren jede vom korrespondierenden Glied der vorangegangenen Reihe unterschieden ist, wovon ich mich bei genauem Zusehen mühelos überzeugen kann. Da ich aber auch diese neue Serie wieder im Sinne einer kontinuierlichen Bewegung deute und da diese Bewegung dieselbe Richtung, dieselbe Dauer und Geschwindigkeit hat wie die vorangehende, so muß mein Bewußtsein notgedrungen den Unterschied zwischen der zweiten und ersten Empfindungsreihe anderswo lokalisieren als in der Bewegung selbst. Es verlegt alsdann diese Differenz ans Ende des Arms, der die Bewegung ausführt; es redet sich ein, daß die Bewegungsempfindung in beiden Fällen die gleiche war, während die Gewichtsempfindung verschiedene Größen aufwies. Bewegung und Gewicht sind aber Unterscheidungen des reflektierenden Bewußtseins: das unmittelbare Bewußtsein hat gewissermaßen die Empfindung einer schwerwiegenden Bewegung, und diese Empfindung selbst löst sich bei der Analyse in eine Reihe von Muskelempfindungen auf, deren jede durch ihre Nuance den Ort ihres Vollzugs und durch ihre Färbung die Größe des gehobenen Gewichts repräsentiert.

Werden wir nun die Intensität des Lichts Quantität nennen, oder werden wir sie wie eine Qualität behandeln? Man hat vielleicht der Menge der sehr verschiedenen Elemente nicht genügend Beachtung geschenkt, die im täglichen Leben dazu beitragen, uns über die Natur der Lichtquelle zu unterrichten. Wir wissen längst, daß ein solches Licht entfernt oder am Erlöschen ist, wenn wir Mühe damit haben, uns die Umrisse und Einzelheiten der Gegenstände klar zu machen. Und ebenso hat die Erfahrung uns gezeigt, daß jene affektive Empfindung, die wir in gewissen Fällen als Vorspiel des Geblendetseins erleiden, einer höheren Kraft der Ursache beizumessen ist. Je nachdem man die Zahl der Lichtquellen vermehrt oder vermindert, heben sich die Kanten der Körper nicht in der gleichen Weise ab und ebensowenig die Schatten, die sie werfen. Wir glauben indessen, daß den Veränderungen in der Färbung, die farbige Flächen, selbst die reinen Farben des Spektrums unter dem Einfluß eines schwächeren oder helleren Lichts erleiden, eine noch größere Bedeutung zugeschrieben werden muß. In dem Maße, als die Lichtquelle näher rückt, fällt Violett ins Bläuliche, geht Grün in Weißlichgelb und Rot in Hellgelb über. Umgekehrt geht Ultramarinblau in Violett und Gelb in Grün über, wenn sich das Licht entfernt; schließlich nähern sich rot, grün und violett dem Weißlichgelben. Diese Färbungsveränderungen sind seit einiger Zeit von den Physikern beobachtet worden[1]; was aber, nach unserer Meinung, ganz anders ins Gewicht fällt, ist, daß die meisten Menschen sie gar nicht beachten, es sei denn, daß sie besondere Aufmerksamkeit anwenden oder darauf hingewiesen werden. Entschlossen wie wir sind, die Qualitätsveränderungen als Quantitätsveränderungen zu deuten, stellen wir sofort als Prinzip auf, daß jeder Gegenstand seine eigene bestimmte und unveränderliche Farbe habe. Und wenn die Färbung der Gegenstände sich an Gelb oder Blau annähert, behaupten wir, statt zu sagen, daß wir ihre Farbe unter der Einwirkung eines Anwachsens oder einer Verminderung der Belichtung sich ändern sehen, daß diese Farbe die gleiche bleibe, daß aber unsre Empfindung der Lichtintensität zu- oder abnehme. Abermals substituieren wir also dem von unserm Bewußtsein empfangenen qualitativen Eindruck die vom Verstande gelieferte quantitative Deutung. Helmholtz hat auf ein Deutungsphänomen gleicher Art, nur ein noch verwickelteres, hingewiesen: »Wenn man«, sagt er, »aus zwei Spektralfarben Weiß zusammensetzt und die Intensitäten der zwei chromatischen Lichter im selben Verhältnis vermehrt oder vermindert, dergestalt, daß die Proportionen der Mischung gleich bleiben, so bleibt die resultierende Farbe dieselbe, obgleich das Verhältnis der Stärke der Empfindungen eine wesentliche Veränderung erfährt ... Das kommt daher, daß das Sonnenlicht, das wir bei Tage als das normale Weiß betrachten, selbst analoge Modifikationen in seiner Nuance erleidet, wenn die Lichtintensität variiert«[2].

Freilich, wenn wir auch oft die Variationen der Lichtquelle nach den relativen Veränderungen der Färbung der uns umgebenden Objekte beurteilen, so trifft dies doch nicht mehr in den einfachen Fällen zu, wo ein einzelner Gegenstand, z.B. eine weiße Oberfläche, sukzessiv verschiedene Belichtungsgrade durchläuft. Auf diesen letzten Punkt müs-

---

1 Rood, Théorie scientifique des couleurs, Paris 1883, t. 38 der Bibliothèque scientifique internationale, S. 154-159.
2 Handbuch der physiologischen Optik, Leipzig 1867, S. 319.

sen wir besonderes Gewicht legen. Die Physik spricht nämlich von Intensitätsgraden des Lichts wie von wirklichen Größen: mißt sie sie denn nicht mit dem Photometer? Der Psychophysiker geht noch weiter: er behauptet, unser Auge schätze selbst die Lichtintensitäten ab. Es sind zunächst von Delbœuf[1], sodann von Lehmann und Neiglick[2] Experimente angestellt worden, um eine psychophysische Formel zur direkten Messung unsrer Lichtempfindungen zu gewinnen. Das Resultat dieser Experimente wollen wir nicht bestreiten, auch nicht den Wert des photometrischen Verfahrens; alles aber hängt von der Deutung ab, die man dafür gibt.

Man betrachte aufmerksam ein Blatt Papier, das z.B. durch vier Kerzen beleuchtet ist und lösche nacheinander eine, zwei, drei davon aus. Man wird sagen, die Fläche bleibe weiß und ihre Helligkeit verringere sich. Man weiß ja allerdings, daß man eine Kerze ausgelöscht hat; oder, weiß man es nicht, so hat man oft genug eine analoge Veränderung des Aussehens einer weißen Fläche beobachtet, wenn man die Beleuchtung verringerte. Man abstrahiere indessen von seinen Erinnerungen und Sprachgewohnheiten: was man wirklich bemerkt hat, ist nicht eine Beleuchtungsveränderung der weißen Fläche, sondern eine Schicht von Schatten, die im Augenblick des Auslöschens der Kerze über diese Fläche hingeglitten ist. Dieser Schatten ist für das Bewußtsein eine Realität so gut wie das Licht. Nannte man die ursprüngliche Fläche in all ihrer Helligkeit weiß, so verlangt das jetzt Gesehene einen andern Namen; denn es ist etwas anderes: es wäre, könnte man sich so ausdrücken, eine neue Nuance von Weiß. Ist es noch nötig, das übrige zu sagen? Durch unsre vergangene Erfahrung und auch durch die physikalischen Theorien sind wir gewöhnt, Schwarz als ein Fehlen oder wenigstens als ein Minimum von Lichtempfindung und die sukzessiven Nuancen von Grau als abnehmende Intensitäten des weißen Lichts anzusehen. Nun, Schwarz ist für unser Bewußtsein so real wie Weiß, und die abnehmenden Intensitäten des weißen Lichts, das eine gegebene Fläche beleuchtet, wären für ein unvoreingenommenes Bewußtsein lauter verschiedene Nuancen, etwa analog den verschiedenen Farben des Spektrums. Dies wird

---

1   Eléments de psychophysique, Paris 1886.
2   Siehe d. Bericht über diese Experimente in d. Revue philosophique 1887, Bd. I, S. 71, Bd. II, S. 180.

dadurch bewiesen, daß die Veränderung in der Empfindung nicht kontinuierlich ist wie die der äußern Ursache, daß das Licht eine Zeitlang zu- und abnehmen kann, ohne daß uns die Beleuchtung der weißen Fläche zu wechseln schiene: sie wird nämlich nur dann zu wechseln scheinen, wenn die Vermehrung oder Verminderung des äußeren Lichts hinreicht, eine neue Qualität zu erzeugen. Die Helligkeitsvariationen einer gegebenen Farbe würden sich also – abgesehen von den affektiven Empfindungen, von denen oben die Rede war – auf qualitative Veränderungen reduzieren, hätten wir nicht die Gewohnheit angenommen, die Ursache in die Wirkung zu verlegen und unsern unbefangenen Eindrücken zu substituieren, was uns Experiment und Wissenschaft lehren. Dasselbe würde von den Sättigungsgraden gelten. Wenn nämlich die verschiedenen Intensitäten einer Farbe ebensovielen verschiedenen Schattierungen zwischen dieser Farbe und dem Schwarzen entsprechen, so sind die Sättigungsgrade wie vermittelnde Schattierungen zwischen eben derselben Farbe und dem reinen Weiß. Wir würden also sagen, jede Farbe könne unter einem doppelten Aspekt betrachtet werden, nämlich vom Standpunkt des Schwarzen wie des Weißen. Das Schwarze verhielte sich zur Intensität wie das Weiße zur Sättigung.

Jetzt wird der Sinn der photometrischen Experimente begreiflich geworden sein. Eine in gewisser Entfernung eines Blatts Papier aufgestellte Kerze erleuchtet es in einer bestimmten Weise: Man verdoppelt die Entfernung und konstatiert dabei, daß vier Kerzen nötig sind, um dieselbe Empfindung zu erzielen. Hieraus wird der Schluß gezogen, daß, wenn man die Entfernung verdoppelt hätte, ohne die Intensität der Lichtquelle zu vermehren, der Beleuchtungseffekt viermal weniger beträchtlich gewesen wäre. Es liegt jedoch auf der Hand, daß es sich hier um die physikalische Wirkung und nicht um die psychologische handelt. Man kann nämlich nicht sagen, wir hätten zwei Empfindungen untereinander verglichen: wir haben uns eine einzelne Empfindung nutzbar gemacht, um zwei verschiedene Lichtquellen untereinander zu vergleichen, deren zweite das vierfache des ersten, aber zweimal so weit entfernt ist als sie. Mit einem Worte, der Physiker läßt niemals Empfindungen auftreten, die das Doppelte oder Dreifache voneinander wären, sondern nur identische Empfindungen, die zwischen zwei dann eine Gleichsetzung untereinander zulassenden physikalischen Quantitäten die Vermittlungsrolle zu übernehmen haben. Die Lichtempfindung spielt hier die Rolle jener unbekannten Hilfskonstruktionen, wie sie der Mathematiker in seine Rechnungen einführt, um sie im Endresultat wieder verschwinden zu lassen.

Etwas ganz anderes ist das Objekt des Psychophysikers: er studiert die Lichtempfindung als solche und behauptet sie zu messen. Bald wird er zu einer Integration unendlich kleiner Unterschiede fortschreiten, wie nach der Methode Fechners; bald wird er eine Empfindung mit einer andern Empfindung direkt vergleichen. Diese letztere Methode, die Plateau und Delbœuf zu verdanken ist, unterscheidet sich von der Fechnerschen weit weniger als man bisher glaubte; da sie aber in noch speziellerem Maße die Lichtempfindungen angeht, wollen wir uns zunächst mit ihr beschäftigen. Delbœuf stellt einen Beobachter drei konzentrischen Ringen von variabler Helligkeit gegenüber. Eine sinnreiche Vorrichtung ermöglicht, jeden dieser Ringe sämtliche zwischen Weiß und Schwarz liegende Schattierungen durchlaufen zu lassen. Setzen wir den Fall, an zwei Ringen seien gleichzeitig zwei graue Töne hervorgerufen und unverändert erhalten worden; wir werden sie z.B. A und B nennen. Delbœuf läßt nun die Tönung C des dritten Ringes eine Veränderung erfahren und sich vom Beobachter sagen, ob ihm in einem bestimmten Augenblicke die graue Tönung B von den andern beiden gleichweit entfernt vorkomme. Tatsächlich kommt ein Augenblick, wo der Beobachter den Unterschied AB für dem Unterschied BC gleich erklärt, so daß man nach Delbœuf eine Stufenleiter von Lichtintensitäten konstruieren könnte, nach der man von jeder Empfindung durch empfindbare gleiche Unterschiede zur nächsten überginge: unsre Empfindungen würden demnach aneinander meßbar sein. Wir wollen Delbœuf nicht bis in die Schlußfolgerungen begleiten, die er aus diesen interessanten Experimenten gezogen hat: die wesentliche Frage, die einzige unsres Erachtens, ist die, ob ein Unterschied AB, der aus den Elementen A und B besteht, wirklich einem Unterschiede BC gleich ist, der anders zusammengesetzt ist. Wenn erst einmal festgestellt wäre, daß zwei Empfindungen gleich sein können, ohne identisch zu sein, dann stünde die Psychophysik auf festem Boden. Diese Gleichheit aber scheint uns anfechtbar: in der Tat ist es leicht zu erklären, wieso eine Empfindung von Lichtintensität von zwei andren gleich weit entfernt genannt werden kann.

Nehmen wir vorübergehend an, die Intensitätsvariationen einer Lichtquelle hätten sich seit unsrer Geburt unserm Bewußtsein durch die sukzessive Wahrnehmung der verschiedenen Farben des Spektrums kundgegeben. Es besteht kein Zweifel, daß uns in diesem Falle jene Farben genau wie die Noten einer Tonskala, wie die mehr oder weniger hohen Stufen einer Leiter, mit einem Worte wie Größen vorkommen würden. Andrerseits würden wir jeder dieser Farben leicht ihren Platz in der Reihe anweisen können. Während nämlich die extensive Ursache in kontinuierlicher Weise variiert, verändert sich die Farbenempfindung in diskontinuierlicher Weise, indem sie von einer Nuance in eine andre Nuance übergeht. So zahlreich also auch die Nuancen zwischen zwei Farben A und B sein mögen, man wird sie in Gedanken immer wenigstens im groben zählen und sich vergewissern können, ob diese Zahl ungefähr der Zahl der Nuancen gleich ist, die B von einer andern Farbe C trennen. In diesem letzteren Falle wird man sagen, B sei von A und von C gleichweit entfernt, der Unterschied sei beiderseits derselbe. Es wäre dies aber immer nur eine bequeme Deutungsweise: denn obwohl die Zahl der Zwischennuancen auf beiden Seiten gleich ist, und man von der einen zur andern ruckweise übergeht, wissen wir noch nicht, ob diese Rucke Größen, auch nicht, ob sie gleiche Größen sind: man müßte uns vor allen Dingen nachweisen können, daß die zur Messung benutzten Zwischennuancen sich gewissermaßen im Innern des gemessenen Gegenstands wiederfinden lassen. Ist dies nicht der Fall, dann kann eine Empfindung nur metaphorisch als von zwei andern gleich weit entfernt bezeichnet werden.

Will man uns zugestehen, was wir oben von den Lichtintensitäten sagten, so wird man sich nun überzeugen, daß die uns von Delbœuf zur Beobachtung dargebotenen verschiedenen grauen Töne, was unser Bewußtsein anlangt, Farben völlig analog sind, und daß, wenn wir einen grauen Ton für von zwei andern grauen Tönen gleichweit entfernt erklären, dies im selben Sinne geschieht, in dem wir sagen könnten, daß z.B. Orange von Grün und Rot gleichweit entfernt sei. Der Unterschied wäre bloß der, daß in unsrer ganzen bisherigen Erfahrung die Sukzession der grauen Töne stattgefunden hat, und zwar bei Gelegenheit progressiver Vermehrung oder Verminderung der Beleuchtung. Daher kommt es, daß wir bei den Unterschieden in den Helligkeitsgraden tun, was bei den Unterschieden der Färbung zu tun wir uns nicht beifallen lassen: wir machen Qualitätsveränderungen zu Größenvariationen. Die Messung läßt sich überdies mühelos vollziehen, weil die sukzessiven Schattierungen des Grauen, die durch eine kontinuierliche Verminderung der Belichtung herbeigeführt werden, als Qualitäten diskontinuierlich sind, und weil wir annähernd die hauptsächlichsten Zwischenstufen zählen können, welche zwei unter ihnen voneinander trennen. Der Unterschied AB wird somit dann für dem Unterschied BC gleich erklärt, wenn unsre vom Gedächtnis unterstützte Einbildungskraft beiderseits dieselbe Zahl von Ruhepunkten dazwischen einschiebt. Diese Abschätzung muß übrigens außerordentlich grob ausfallen, und es läßt sich voraussehen, daß sie je nach den Individuen beträchtliche Verschiedenheiten aufweisen wird. Besonders wird man erwarten müssen, daß die Unsicherheiten und Abweichungen in der Abschätzung um so mehr hervortreten werden, je mehr der Helligkeitsunterschied zwischen den Ringen A und B gesteigert wird; denn es wird eine immer fühlbarere Anstrengung erfordert werden, um die Zahl der eingeschalteten Töne abzuschätzen. Gerade das ist aber der Fall, und man wird sich unschwer davon überzeugen, wenn man einen Blick auf die von Delbœuf hergestellten zwei Tafeln wirft[1]. In dem Maße, als er die Helligkeitsdifferenz zwischen dem äußeren und mittleren Ringe anwachsen läßt, vermehrt sich die Abweichung zwischen den Ziffern, auf die sich der Reihe nach ein und derselbe oder verschiedene Beobachter festlegen, nahezu in kontinuierlicher Weise, von 3 auf 94, von 5 auf 73, von 10 auf 25, von 7 auf 40 Grade. Lassen wir aber diese Abweichungen beiseite; nehmen wir an, die Beobachter stimmten mit sich selbst und untereinander durchaus überein: wäre damit festgestellt, daß die Gegensätze AB und BC gleich sind? Man müßte dazu erstlich bewiesen haben, daß zwei sukzessive Elementar-Unterschiede gleiche Quantitäten sind, und wir wissen doch nur, daß sie sukzessiv sind. Man müßte ferner

---

1 Eléments de psychophysique, a.a.O., S. 61 u. 69.

bewiesen haben, daß in einem gegebenen grauen Tone sich die Tönungen tieferen Grades wiederfinden, durch die unsre Einbildungskraft zum Zweck der Abschätzung der objektiven Intensität der Lichtquelle hindurchgegangen ist. Mit einem Wort, die Psychophysik Delbœufs setzt ein theoretisches Postulat von höchster Wichtigkeit voraus, das sich unter dem Schein von Experimenten vergebens verbirgt, und das wir folgendermaßen formulieren möchten: »Wenn man die objektive Quantität des Lichtes stetig anwachsen läßt, sind die Unterschiede zwischen den sukzessiv erhaltenen grauen Tönen, Unterschiede, von denen jeder einzelne das geringste wahrgenommene Anwachsen eines physischen Reizes zum Ausdruck bringt, unter sich gleiche Größen. Und überdies kann man eine jede beliebige einzelne von den erzielten Empfindungen der Summe der Unterschiede gleichsetzen, die von der Empfindung = Null an gerechnet die vorangegangenen Empfindungen voneinander trennen.« – Nun, dies ist genau das Postulat der Fechnerschen Psychophysik; dieses wollen wir jetzt untersuchen.

Fechner ist von einem Gesetz ausgegangen, das Weber gefunden hatte, wonach, wenn ein gewisser Reiz gegeben ist, der eine gewisse Empfindung hervorruft, die Reizquantität, die zum ursprünglichen Reiz hinzukommen muß, damit das Bewußtsein eine Veränderung merke, in einem konstanten Verhältnis zu diesem steht. Bezeichnet man also mit R den der Empfindung E entsprechenden Reiz, und mit ΔR die Reizquantität gleicher Art, welche zum ursprünglichen Reiz hinzukommen muß, damit eine Unterschiedsempfindung entstehe, so erhielte man $\frac{\Delta R}{R}$ = Const. Diese Formel ist durch die Anhänger Fechners bedeutend modifiziert worden: wir werden uns in die Debatte nicht weiter einmischen; es ist Sache des Experiments, eine Entscheidung zu treffen zwischen dem von Weber angenommenen Verhältnis und denen, die man an die Stelle des seinigen setzen will. Wir geben außerdem ohne weiteres zu, daß die Wahrscheinlichkeit für die Existenz eines derartigen Gesetzes spricht. Es handelt sich nämlich hier nicht darum, die Empfindung zu messen, sondern nur darum, den genauen Zeitpunkt zu bestimmen, in dem ein Anwachsen des Reizes eine Veränderung in ihr bewirkt. Wenn eine bestimmte Reizquantität eine bestimmte Empfindungsnuance hervorruft, so ist ja klar, daß die Minimalquantität an Reiz, die erforderlich ist, damit eine Veränderung einer Empfindungsnuance eintritt, ebenfalls determiniert ist; und da sie nicht konstant ist, muß sie Funktion des Reizes sein, zu dem sie hinzukommt. – Wie aber ist von einem Verhältnis zwischen dem Reiz und seinem minimalen Anwachsen zu einer Gleichung zu gelangen, die die »Quantität der Empfindung« mit dem entsprechenden Reiz verbindet? Die ganze Psychophysik liegt in diesem Übergange beschlossen, der also ein aufmerksames Studium verdient.

Wir werden bei dem Verfahren, durch das man von den Weberschen Experimenten oder jeder andern Reihe analoger Beobachtungen aus zu einem psychophysischen Gesetz wie dem von Fechner aufgestellten gelangt, mehrere verschiedene Kunstgriffe zu unterscheiden haben. Man kommt zunächst überein, das Bewußtsein, das wir von einem Anwachsen des Reizes haben, als ein Anwachsen der Empfindung E anzusehen; man wird es demnach mit ΔE bezeichnen. Hierauf stellt man das Prinzip auf, daß alle Empfindungen ΔE, die dem kleinsten wahrnehmbaren Anwachsen eines Reizes entsprechen, einander gleich sind. Man behandelt sie sodann als Quantitäten, und da diese Quantitäten einerseits immer gleich sind, während andrerseits das Experiment zwischen dem Reiz R und seinem Minimalanwachsen ein gewisses Verhältnis $\Delta R = f(R)$ ergeben hat, wird die Konstanz von ΔE durch die Formel: $\Delta E = C \dfrac{\Delta R}{f(R)}$ ausgedrückt, wobei C eine konstante Größe darstellt. Und endlich kommt man überein, die ganz kleinen Unterschiede ΔE und ΔR durch die unendlich kleinen $d E$ und $d R$ zu ersetzen, woraus sich nunmehr die Differentialgleichung ergibt: $d E = \dfrac{dR}{f(R)}$. Es erübrigt nur noch, die beiden Glieder zu integrieren, und man bekommt das gesuchte[1] Verhältnis: $E = C \displaystyle\int_0^R \dfrac{dR}{f(R)}$. So

---

1 In dem besondern Falle, wo ohne Einschränkung des Weberschen Gesetzes $\dfrac{\Delta R}{R} = $ Const. angenommen wird, ergibt die Integration $E = C \log \dfrac{R}{Q}$, wobei Q eine Constante ist. Dies ist das Fechnersche »Logarithmus-Gesetz«.

gelangt man von einem bestätigten Gesetz, wo es sich ausschließlich um das Auftreten der Empfindung handelte, zu einem der Bestätigung nicht zugänglichen Gesetz, das das Maß für sie abgibt.

Wir gehen in eine tiefere Erörterung dieser sinnreichen Operation nicht ein, sondern wollen mit wenigen Worten zeigen, wie Fechner die eigentliche Schwierigkeit des Problems erfaßt, wie er sie zu überwinden versucht hat, und wo unseres Erachtens der Fehler seiner Folgerungen zu suchen ist.

Fechner sah ein, daß das Messen in die Psychologie nur eingeführt werden könne, wenn dabei zuvor die Gleichheit und die Addition zweier einfacher Zustände, z.B. zweier Empfindungen, definiert würde. Andererseits ist zunächst nicht zu begreifen, wie zwei Empfindungen, ohne identisch zu sein, gleich sein können. In der physischen Welt ist gewiß Gleichheit nicht synonym mit Identität. Das liegt aber daran, daß dort jedes Phänomen, jeder Gegenstand unter einem doppeltem Aspekt erscheint, einem qualitativen und einem extensiven: vom ersteren kann ohne weiteres abstrahiert werden, und es verbleiben sodann nurmehr Momente, die direkt oder indirekt aufeinander gelegt und folglich miteinander identisch werden können. Dies qualitative Element, das man zunächst aus den äußeren Gegenständen eliminiert, um sie meßbar zu machen, ist nun aber gerade das, woran die Psychophysik festhält, und das sie zu messen beansprucht. Sie würde diese Qualität Q vergeblich durch irgendwelche unterhalb dieser gelegene, physische Quantität Q' dem Grade nach bestimmen wollen; man müßte nämlich erst gezeigt haben, daß Q Funktion von Q' ist, und dies wäre nur möglich, wenn man zuvor die Qualität Q mit irgendeinem Bruchteil ihrer selbst gemessen hätte. So würde etwa nichts im Wege stehen, die Wärmeempfindung durch den Temperaturgrad zu messen; indessen wäre das nur eine Konvention, und die Psychophysik will ja gerade diese Konvention ausschalten und untersuchen, wie die Wärmeempfindung selbst variiert, wenn die Temperatur variiert. Kurz, es scheint, daß zwei verschiedene Empfindungen nur dann gleich genannt werden können, wenn nach der Elimination ihres qualitativen Unterschieds irgendein identisches Fundament übrigbleibt; und da andrerseits diese qualitative Differenz alles ist, was wir empfinden, so sieht man nicht, was noch fortbestehen könnte, wenn man sie eliminiert hat.

Fechners Originalität beruht darauf, daß er diese Schwierigkeit nicht für unüberwindlich hielt. Er machte sich den Umstand zunutze, daß die Empfindung in plötzlichen Sprüngen variiert, während der Reiz stetig anwächst, und er erblickte keinerlei Bedenken darin, diese Empfindungsunterschiede mit demselben Namen zu bezeichnen: es sind dies die *Minimal*differenzen, mit Recht, da jede von ihnen dem kleinsten wahrnehmbaren Anwachsen des äußeren Reizes entspricht. Nunmehr kann von der Nuance oder der spezifischen Qualität dieser sukzessiven Differenzen abstrahiert werden; es wird ein Gemeinsames zurückbleiben, wodurch sie sich irgendwie miteinander identifizieren: sie alle sind nämlich *Minima*. Damit ist die gesuchte Definition der Gleichheit gefunden. Die Definition der Addition folgt dann ganz ungezwungen. Wenn man nämlich die vom Bewußtsein zwischen zwei Empfindungen, die einander im Verlaufe eines stetigen Anwachsens des Reizes folgen, wahrgenommene Differenz als Quantität behandelt, wenn man die erste E und die zweite $E + \Delta E$ nennt, wird man jede Empfindung E als eine Summe ansehen müssen, welche durch Addition der Minimaldifferenzen entstanden ist, die bis zu ihr hin durchlaufen werden mußten. Man braucht nun bloß noch diese doppelte Definition zu benutzen, um zunächst ein Verhältnis zwischen den Differenzen ΔE und ΔR, und dann, durch Vermittelung der Differenziale, ein solches zwischen den beiden Variabeln aufzustellen. Zwar können die Mathematiker hier gegen den Übergang von der Differenz zum Differenzial protestieren; die Psychologen werden sich fragen, ob die Quantität ΔE, anstatt konstant zu sein, nicht wie die Empfindung E selbst variiert[1]: man wird mit einem Worte über den eigentlichen Sinn des psychophysischen Gesetzes, wenn es erst einmal aufgestellt ist, diskutieren. Doch dadurch allein, daß man ΔE als Quantität und E als eine Summe betrachtet, hat man das Grundpostulat der ganzen Operation bereits zugestanden.

Dies Postulat nun erscheint uns anfechtbar und sogar recht wenig verständlich. Man stelle sich nämlich vor, man habe eine Empfindung E und, indem man den Reiz stetig

---

1 Neuerdings ist ΔE dem E proportional angenommen worden.

wachsen läßt, bemerke man nach Verlauf einiger Zeit dieses Anwachsen. Man ist nun gewahr geworden, daß die Ursache angewachsen ist: was für ein Verhältnis aber kann man zwischen diesem Gewahrwerden und einer Differenz aufstellen? Zweifellos besteht hier das Gewahrwerden darin, daß der ursprüngliche Zustand E eine Veränderung erfahren hat; er ist E' geworden; aber damit der Übergang von E zu E' mit einer arithmetischen Differenz verglichen werden könne, müßte ich sozusagen von einem Intervall zwischen E und E' das Bewußtsein haben, und meine Empfindung müßte von E durch das Hinzukommen von etwas nach E' ansteigen. Gibt man diesem Übergang einen Namen, indem man ihn ΔE nennt, so macht man ihn zunächst zu einer Realität und sodann zu einer Quantität. Nun kann man aber nicht bloß keine Erklärung dafür geben, in welchem Sinne dieser Übergang eine Quantität ist, sondern man wird sich bei einigem Nachdenken überzeugen, daß er nicht einmal eine Realität ist; real sind nur die Zustände E und E', die durchlaufen werden. Zweifellos könnte ich, falls E und E' Zahlen wären, die Realität der Differenz E' – E behaupten, wenn auch nur E' und E gegeben wären: die Zahl E' – E, die eine gewisse Summe von Einheiten ist, würde dann genau die sukzessiven Momente der Addition darstellen, durch die man von E nach E' gelangt. Wenn aber E und E' einfache Zustände sind, worin bestünde dann das sie trennende Intervall? Und was wäre der Übergang vom ersten Zustand zum zweiten anderes als ein Akt des Denkens, der willkürlich und weil es sein Interesse fordert, eine Sukzession zweier Zustände einer Differenzierung zweier Größen gleichsetzt?

Entweder hält man sich an das vom Bewußtsein Gelieferte, oder man gebraucht eine konventionelle Vorstellungsweise. Im ersteren Falle wird man zwischen E und E' eine Differenz finden, die der der Regenbogenfarben analog und durchaus kein Größenintervall ist. Im zweiten kann man, wenn man will, das Symbol ΔE einführen, von einer arithmetischen Differenz aber wird man in diesem Falle nur konventioneller Weise sprechen dürfen, und ebenso wird man nur konventioneller Weise eine gegebene Empfindung einer Summe gleichsetzen können. Der scharfsinnigste Kritiker Fechners, Jules Tannery, hat diesen letzteren Punkt ins hellste Licht gerückt: »Man wird z.B. sagen, eine Empfindung von 50 Graden sei durch die Zahl von Differenzial-Empfindungen ausgedrückt, die von dem Fehlen der Empfindung an bis zur Empfindung von 50 Graden aufeinander folgen würden... Ich sehe nicht ein, daß wir hier etwas anderes vor uns haben sollten als eine ebenso legitime wie willkürliche Definition«[1].

Was man auch darüber gesagt haben möge, wir glauben nicht, daß die Methode der mittleren Gradabstufungen die Psychophysik auf eine neue Bahn gebracht hat. Die Originalität von Delbœuf bestand darin, daß er einen besondren Fall wählte, wo das Bewußtsein Fechner Recht zu geben schien, und wo sogar der gemeine Menschenverstand selber Psychophysiker war. Er fragte sich, ob nicht gewisse Empfindungen uns unmittelbar gleich, wenn auch verschieden erscheinen, und ob man nicht durch ihre Vermittelung eine Tafel von Empfindungen aufstellen könne, die das Doppelte, Dreifache, Vierfache voneinander darstellten. Wir sagten, Fechners Irrtum habe darin bestanden, daß er an ein Intervall zwischen zwei sukzessiven Empfindungen E und E' glaubte, während doch von der einen zur andern nur ein Übergang stattfindet und keine Differenz im arithmetischen Sinne des Wortes. Wenn aber die beiden Endpunkte, zwischen denen der Übergang sich vollzieht, gleichzeitig gegeben sein könnten, dann läge außer einem Übergang überdies noch ein Unterschied vor; und wenngleich der Unterschied noch keine arithmetische Differenz ist, so hat er doch von einer gewissen Seite her Ähnlichkeit mit einer solchen. Die beiden verglichenen Termini stehen einander gegenüber wie zwei Zahlen bei der Subtraktion. Wenn wir nun annehmen, diese Empfindungen seien von gleicher Natur, und wären in unserer bisherigen Erfahrung konstant sozusagen an uns vorbei defiliert, während der physische Reiz stetig anwuchs, so ist es unendlich wahrscheinlich, daß wir die Ursache in die Wirkung verlegen werden, und daß die Unterschiedsvorstellung in die Vorstellung einer arithmetischen Differenz übergehen wird. Da wir andrerseits bemerkt haben werden, daß die Empfindung plötzlich wechselte, während der Fortgang des Reizes stetig war, werden wir ohne Zweifel die Distanz zwischen zwei gegebenen Empfindungen durch die im groben berechnete Zahl

---

1 Revue scientifique, 13. März und 24. April 1875.

dieser plötzlichen Rucke oder wenigstens der zwischenliegenden Empfindungen abschätzen, die uns in den meisten Fällen als Orientierungsmittel dienen. Der Unterschied wird uns, so fassen wir zusammen, als Differenz, der Reiz als Quantität und der plötzliche Ruck als ein Element der Gleichheit erscheinen; kombinieren wir diese drei Faktoren miteinander, so gelangen wir zur Idee gleicher quantitativer Differenzen. Nun sind diese Bedingungen nirgends so gut realisiert als dort, wo gleichfarbige Oberflächen, die mehr oder weniger beleuchtet werden, sich unserem Auge gleichzeitig darbieten. Hier haben wir nicht nur einen Unterschied zwischen analogen Empfindungen, sondern diese Empfindungen entsprechen einer Ursache, deren Einfluß uns immer eng an ihre Entfernung gebunden zu sein schien; und da diese Entfernung stetig variabel ist, so müssen wir in unsrer vergangenen Erfahrung uns eine unzählige Menge von Nuancen der Empfindungen gemerkt haben, die im Verlauf eines stetigen Anwachsens der Ursache aufeinander folgen. Wir werden somit sagen können, daß z.B. der Unterschied zwischen einer ersten grauen Tönung und einer zweiten uns ungefähr gleich erscheint dem Unterschied zwischen der zweiten und einer dritten; und definiert man zwei gleiche Empfindungen, indem man sagt, es seien Empfindungen, die ein mehr oder weniger verworrenes Räsonnement als gleich deutet, so gelangt man allerdings zu einem Gesetze wie dem von Delbœuf vorgeschlagenen. Man wird aber nicht vergessen dürfen, daß das Bewußtsein durch dieselben Zwischenstufen hindurchgegangen ist wie der Psychophysiker und daß sein Urteil hier soviel gilt wie die Psychophysik: was vorliegt, ist eine symbolische Umdeutung der Qualität in Quantität, eine mehr oder weniger grobe Abschätzung der Zahl der Empfindungen, die sich zwischen zwei gegebene Empfindungen einschalten lassen. Der Unterschied zwischen der Methode der Minimalmodifikationen und der der mittleren Gradabstufungen, zwischen der Fechnerschen und der Delbœufschen Psychophysik ist also nicht so bedeutend, als man meint. Erstere läuft auf ein konventionelles Messen der Empfindung hinaus; letztere beruft sich auf den gemeinen Verstand in den besonderen Fällen, wo er zu einer analogen Konvention greift. Kurz, jede Psychophysik ist schon durch ihren Ursprung dazu verurteilt, sich im Zirkel zu drehen; denn das theoretische Postulat, worauf sie ruht, zwingt sie, nach einer experimentellen Bestätigung dafür zu suchen und sie kann eine experimentelle Bestätigung nicht finden, wenn man ihr nicht zuvor das Postulat zugestanden hat. Es gibt eben keinen Berührungspunkt zwischen dem Unausgedehnten und dem Ausgedehnten, zwischen Qualität und Quantität. Eines läßt sich zwar durch das andere auslegen, eines zum Äquivalent des andern machen; doch früher oder später, zu Anfang oder am Ende, wird man anerkennen müssen, daß diese Gleichsetzung rein konventionellen Charakters ist. In Wahrheit hat die Psychophysik nur eine, dem gemeinen Verstande geläufige Auffassung präzise formuliert und bis in ihre letzten Konsequenzen verfolgt. Da wir eigentlich mehr sprechen als denken, da auch die äußeren Gegenstände, die uns allen gemeinsam sind, für uns mehr bedeuten als die von uns erlebten subjektiven Zustände, haben wir allen Grund, diese Zustände zu objektivieren, indem wir soweit wie möglich die Vorstellung ihrer äußeren Ursache in sie hineintragen. Und je mehr unsre Kenntnisse zunehmen, je mehr wir hinter dem Intensiven das Extensive und hinter der Qualität die Quantität gewahr werden, desto mehr sind wir geneigt, das erste Moment in das zweite zu verlegen und unsre Empfindungen wie Größen zu behandeln. Die Physik, die gerade die Aufgabe hat, die äußere Ursache unsrer inneren Zustände der Berechnung zu unterwerfen, gibt sich so wenig wie möglich mit diesen Zuständen selbst ab: sie wirft sie unausgesetzt und geflissentlich mit ihrer Ursache zusammen. Sie bestärkt also in dieser Hinsicht die irrtümliche Ansicht des gemeinen Verstandes und treibt sie sogar auf die Spitze. Der Zeitpunkt konnte daher nicht ausbleiben, wo die Wissenschaft, gewöhnt wie sie ist an die Vermengung von Qualität und Quantität, Empfindung und Reiz, beide in gleicher Weise zu messen unternehmen würde; dies war die Aufgabe, die sich die Psychophysik gestellt hat. Den Mut zu diesem kühnen Unterfangen hatten Fechner gerade seine Gegner eingegeben, die Philosophen nämlich, die von intensiven Größen reden, während sie zugleich die psychischen Zustände für nicht meßbar erklären. In der Tat, wenn man zugibt, daß eine Empfindung stärker sein kann als eine andere und daß diese Ungleichheit in den Empfindungen selbst liegt, ohne jegliche Abhängigkeit von Ideenassoziationen oder von irgendwelcher mehr oder weniger bewußten zahlenmäßigen oder räumlichen Erwägung, so ist es natürlich, wissen zu wollen, um wieviel die erste Empfindung die zweite übertrifft, und zwischen ihren Intensitäten ein quantitatives Verhältnis aufzustellen. Es nützt nichts, wenn man, wie öfters seitens der Gegner der Psychophysik geschieht, erwidert, alles Messen enthalte ein Übereinanderlegen, und zwischen Intensitäten, die ja keine Dinge seien, die man übereinanderlegen könne, sei das Aufsuchen eines zahlenmäßigen Verhältnisses unstatthaft. Man müßte nämlich dann erklären, weshalb man eine Empfindung intensiver nennt als eine andre und wieso man Sachen als größer oder kleiner bezeichnen dürfe, die – was man soeben hat zugestehen müssen – Beziehungen wie die zwischen Enthaltendem und Enthaltenem nicht zulassen. Wenn man, um jede derartige Frage abzuschneiden, zwei Arten von Quantität unterscheidet, die eine intensiv und nur das mehr oder weniger zulassend, die andere extensiv und meßbar, so ist man dicht daran, Fechner und den Psychophysikern beizupflichten. Denn sobald man einer Sache die Fähigkeit zuschreibt, zu wachsen und abzunehmen, erscheint es natürlich genug, zu fragen, um wieviel sie abnimmt und um wieviel sie zunimmt. Und daraus, daß eine derartige Messung nicht direkt möglich erscheint, folgt noch nicht, daß die Wissenschaft nicht durch ein indirektes Verfahren dahin gelangen könnte, sei es nun durch eine Integration unendlich kleiner Elemente nach Fechners Vorschlag, sei es auf irgendeinem anderen Umweg. Entweder also ist die Empfindung reine Qualität, oder wenn sie eine Größe ist, muß man den Versuch machen, sie zu messen.

Um das Vorangegangene zusammenzufassen, werden wir sagen, die Vorstellung der Intensität stelle sich unter einem doppelten Aspekt dar, je nachdem die für eine äußere Ursache repräsentativen Zustände des Bewußtseins oder die Zustände, die sich selbst genügen, der Untersuchung unterzogen werden. Im ersteren Fall besteht die Perzeption der Intensität in einer bestimmten Abschätzung der Größe der Ursache vermittelst einer bestimmten Qualität der Wirkung: es handelt sich hier, mit den Schotten zu reden, um eine erworbene Perzeption. Im andern Falle nennen wir Intensität die mehr oder weniger beträchtliche Mannigfaltigkeit einfacher psychischer Vorgänge, die wir als dem fundamentalen Zustand innewohnend dunkel empfinden; hier hätten wir keine erworbene Perzeption, sondern eine verworrene. Übrigens durchdringen sich meistens diese beiden Bedeutungen des Worts; denn die einfacheren Tatsachen, die eine Emotion oder eine Willensanstrengung in sich schließen, sind meistenteils vorstellungsmäßig, und die Mehrzahl der vorstellungsmäßigen Bewußtseinszustände umfassen, da sie gleichzeitig auch affektiver Natur sind, ihrerseits wieder eine Mannigfaltigkeit elementarer psychischer Tatsachen. Die Vorstellung der Intensität liegt also am Vereinigungspunkt zweier Strömungen, deren eine uns von außen her die Vorstellung extensiver Größe vermittelt, während die andre aus den Tiefen des Bewußtseins das Bild einer inneren Mannigfaltigkeit an die Oberfläche emporträgt. Es bleibt noch übrig, sich darüber aufzuklären, worin dies letztere Bild besteht, ob es eins ist mit dem Bild der Zahl oder ob es sich wesentlich davon unterscheidet. Im folgenden Kapitel werden wir die Bewußtseinszustände nicht mehr voneinander isoliert betrachten, sondern in ihrer konkreten Mannigfaltigkeit, wie sie in der reinen Dauer ablaufen. Und wie wir uns die Frage vorlegten, was aus der Intensität einer vorstellungsmäßigen Empfindung würde, wenn wir die Vorstellung der äußeren Ursache nicht hineintrügen, so werden wir nun zu untersuchen haben, was aus der Mannigfaltigkeit unsrer inneren Zustände wird, welche Form die Dauer annimmt, wenn vom Raum, in dem sie sich entfaltet, abstrahiert wird. Diese zweite Frage ist weit wichtiger als die erste. Wenn sich nämlich die Vermengung von Qualität und Quantität auf jede Bewußtseinstatsache für sich genommen beschränkte, würde sie, wie wir gesehen haben, eher Dunkelheiten erzeugen als eigentliche Probleme schaffen. Wenn sie aber auf die ganze Reihe unsrer psychologischen Zustände übergreift, indem sie in unsre Auffassung von der Dauer den Raum einführt, dann vergiftet sie unsre Begriffe von der äußeren und inneren Veränderung, von der Bewegung und der Freiheit an der Quelle. Hieraus sind die Sophismen der Eleaten, hieraus ist das Problem der freien Willensbestimmung entstanden. Uns wird hauptsächlich der zweite Punkt beschäftigen; aber anstatt uns an der Lösung der Frage zu versuchen, werden wir die Täuschung derer aufzeigen, die sie stellen.

II. Von der Mannigfaltigkeit der Bewußtseinszustände.[1] Die Vorstellung der Dauer

Man definiert die Zahl im allgemeinen als eine Kollektion von Einheiten oder, präziser ausgedrückt, als die Synthese des Einen und des Vielen. Jede Zahl ist nämlich eine Einheit, da man sie sich durch einen einfachen Intuitionsakt des Geistes vorstellt und ihr einen Namen gibt; doch diese Einheit ist die einer Summe; sie umfaßt eine Mannigfaltigkeit von Teilen, die sich getrennt betrachten lassen. Diese Begriffe von Einheit und Mannigfaltigkeit wollen wir zunächst nicht näher untersuchen und uns fragen, ob die Idee der Zahl nicht die Vorstellung von noch etwas anderem mit enthält.

---

1 Unsere Arbeit war vollständig beendet, als wir in der Critique philosophique (Jahrgänge 1883 und 1884) eine höchst bemerkenswerte, von F. Pillon herrührende Widerlegung eines interessanten Artikels von G. Noël über die Solidarität der Begriffe von Zahl und Raum lasen. Wir haben indessen keine Veranlassung zu irgendwelcher Änderung in den folgenden Blättern gefunden, weil Pillon keine Unterscheidung macht zwischen der Zeit als Qualität und der Zeit als Quantität, noch zwischen der Mannigfaltigkeit des Nebeneinanders und der Mannigfaltigkeit der gegenseitigen Durchdringung. Ohne diese grundlegende Unterscheidung, die den Hauptgegenstand unseres zweiten Kapitels ausmacht, könnte man sehr wohl mit Pillon die Behauptung vertreten, daß zur Konstruktion der Zahl das Verhältnis der Coexistenz genüge. Was aber ist hier unter Coexistenz zu verstehen? Wenn die coexistierenden Termini sich untereinander organisieren, so kommt dabei nie die Zahl heraus; bleiben sie unterschieden, so reihen sie sich nebeneinander und damit befinden wir uns im Raume. Umsonst wird dagegen das Beispiel von simultanen Eindrücken geltend gemacht werden, die wir von mehreren Sinnen empfangen. Entweder beläßt man diesen Empfindungen ihre spezifischen Unterschiede, was darauf hinausläuft, daß man sie nicht zählt; oder man abstrahiert von ihren Unterschieden, und wie wären sie dann noch zu unterscheiden, wenn nicht durch ihre Lage oder die Lage ihrer Symbole? Wir werden sehen, daß das Wort *unterscheiden* zwei Bedeutungen hat, eine qualitative und eine quantitative: diese beiden Bedeutungen sind, so glauben wir, von allen denen vermengt worden, die die Beziehungen zwischen Zahl und Raum behandelt haben.

Es genügt nicht zu sagen, die Zahl sei eine Gruppe von Einheiten; man muß hinzusetzen, daß diese Einheiten untereinander identisch sind oder wenigstens, daß man sie identisch denkt, sobald man sie zählt. Gewiß wird man die Hammel einer Herde zählen und sagen, es seien ihrer 50, wenngleich sie untereinander verschieden sind und der Schäfer sie mühelos unterscheidet; doch ist man in diesem Falle übereingekommen, ihre individuellen Verschiedenheiten zu vernachlässigen und nur auf ihre gemeinsame Funktion zu achten. Richtet man dagegen die Aufmerksamkeit auf die besonderen Merkmale der Gegenstände oder Individuen, so kann man sie wohl aufzählen, die Summe aber kommt nicht heraus. Von diesen zwei verschiedenen Gesichtspunkten aus zählt man die Soldaten eines Bataillons und ruft man sie zum Appell. Wir werden also sagen müssen, daß die Vorstellung der Zahl die einfache Intuition einer Mannigfaltigkeit von Teilen oder Einheiten mitenthält, die untereinander vollständig gleichartig sind.

Dennoch müssen sie sich irgendwie unterscheiden, da sie nicht in ein Einziges zusammenfließen. Setzen wir den Fall, alle Hammel der Herde seien untereinander identisch; sie unterscheiden sich trotzdem durch den im Raum eingenommenen Ort; andernfalls würden sie keine Herde bilden. Lassen wir aber die 50 Hammel selbst beiseite und halten wir nur die Vorstellung davon fest. Entweder fassen wir sie dann sämtlich im selben Bilde zusammen, und müssen sie infolgedessen in einem idealen Raume nebeneinander aufreihen; oder wir wiederholen 50mal nacheinander das Bild eines einzigen von ihnen, und es scheint in diesem Falle, als wenn die Reihe mehr in der Dauer als im Raume ihren Platz habe. Dem ist aber nicht so. Denn stelle ich mir nacheinander jeden Hammel der Herde isoliert vor, so hätte ich es immer nur mit einem einzelnen Hammel allein zu tun. Ich müßte, damit die Zahl in dem Maße anwachse als ich fortschreite, die sukzessiven Bilder dem Gedächtnis einprägen und sie neben jede der neuen Einheiten hinstellen, deren Vorstellung ich aufrufe; eine solche Aufreihung aber würde im Raume erfolgen und nicht in der reinen Dauer. Man wird uns übrigens ohne weiteres zugeben, daß jede Operation, durch die materielle Gegenstände gezählt werden, die gleichzeitige Vorstellung dieser Gegenstände in sich begreift, und daß man sie eben dadurch im Raume beläßt. Begleitet aber diese Raumanschauung jede Zahlvorstellung, selbst die Vorstellung einer abstrakten Zahl?

Um diese Frage zu beantworten, braucht jeder nur die verschiedenen Formen in der Erinnerung an sich vorüberziehen zu lassen, die die Zahlvorstellung seit seiner Kindheit für ihn angenommen hat. Man wird sich überzeugen, daß wir anfänglich uns z.B. eine Reihe Kugeln vorgestellt haben, daß diese Kugeln dann zu Punkten geworden sind und zuletzt auch dies Bild verschwunden ist, und hinter sich nur, wie wir sagen, die abstrakte Zahl übriggelassen hat. In diesem Augenblick hat aber auch die Zahl aufgehört, Gegenstand der Einbildung und sogar Gegenstand des Denkens zu sein; nur ihr zur Rechnung erforderliches Zeichen haben wir beibehalten, durch das wir übereingekommen sind, sie auszudrücken. Denn man kann sehr wohl behaupten, daß 12 die Hälfte von 24 ist, ohne weder die Zahl 12 noch die Zahl 24 zu denken: man tut sogar im Interesse der Beschleunigung der Operationen gut daran, dies zu unterlassen. Sobald man sich aber die Zahl vorstellen will und nicht nur bloß Ziffern und Worte, muß man wohl oder übel auf ein ausgedehntes Bild zurückgreifen. Was hier zur Täuschung über den Sachverhalt führt, ist die Gewohnheit, mehr in der Zeit zu zählen, wie es scheint, als im Raum. Um z.B. die Zahl 50 vorzustellen, wird man von der Einheit an alle Zahlen wiederholen, und wenn man an der fünfzigsten angelangt ist, wird man diese Zahl in der Dauer und nur in dieser konstruiert zu haben glauben. Und es ist nicht zu bestreiten, daß man auf diese Weise eher Momente der Dauer als räumliche Punkte gezählt haben wird; doch die Frage ist, ob man nicht die Momente der Dauer dabei mit räumlichen Punkten gezählt hat. Gewiß ist es möglich, in der Zeit und nur in ihr, eine reine und einfache Sukzession wahrzunehmen, nicht aber eine Addition, d.h. eine Sukzession, die mit einer Summe abschlösse. Wenn nämlich eine Summe entsteht, indem man sukzessive verschiedene Termini betrachtet, so muß doch immer jeder dieser Termini bestehen bleiben, wenn man zum folgenden übergeht, und muß sozusagen darauf warten, daß man ihn dem andern hinzufügt: Wie aber könnte er warten, wenn er nur ein Augenblick der Dauer wäre? Und wo sollte er warten, wenn wir ihn nicht im Raume lokalisierten? Unwillkürlich heften wir jeden der von uns gezählten Momente an einen räumlichen Punkt, und unter dieser Bedingung allein bilden die abstrakten Einheiten eine Summe. Gewiß ist es möglich, wie wir später zeigen werden, die sukzessiven Momente der Zeit unabhängig vom Raume zu denken; wenn man aber dem aktuellen Zeitpunkt die vorangegangenen hinzufügt, wie es geschieht, wenn Einheiten addiert werden, so operiert man nicht mit diesen Zeitpunkten als solchen, sind sie doch auf immer dahingegangen, sondern vielmehr mit der dauernden Spur, die sie uns im Raum auf ihrem Wege durch ihn zurückgelassen zu haben scheinen. Zwar erlassen wir es uns meistens, auf dies Bild zurückzugreifen und, wenn wir es für die ersten 2 oder 3 Zahlen verwendet haben, genügt es uns zu wissen, daß es uns nötigenfalls ebenso gute Dienste zur Vorstellung aller andern leisten würde. Jede klare Zahlvorstellung aber schließt ein Sehen im Raume ein; und die unmittelbare Untersuchung der Einheiten, die eine distinkte Mannigfaltigkeit ausmachen, wird uns in diesem Punkte zum selben Schlusse führen wie die Prüfung der Zahl als solcher.

Jede Zahl ist, so sagten wir, eine Kollektion von Einheiten, und andrerseits ist jede Zahl selbst wieder eine Einheit, insoweit sie eine Synthese der Einheiten ist, aus denen sie besteht. Wird nun aber das Wort Einheit in beiden Fällen im selben Sinne genommen? Behaupten wir, die Zahl sei eine Einheit, so meinen wir damit, daß wir sie uns in ihrer Totalität durch einen einfachen und unteilbaren Intuitionsakt des Geistes vorstellen: diese Einheit schließt somit eine Mannigfaltigkeit ein, da sie die Einheit eines Ganzen ist. Sprechen wir dagegen von den Einheiten, die die Zahl ausmachen, so sind sie in diesem Falle unsres Erachtens keine Summen mehr, sondern reine, unvermischte irreduzible Einheiten, die dazu bestimmt sind, die Zahlenreihe zu bilden, indem sie sich untereinander ins Unbegrenzte verbinden lassen. Es scheint demnach zweierlei Einheiten zu geben, eine definitive, die die Zahlen bildet, indem sie sich zu sich selbst hinzufügt, und eine provisorische, die Einheit einer jeden solchen Zahl nämlich, die, selbst ein Vielfaches, ihre Einheit von dem einfachen Akte zu Lehen trägt, durch den der Verstand sie apperzipiert. Und es ist unbestreitbar, daß wir, wenn wir uns die eine Zahl ausmachenden Einheiten vorstellen, an Unteilbares zu denken glauben: dieser Glaube spielt eine große Rolle bei der Vorstellung, nach der man die Zahl unabhängig vom Raume begreifen kann. Wenn man jedoch genauer zusieht, wird man sich überzeugen, daß jede Einheit die eines einfachen Akts des Geistes ist, und daß, weil dieser Akt in einer Vereinigung besteht, ihm jedenfalls irgendwelche Mannigfaltigkeit als gegebener Stoff zugrunde liegen muß. Im Augenblicke, wo ich eine einzelne dieser Einheiten für sich genommen denke, betrachte ich sie zweifellos als unteilbar; denn ich soll ja dann nur an sie allein denken. Sobald ich sie aber beiseite setze, um zur nächsten überzugehen, objektiviere ich sie, und mache damit eine Sache, d.h. eine Mannigfaltigkeit aus ihr. Um sich davon zu überzeugen, genügt es, darauf zu achten, daß die Einheiten, mit denen die Arithmetik Zahlen bildet, provisorische, eine unbegrenzte Zerstückelung zulassende Einheiten sind, und daß eine jede davon eine Summe von Bruchteilen darstellt, so klein und so zahlreich man sie sich vorstellen mag. Wie könnte die Einheit eine Teilung zulassen, wenn es sich hier um jene definitive Einheit handelte, die einen einfachen Akt des Geistes charakterisiert? Wie wäre sie in Bruchteile zu zerlegen, während man sie doch gleichzeitig für eine Einheit erklärt, wenn man sie nicht implizite als einen ausgedehnten Gegenstand betrachtete, der eins ist in der Intuition und vielfach im Raume? Aus einer von uns konstruierten Vorstellung ist nie und nimmer etwas anderes herauszubekommen, als was wir zuvor in sie hineingelegt haben, und wenn die Einheit, womit man die Zahl bildet, die Einheit eines Akts und nicht die eines Gegenstands ist, wird durch keine analytische Operation etwas andres als eine bloße oder einfache Einheit daraus hervorgehen können. Wenn man die Zahl 3 der Summe 1+1+1 gleichsetzt, so steht ohne Zweifel nichts im Wege, die Einheiten für unteilbar zu halten, aus denen sie besteht: aber es wird dabei von der Mannigfaltigkeit ein Gebrauch gemacht, die jeder dieser Einheiten latent innewohnt. Außerdem ist es wahrscheinlich, daß die Zahl 3 sich zunächst dem Verstande unter dieser einfachen Gestalt darbietet, weil wir mehr daran denken, wie wir zu ihr gelangt sind, als an den Gebrauch, den wir davon machen könnten. Wir bemerken aber sehr bald, daß, wenn jede Multiplikation die Möglichkeit einschließt, eine beliebige Zahl als eine provisorische Einheit zu behandeln, die zu sich selbst hinzugefügt wird, umgekehrt die Einheiten ihrerseits wirkliche Zahlen von beliebiger Größe sind, die man indessen einstweilen als unzerlegbar ansieht, um sie miteinander zusammenzusetzen. Gerade durch das Zugeständnis der Möglichkeit, die Einheit in beliebig viele Teile zu teilen, hält man sie aber für ausgedehnt.

Hinsichtlich der Diskontinuität der Zahl darf man sich nämlich keiner Täuschung hingeben. Es ist nicht zu bestreiten, daß der Bildung oder Konstruktion einer Zahl die Diskontinuität beiwohnt. Mit andern Worten, deren wir uns bereits oben bedienten: jede der Einheiten, aus denen ich die Zahl 3 zusammensetze, scheint ein Unteilbares darzustellen, solange ich damit operiere und ohne Übergang von der vorangehenden zur folgenden fortschreite. Wenn ich nun aber dieselbe Zahl mit Halben, Vierteln oder sonst beliebigen Einheiten konstruiere, werden diese wiederum, insofern sie zur Bildung dieser Zahl dienen, einstweilen unteilbare Elemente darstellen, und wir werden immer sprungweise, sozusagen in plötzlichen Rucken von der einen zur andern übergehen. Der Grund dafür ist der, daß wir, um eine Zahl zu erhalten, notgedrungen die Aufmerksamkeit der Reihe nach jeder einzelnen von den Einheiten zuwenden müssen, die sie ausmachen. Die Unteilbarkeit des Akts, womit eine beliebige davon erfaßt wird, stellt sich sodann in der Gestalt eines mathematischen Punktes dar, den ein raumloses Intervall vom folgenden Punkte trennt. Wenn aber eine Reihe von im leeren Raume stufenweise angeordneten mathematischen Punkten den Prozeß hinreichend wiedergibt, durch den wir die Vorstellung einer Zahl bilden, so haben doch jene mathematischen Punkte eine Tendenz, sich in dem Maß, als sich unsre Aufmerksamkeit von ihnen abwendet, in Linien auszustrecken, als wollten sie einander einholen. Und wenn wir die Zahl im Zustande der Vollendung betrachten, ist diese Verbindung bereits vollzogen: die Punkte sind Linien geworden, die Teilungen sind verschwunden, das Ganze bietet alle Merkmale der Kontinuität dar. Aus diesem Grunde kann die Zahl, die nach einem bestimmten Gesetz zusammengefügt ist, nach einem beliebigen Gesetz in ihre Bestandteile aufgelöst werden. Mit einem Worte, es gilt zwischen der Einheit zu unterschieden, an die man denkt, und der Einheit, die man, nachdem man an sie gedacht hat, zur Sache macht, ebenso wie zwischen der in Bildung begriffenen Zahl und der bereits gebildeten Zahl. Solange man sie denkt, ist die Einheit irreduzibel, und die

Zahl ist diskontinuierlich, während man sie konstruiert: sobald man jedoch die Zahl im Zustand der Vollendung betrachtet, objektiviert man sie; und eben deshalb erscheint sie dann unbegrenzt teilbar. Wir müssen hier nämlich bemerken, daß wir subjektiv nennen, was völlig und adäquat bekannt scheint, objektiv, was so gekannt wird, daß eine immer wachsende Menge neuer Eindrücke der Vorstellung, die wir augenblicklich davon haben, substituiert werden könnte. So wird ein komplexes Gefühl eine beträchtliche Zahl einfacherer Elemente enthalten; solange aber diese sich nicht mit voller Deutlichkeit abheben, wird man nicht sagen können, daß sie völlig realisiert seien, und sobald das Bewußtsein eine deutliche Perzeption davon gewonnen hat, wird der aus ihrer Synthese sich ergebende psychische Zustand eben dadurch bereits eine Veränderung erfahren haben. Am Totalaspekt eines Körpers aber tritt keinerlei Veränderung ein, wie ihn auch das Denken zerlegen mag, weil diese verschiedenen Zerlegungen und noch eine unbegrenzte Zahl andrer bereits im Bilde gesehen, wenn auch nicht realisiert sind; diese aktuelle und nicht nur virtuelle Apperzeption von Unterteilungen im Ungeteilten ist es gerade, was wir Objektivität nennen. Von hier aus ist es ein Leichtes, in der Vorstellung von der Zahl den Anteil des Subjektiven und Objektiven genau zu bestimmen. Was dem Geiste eigentümlich zukommt, das ist der unteilbare Prozeß, durch den er seine Aufmerksamkeit sukzessive auf die verschiedenen Teile eines gegebenen Raums einstellt; die auf solche Weise isolierten Teile aber werden festgehalten und zu andern hinzuaddiert; und wenn eine derartige Addition unter ihnen stattgefunden hat, lassen sie sich in beliebiger Weise wieder zerlegen: sie sind somit Teile des Raumes, und der Raum ist der Stoff, mit dem der Geist die Zahl konstruiert, er ist das Medium, in das der Geist die Zahl verlegt.

Eigentlich ist es die Arithmetik, die uns die Einheiten, woraus die Zahl besteht, ins Unbegrenzte zerkleinern lehrt. Der gemeine Verstand ist ziemlich geneigt, die Zahl mit unteilbaren Bestandteilen zu konstruieren. Und dies ist leicht zu verstehen; denn die provisorische Einfachheit der die Zahl bildenden Einheiten ist gerade das, was ihnen der Geist zuteilt, und dieser richtet seine Aufmerksamkeit mehr auf seine Akte als auf das Material, woran er seine Tätigkeit ausübt. Die Wissenschaft beschränkt sich darauf, unsre

Aufmerksamkeit auf dieses Material hinüberzulenken: würden wir nicht die Zahl bereits im Raume lokalisieren, so gelänge es ihr jedenfalls nicht, uns zu veranlassen, sie dahin zu schaffen. Wir müssen uns also wohl von Anfang an die Zahl durch eine Nebeneinanderreihung im Raume vorgestellt haben. Dies ist derselbe Schluß, wozu wir zuerst gelangt sind, als wir uns darauf stützten, daß jede Addition eine Mannigfaltigkeit von gleichzeitig perzipierten Teilen enthält.

Pflichtet man nun aber dieser Auffassung von der Zahl bei, so wird man sich überzeugen, daß nicht alle Dinge sich in gleicher Art und Weise zählen lassen, und daß es zwei voneinander ganz verschiedene Mannigfaltigkeitsarten gibt. Sprechen wir von materiellen Gegenständen, so meinen wir dabei die Möglichkeit, sie zu sehen und zu berühren: wir lokalisieren sie im Raume. Wir brauchen fortan keine Anstrengung der erfindenden oder symbolisch vorstellenden Tätigkeit mehr, um sie zu zählen; wir brauchen sie nur zunächst gesondert zu denken, dann gleichzeitig, und zwar eben in dem Medium, in dem sie sich unsrer Beobachtung darbieten. Die Sache ändert sich aber, sowie wir rein affektive Seelenzustände betrachten oder auch nur andre Vorstellungen als solche des Gesichts- oder des Tastsinns. Da in diesem Falle die Termini keine räumlich gegebenen mehr sind, wird man sie nicht mehr zählen können, so scheint es a priori, es sei denn durch irgendeinen symbolischen Darstellungsvorgang. Zwar scheint diese Vorstellungsart sehr naheliegend zu sein, wo es sich um Empfindungen handelt, deren Ursache offensichtlich im Raume zu finden ist. Höre ich z.B. ein Geräusch von Schritten auf der Straße, so sehe ich verworren die gehende Person; jeder der sukzessiven Töne lokalisiert sich sodann in einem Raumpunkte, auf den der Fußgänger seinen Fuß setzen könnte; ich zähle meine Empfindungen im Raume selbst, da wo ihre greifbaren Ursachen sich aneinanderreihen. Einige mögen vielleicht die sukzessiven Schläge einer entfernten Glocke auf diese Weise zählen; ihre Einbildungskraft gibt ihnen das Bild der Glocke, wie sie sich hin und her bewegt; diese räumliche Vorstellung genügt ihnen für die zwei ersten Einheiten; die andern Einheiten folgen ungezwungen nach. Bei den meisten Menschen verfährt der Geist indessen anders: sie reihen die sukzessiven Töne in einem Idealraume aneinander und bilden sich ein, sie zählten dann die Töne in der reinen Dauer. Über diesen Punkt müssen wir uns jedoch genauer aufklären. Sicherlich gelangen die Glockentöne nacheinander an mein Ohr; es ist aber von zwei Dingen nur eines möglich: entweder nämlich behalte ich jede einzelne dieser sukzessiven Empfindungen im Gedächtnis, um sie mit den andern in organische Verbindung zu bringen und eine Gruppe zu bilden, die mich an eine Melodie oder einen wohlbekannten Rhythmus gemahnt: in diesem Falle *zähle* ich die Töne nicht, ich beschränke mich vielmehr darauf, den sozusagen qualitativen Eindruck zu empfangen, den ihre Zahl auf mich macht. Oder aber ich nehme mir ausdrücklich vor, sie zu zählen; und dann muß ich sie aus ihrer Verbindung lösen, wobei diese Dissoziierung sich in irgendeinem homogenen Medium vollziehen muß, in dem die Töne, ihrer Qualitäten entkleidet, und sozusagen ausgeleert, identische Spuren ihres Verlaufs zurücklassen. Es fragt sich dabei freilich noch, ob dies Medium Zeit oder Raum ist. Ein Zeitmoment aber, wir wiederholen es, kann nicht festgehalten werden, um zu andern addiert zu werden. Lösen sich die Töne aus ihrer Verbindung, so lassen sie eben damit leere Intervalle zwischeneinander entstehen. Zählt man sie, so geschieht das dadurch, daß diese Intervalle beharren, während die Töne vorübergehen; wie aber könnten diese Intervalle beharren, wenn sie reine Dauer und nicht räumlich wären? Also vollzieht sich der Vorgang des Zählens im Raume. Er wird übrigens immer schwieriger, je weiter wir in die Tiefen des Bewußtseins eindringen. Hier stehen wir vor einer verworrenen Mannigfaltigkeit von Empfindungen und Gefühlen, die nur die Analyse zu unterscheiden vermag. Ihre Zahl geht in der Zahl der Momente auf, die sie erfüllen, wenn wir sie zählen; doch diese untereinander addierbaren Momente sind immer noch räumliche Punkte. Daraus ergibt sich zuletzt, daß es zweierlei Mannigfaltigkeiten gibt: die der materiellen Gegenstände, die unmittelbar eine Zahl bildet, und die der Bewußtseinsvorgänge, die den Zahlenaspekt nur durch Vermittlung einer symbolischen Vorstellungsweise erlangen kann, bei der notwendig der Raum eine Rolle spielt.

Eigentlich machen wir alle diesen Unterschied zwischen den beiden Arten von Mannigfaltigkeit, und zwar wenn wir von der Undurchdringlichkeit der Materie sprechen. Zuweilen macht man die Undurchdringlichkeit zu einer Grundeigenschaft der Körper, die ebenso bekannt und gleichen Ranges sei wie z.B. die Schwere oder der Widerstand. Eine derartige Eigentümlichkeit von rein negativem Charakter kann uns aber nicht durch die Sinne kundgegeben worden sein; gewisse Erfahrungen, die wir mit Mischungen und Verbindungen machen, müßten uns sogar dahin führen, sie in Zweifel zu ziehen, hätten wir nicht in dieser Hinsicht schon im voraus eine fertige Überzeugung. Man stelle sich vor, daß ein Körper einen andern durchdringe: sofort nimmt man im letzteren leere Räume an, in die die Teilchen des ersteren sich einfügen können; diese Teilchen werden sich ihrerseits wieder nur durchdringen können, wenn eines davon sich teilt, um die Zwischenräume des andern auszufüllen; und unser Denken wird diese Operation lieber unbeschränkt fortsetzen, als daß es sich zwei Körper am selben Orte vorstellte. Wäre nun wirklich die Undurchdringlichkeit eine Eigenschaft der Materie, die wir durch die Sinne erfahren, so wäre der Grund nicht einzusehen, weshalb es uns schwerer fallen sollte, zwei Körper, die einer im andern verschwinden, zu begreifen als eine widerstandslose Oberfläche oder eine nicht wägbare Flüssigkeit. Tatsächlich kommt auch keine Notwendigkeit physischer Ordnung, sondern eine logische Notwendigkeit dem Satze zu: zwei Körper können nicht gleichzeitig dieselbe Stelle einnehmen. Die entgegengesetzte Behauptung enthält eine Ungereimtheit, die keine denkbare Erfahrung wegzuschaffen vermöchte: kurz, sie schließt einen Widerspruch ein. Heißt das aber nicht soviel als anerkennen, daß schon die Vorstellung der Zahl zwei, oder, allgemeiner, einer beliebigen Zahl, die Vorstellung einer Nebeneinanderstellung im Raume enthält? Wenn die Undurchdringlichkeit meistenteils als eine Eigenschaft der Materie gilt, so kommt das daher, daß man die Vorstellung der Zahl als unabhängig von der Vorstellung des Raumes ansieht. Man glaubt dann der Vorstellung von zwei oder mehreren Objekten etwas hinzuzusetzen, wenn man sagt, sie könnten nicht dieselbe Stelle einnehmen: als ob die Vorstellung der Zahl 2 auch der abstrakten, nicht bereits, wie wir zeigten, die Vorstellung von zwei verschiedenen Lagen im Raum wäre! Die Undurchdringlichkeit der Materie behaupten heißt also einfach die Solidarität der Begriffe von Zahl und Raum anerkennen, heißt mehr eine Eigentüm-lichkeit der Zahl als der Materie zum Ausdruck bringen. – Und dennoch zählt man Gefühle, Empfindungen und Vor-stellungen, lauter Dinge, die einander durchdringen und die, jedes seinerseits, die ganze Seele einnehmen? – Ja, ohne Zweifel, aber eben weil sie sich durchdringen, zählt man sie nur unter der Bedingung, daß man sie durch homogene Einheiten vorstellt, die wohlunterschiedene Stellen im Raume einnehmen, Einheiten also, die sich nicht mehr durchdrin-gen. Die Undurchdringlichkeit tritt sonach gleichzeitig mit der Zahl in die Erscheinung; und wenn man der Materie diese Eigenschaft zuschreibt, um sie damit von allem zu unterscheiden, was nicht Materie ist, spricht man nur in andrer Form die Unterscheidung aus, die wir weiter oben gemacht haben: die Unterscheidung zwischen den ausge-dehnten Dingen, die sich unmittelbar in Zahlen ausdrücken lassen, und den Bewußtseinszuständen, die dazu erst eine symbolische Vorstellung im Raume verlangen.

Bei diesem letzteren Punkt müssen wir etwas verweilen. Wenn wir genötigt sind, die Bewußtseinszustände, um sie zu zählen, symbolisch im Raume vorzustellen, ist es dann nicht wahrscheinlich, daß diese symbolische Vorstellung die normalen Bedingungen der inneren Wahrnehmung mo-difiziert? Erinnern wir uns daran, was wir etwas weiter oben von der Intensität gewisser psychischer Zustände gesagt haben. Die vorstellungsmäßige Empfindung ist, für sich betrachtet, reine Qualität; durch die Ausdehnung hindurch gesehen wird aber diese Qualität in gewissem Sinne zur Quantität; man nennt sie dann Intensität. Ebenso muß die Projektion in den Raum, die wir mit unsern psychischen Zuständen vornehmen, um sie zur wohlunterschiedenen Mannigfaltigkeit zu machen, auf jene Zustände selbst von Einfluß sein und ihnen im reflektierten Bewußtsein eine neue Form verleihen, die die unmittelbare Apperzeption ihnen nicht gegeben hatte. Achten wir nun darauf, daß wir, wenn wir von der Zeit sprechen, meistenteils an ein homo-genes Medium denken, worin unsre Bewußtseinsvorgänge sich aufreihen, sich nebeneinander ordnen wie im Raume und schließlich dahin gelangen, eine wohlunterschiedene Mannigfaltigkeit zu bilden! Sollte nicht die Zeit in diesem Sinne sich zur Mannigfaltigkeit unsrer psychischen Vorgän-ge verhalten, wie die Intensität sich zu einzelnen von ihnen verhält, sollte sie nicht ein bloßes Zeichen, ein Symbol für sie sein, das von der wahren Dauer völlig verschieden ist? Wir werden hieraufhin dem Bewußtsein zumuten, sich von der äußeren Welt zu isolieren und vermittelst einer starken Anspannung des Abstraktionsvermögens zu sich selbst zu kommen. Dann werden wir ihm die Frage stellen: hat die Mannigfaltigkeit unsrer Bewußtseinszustände die geringste Analogie mit der Mannigfaltigkeit der Einheiten einer Zahl? Hat die wahre Dauer die mindeste Beziehung zum Raume? Schon unsre Analyse der Zahlvorstellung müßte in uns den Zweifel an dieser Analogie erwecken, um nicht mehr zu sagen. Denn wenn die Zeit, wie sie vom reflektierten Bewußtsein vorgestellt wird, ein Medium ist, worin unsre Bewußtseinszustände so wohlunterschieden aufeinanderfolgen, daß man sie zählen kann, und wenn andrerseits unsre Auffassung von der Zahl darauf hinausläuft, daß alles, was man zählt, im Raume ausgestreut wird, so ist zu vermuten, daß die Zeit, im Sinne eines Mediums genommen, in dem man unterscheidet und zählt, nichts anderes ist als Raum. Was diese Meinung zunächst bestätigen möchte ist, daß man notwendig vom Raume all die Bilder entlehnt, durch die man das Gefühl beschreibt, das das reflektierte Bewußtsein von der Zeit und sogar von der Sukzession hat: die reine Dauer muß also wohl etwas andres sein. Diese Fragen aber, die wir eben durch die Analyse des Begriffs einer wohlunterschiedenen Mannigfaltigkeit uns zu stellen veranlaßt wurden, können wir nur durch eine unmittelbare Untersuchung der Vorstellungen des Raumes und der Zeit in ihren gegenseitigen Beziehungen zur Klarheit bringen.

Man täte Unrecht, der Frage nach der absoluten Realität des Raums eine zu große Bedeutung beizumessen: um so wichtiger wäre es vielleicht, sich zu fragen ob der Raum im Raume ist oder nicht. Schließlich perzipieren unsre Sinne die Qualitäten der Körper und den Raum mit ihnen; die Hauptschwierigkeit scheint nun darin bestanden zu haben, herauszufinden, ob die Ausdehnung ein Aspekt dieser physischen Qualitäten ist – eine Qualität der Qualität – oder ob diese Qualitäten ihrem Wesen nach unausgedehnt sind, wobei der Raum zu ihnen nur hinzukäme, sich sonst aber selbst genügte und ohne sie bestünde. Nach der ersten Hypothese würde sich der Raum auf eine Abstraktion reduzieren oder, besser, auf einen Extrakt; er würde ausdrücken, was gewisse Empfindungen, die man vorstellungsmäßige nennt, miteinander gemeinsam haben. Nach der zweiten wäre er eine ebenso solide Realität, als es diese Empfindungen selbst sind, wenn auch eine andersartige. Die präzise Formulierung dieser letztern Auffassung ist Kant zu verdanken: die von ihm in der transzendentalen Ästhetik entwickelte Theorie besteht darin, daß er dem Raume eine von seinem Inhalt unabhängige Existenz beilegt, daß er für de jure isolierbar erklärt, was wir alle de facto trennen, und daß er die Ausdehnung nicht, wie die andern tun, als eine Abstraktion ansieht. In diesem Sinne unterscheidet sich die Kantsche Raumauffassung weniger als man glaubt von der gewöhnlichen Meinung. Weit entfernt, unseren Glauben an die Realität des Raums zu erschüttern, hat Kant vielmehr seinen präzisen Sinn determiniert und ihm sogar eine Rechtfertigung gegeben.

Übrigens hat es nicht den Anschein, als ob die von Kant gegebene Lösung seit seinen Tagen ernsthaft bestritten worden wäre; sie hat sich sogar – zuweilen ohne daß sie es bemerkten – der Mehrzahl derer aufgedrängt, die dem Problem von neuem näher getreten sind, den Nativisten und den Empiristen. Die Psychologen sind darüber einig, der nativistischen Erklärung Johannes Müllers einen kantischen Ursprung zuzuschreiben; *Lotzes* Hypothese der Lokalzeichen aber, die Theorie Bains und die von Wundt vorgeschlagene umfassende Erklärung werden zunächst als ganz unabhängig von der transzendentalen Ästhetik erscheinen. Die Urheber dieser Theorien scheinen nämlich das Problem von der Natur des Raums beiseite gelassen zu haben, um nur zu untersuchen, durch welchen Prozeß unsre Empfindungen sich in ihm lokalisieren und sozusagen nebeneinander ordnen: damit betrachten sie aber schon die Empfindungen als unausgedehnt und machen, wie Kant, einen radikalen Unterschied zwischen der Materie der Vorstellung und ihrer Form. Was aus den Ideen Lotzes und Bains sowie aus dem von Wundt anscheinend zwischen diesen versuchten Ausgleich hervorgeht, ist, daß die Empfindungen, durch die wir zur Bildung des Raumbegriffs gelangen, selbst unausgedehnt und schlechthin qualitativ sind: die Ausdehnung wäre erst ein Resultat ihrer Synthese, wie das Wasser das der Verbindung zweier Gase. Die empiristischen oder genetischen Erklärungen haben also doch das Raumproblem an eben dem Punkte aufgenommen, wo es Kant hatte liegen lassen: Kant hat den Raum von seinem Inhalt gelöst; die Empiristen untersuchen, wie dieser Inhalt, der so durch unser Denken vom Raum isoliert wurde, dahin gelangen kann, in diesem wieder eine Stelle zu finden; zwar scheinen sie nachmals die Aktivität des Verstands verkannt zu haben und sichtlich geneigt zu sein, die extensive Form unsres Vorstellens aus einer Art von Verbindung der Empfindungen untereinander hervorgehen zu lassen: ohne ein Extrakt der Empfindungen zu sein, würde der Raum doch aus ihrer Koexistenz resultieren. Wie aber soll man eine derartige Genesis ohne die aktive Dazwischenkunft des Geistes erklären? Nach der Hypothese unterscheidet sich das Ausgedehnte vom Unausgedehnten; und bei der Annahme, daß die Ausdehnung nur eine Beziehung zwischen unausgedehnten Termini sei, ist es noch nötig, daß diese Beziehung von einem Geiste gestiftet werde, der die Fähigkeit besitzt, auf diese Weise mehrere Termini zu assoziieren. Umsonst wird man hier das Beispiel der chemischen Verbindungen ins Treffen führen, wo das Ganze von sich aus eine Form und Qualitäten anzunehmen scheint, die keinem der elementaren Atome eigentümlich waren. Diese Form, diese Qualitäten haben ihren Ursprung gerade daher, daß wir die Mannigfaltigkeit der Atome in einer einzigen Apperzeption umfassen: man schalte den diese Synthese vollziehenden Geist aus und sofort sind die Qualitäten, d.h. der Aspekt verschwunden, unter dem die Synthese der elementaren Teile sich unserm Bewußtsein darbietet. Unausgedehnte Empfindungen bleiben also was sie sind, nämlich unausgedehnte Empfindungen, wenn nichts hinzukommt. Damit der Raum aus ihrer Koexistenz entspringe, bedarf es einer Tätigkeit des Geistes, die sie alle mit einem Male umfaßt und nebeneinander stellt: dieser Akt *sui generis* ist dem ziemlich ähnlich, was Kant eine apriorische Form der Sinnlichkeit genannt hat.

Wenn man nun diesen Akt charakterisieren wollte, würde man gewahren, daß er wesentlich in der Intuition oder vielmehr in der Konzeption von einem leeren homogenen Medium besteht. Denn es ist wohl keine andre Definition vom Raum möglich als: er ist das, was uns gestattet, mehrere identische und simultane Empfindungen voneinander zu unterscheiden: wir hätten also ein anderes Differenzierungsprinzip als das der qualitativen Differenzierung, und mithin eine Realität ohne Qualität. Wird man nun mit den Anhängern der Lokalzeichentheorien behaupten, simultane Empfindungen seien nie identisch, und infolge der Diversität der organischen Elemente, die sie beeinflussen, gebe es keine zwei Punkte einer homogenen Fläche, die auf das Gesicht oder den Tastsinn denselben Eindruck machen? Wir werden dies ohne weiteres einräumen; denn wenn uns diese zwei Punkte beide in derselben Weise affizierten, läge kein Grund vor, den einen nach rechts statt nach links zu verlegen. Gerade aber, weil wir dann diesen Qualitätsunterschied im Sinne eines Situationsunterschieds deuten, müssen wir wohl die klare Vorstellung eines homogenen Mediums besitzen, d.h. einer Simultaneität von Termini, die der Qualität nach identisch sind und sich dennoch voneinander unterscheiden. Je mehr man auf die Differenz der von zwei Punkten einer homogenen Oberfläche auf unsre Netzhaut ausgeübten Eindrücke Gewicht legt, desto mehr wird für die Aktivität des Geistes Platz geschaffen, der in der Form der ausgedehnten Homogenität apperzipiert, was ihm als qualitative Heterogenität gegeben ist. Wir sind übrigens durchaus der Meinung, daß, wenn die Vorstellung eines homogenen Raumes einer aktiven Leistung der Intelligenz zu verdanken ist, umgekehrt in den Qualitäten selbst, die zwei Empfindungen differenzieren, ein Grund enthalten sein muß, demzufolge sie im Raum diese oder jene bestimmte Stelle einnehmen. Man hätte somit zwischen der Perzeption der Ausdehnung und der Konzeption des Raumes zu unterscheiden: zweifellos sind sie eine in der andern enthalten; aber je weiter man in der Reihe der intelligenten Wesen hinaufgeht, desto deutlicher wird sich die unabhängige Vorstellung eines homogenen Raumes herausbilden. In diesem Sinne ist es fraglich, ob das Tier die äußere Welt ganz wie wir wahrnimmt, und besonders ob es ihre Exteriorität genauso vorstellt wie wir. Die Naturforscher haben als auf eine bemerkenswerte Tatsache auf die erstaunliche Leichtigkeit hingewiesen, mit der viele Wirbeltiere und sogar einige Insekten die rechte Richtung im Raume zu finden vermögen. Man hat beobachtet, daß Tiere fast in gerader Linie an ihren früheren Wohnort zurückgekehrt sind und dabei auf einer Strecke, die mehrere 100 Kilometer betragen kann, einen Weg zurücklegten, den sie noch nicht kannten. Dies Richtungsgefühl hat man durch den Gesichtssinn oder Geruchssinn zu erklären versucht und neuerdings durch eine Wahrnehmung magnetischer Ströme, die es dem Tier ermöglichen soll, sich wie ein Kompaß zu orientieren. Das liefe nun darauf hinaus, daß für das Tier der Raum nicht so homogen ist wie für uns, und daß die Raumbestimmungen oder Richtungen für es nicht eine rein geometrische Form besitzen. Jede von ihnen würde ihm mit ihrer Nuance, mit ihrer eigentümlichen Qualität erscheinen. Die Möglichkeit einer derartigen Wahrnehmung wird begreiflich, wenn man bedenkt, daß wir selbst unsere rechte von unsere linken Seite vermittelst eines natürlichen Gefühls unterscheiden und daß diese beiden Bestimmungen unserer eigenen Ausgedehntheit uns also wohl eine Qualitätsdifferenz darbieten; eben deshalb scheitern wir daran, sie zu definieren. In der Tat sind die qualitativen Unterschiede überall in der Natur vorhanden; und es ist nicht einzusehen, weshalb zwei konkrete Richtungen in der unmittelbaren Apperzeption nicht ebenso markiert sein sollten wie zwei Farben. Die Konzeption von einem leeren und homogenen Medium aber ist weit auffallender und scheint eine Art Reaktion gegen jene Heterogenität vorauszusetzen, die unserer Erfahrung zu tiefst zugrunde liegt. Man sollte daher nicht bloß sagen, daß gewisse Tiere einen speziellen Richtungssinn besitzen, sondern außerdem und insbesondere, daß wir Menschen die spezielle Fähigkeit haben, einen qualitätslosen Raum zu perzipieren oder zu denken. Es handelt sich dabei nicht um das Abstraktionsvermögen: man wird sogar, wenn man beachtet, daß die Abstraktion klare und deutliche Unterscheidungen und eine Art Exteriorität der Begriffe oder ihrer Symbole gegeneinander voraussetzt, die Entdeckung machen, daß die Fähigkeit des Abstrahierens bereits die Intuition eines homogenen Mediums in sich begreift. Wir werden sagen müsse, daß wir zwei verschiedenartige Realitäten kennen, deren eine heterogen ist, die der sinnlichen Qualitäten, und deren andere homogen, nämlich der Raum ist. Diese letztere, die der menschliche Verstand klar begreift, erlaubt uns, genaue Unterscheidungen zu vollziehen, zu zählen, zu abstrahieren und vielleicht auch zu sprechen.

Wenn nun aber der Raum als das Homogene zu definieren ist, so scheint es, als ob umgekehrt jedes homogene und unbegrenzte Medium Raum sein müsse. Denn die Homogenität besteht hier in der Abwesenheit aller Qualität, und man sieht demnach nicht, wie zwei Formen des Homogenen sich voneinander sollten unterscheiden können. Trotzdem ist man darin einig, die Zeit als ein unbegrenztes Medium anzusehen, das vom Raum verschieden und doch homogen ist wie er: so würde also das Homogene eine doppelte Gestalt aufweisen, je nachdem eine Koexistenz oder eine Sukzession es erfüllt. Allerdings, wenn man aus der Zeit ein homogenes Medium, in dem dann die Bewußtseinszustände abzulaufen scheinen, macht, gibt man sie sich eben dadurch ganz und mit einem Male, was soviel heißt, als daß man sie der Dauer entrückt. Diese einfache Erwägung müßte uns darauf aufmerksam machen, daß wir damit unbewußt in den Raum zurückfallen. Andrerseits wird begreiflich, daß die materiellen Dinge, die sowohl einander äußerlich als uns äußerlich sind, diesen doppelten Charakter der Homogenität eines Mediums entlehnen, das zwischen ihnen Intervalle herstellt und ihre Umrisse festlegt: die Bewußtseinsvorgänge hingegen durchdringen sich gegenseitig, sogar wenn sie sukzessiv sind, und in dem einfachsten von ihnen kann sich die ganze Seele abspiegeln. Man hätte sich also die Frage vorzulegen, ob die Zeit, als homogenes Medium, nicht am Ende ein Bastardbegriff ist, der seinen Ursprung dem Eindringen der Raumvorstellung ins Gebiet des reinen Bewußtseins verdankt. Jedenfalls darf man nicht endgültig zwei Formen des Homogenen, Zeit und Raum, zulassen, ehe man nicht untersucht hat, ob die eine davon sich auf die andere zurückführen läßt. Nun ist aber die Exteriorität der eigentliche Charakter der den Raum füllenden Dinge, während die Bewußtseinsvorgänge keineswegs wesentlich einander äußerlich sind, sondern es erst durch eine Auseinanderfaltung in der Zeit werden, sofern diese als homogenes Medium angesehen wird. Wenn also die eine dieser angeblichen zwei Formen des Homogenen, Zeit und Raum, von der andern abgeleitet ist, so kann a priori behauptet werden, daß die Raumvorstellung die ursprünglich gegebene ist. Aber getäuscht durch die scheinbare Einfachheit der Zeitvorstellung haben die Philosophen, die eine Reduktion dieser beiden Vorstellungen versucht haben, geglaubt, sie könnten die Raumvorstellung mit der Vorstellung der Dauer konstruieren. Indem wir den

Fehler dieser Theorien aufdecken, werden wir zeigen, wie die in Form eines unbegrenzten und homogenen Mediums gedachte Zeit nur das Phantom des Raumes ist, das das reflektierte Bewußtsein im Banne hält.

In der Tat bemüht sich die englische Schule, die Beziehungen der Ausgedehntheit auf mehr oder weniger komplexe Beziehungen der Sukzession in der Dauer zurückzuführen. Wenn wir mit geschlossenen Augen die Hand über eine Oberfläche gleiten lassen, verschafft uns die Reibung an dieser Fläche und insbesondere das wechselnde Spiel unserer Gelenke eine Reihe von Empfindungen, die sich nur durch ihre Qualitäten unterscheiden und die eine gewisse Ordnung in der Zeit darbieten. Andererseits belehrt uns die Erfahrung, daß diese Reihe umkehrbar ist, daß wir durch eine Anstrengung verschiedener Natur (oder, wie wir später sagen werden, *im entgegengesetzten Sinne*) uns abermals, nur in umgekehrter Ordnung, dieselben Empfindungen verschaffen können: die Situationsbeziehungen im Raume wären dann, wenn man so sagen darf, als umkehrbare Sukzessionsbeziehungen in der Dauer zu definieren. Eine derartige Definition enthält indessen einen fehlerhaften Zirkel oder doch mindestens eine sehr oberflächliche Ansicht von der Dauer. Es sind nämlich, wie wir etwas weiter unten im einzelnen nachweisen werden, zwei Auffassungen von der Dauer möglich, deren eine von jeder Beimischung frei ist, während in die andere unversehens die Raumvorstellung eingeht. Die ganz reine Dauer ist die Form, die die Sukzession unsrer Bewußtseinsvorgänge annimmt, wenn unser Ich sich dem Leben überläßt, wenn es sich dessen enthält, zwischen dem gegenwärtigen und den vorhergehenden Zuständen eine Scheidung zu vollziehen. Dazu hat es keineswegs nötig, sich an die vorübergehende Empfindung oder Vorstellung ganz und gar zu verlieren; denn dann würde es ja im Gegenteil zu dauern aufhören. Ebensowenig braucht es die vorangegangenen Zustände zu vergessen: es genügt, wenn es diese Zustände, indem es sich ihrer erinnert, nicht neben den aktuellen Zustand wie einen Punkt neben einen andern Punkt stellt, sondern daß es sie mit ihm organisiert, wie es geschieht, wenn wir uns die Töne einer Melodie, die sozusagen miteinander verschmelzen, ins Gedächtnis rufen. Könnte man nicht sagen, daß, wenn diese Töne auch aufeinanderfolgen, wir sie dennoch ineinander apperzipieren, und daß sie als Ganzes mit einem Lebewesen vergleichbar sind, dessen Teile, wenn sie auch unterschieden sind, sich trotzdem gerade durch ihre Solidarität gegenseitig durchdringen? Der Beweis dafür ist, daß, wenn wir den Takt unterbrechen, indem wir einen Ton der Melodie über Gebühr aushalten, nicht die übertriebene Länge als solche, sondern die qualitative Veränderung, die damit dem Ganzen des musikalischen Satzes widerfährt, uns unser Versehen bemerkbar macht. Die Sukzession läßt sich also ohne die Wohlunterschiedenheit und wie eine gegenseitige Durchdringung, eine Solidarität, eine intime Organisation von Elementen begreifen, deren jedes das Ganze vertritt und von diesem nur durch ein abstraktionsfähiges Denken zu unterscheiden und zu isolieren ist. Eine solche Vorstellung von der Dauer würde sich ohne allen Zweifel ein Wesen machen, das zugleich identisch und veränderlich wäre und dem die Idee des Raumes gänzlich mangelte. Wir aber sind mit dieser Idee vertraut, stehen sogar in ihrem Banne und tragen sie unbewußt in unsere Vorstellung von der reinen Sukzession hinein; wir stellen unsere Bewußtseinsvorgänge so nebeneinander, daß wir sie simultan apperzipieren, und zwar nicht ineinander, sondern nebeneinander; kurz, wir projizieren die Zeit in den Raum, wir drücken die Dauer durch Ausgedehntes aus, und die Sukzession nimmt für uns die Form einer stetigen Linie oder einer Kette an, deren Teile sich berühren, ohne sich zu durchdringen. Beachten wir hierbei, daß dies letzte Bild nicht mehr die sukzessive, sondern die simultane Perzeption des *vor* und *nach* einschließt, und daß es einen Widerspruch bedeutet, eine Sukzession anzunehmen, die nur Sukzession wäre, und trotzdem in einem und demselben Augenblick ganz vorhanden sein könnte. Spricht man nun von einer Sukzessions-*Ordnung* in der Dauer, und von der Umkehrbarkeit dieser Ordnung, ist dann die fragliche Sukzession die reine Sukzession, wie wir sie oben definierten, die mit Ausdehnung nicht vermischt ist, oder die Sukzession, die sich im Raum auseinanderfaltet, dergestalt daß man davon gleichzeitig mehrere getrennte und nebeneinander angeordnete Termini umfassen kann? Die Antwort wird nicht zweifelhaft sein: zwischen Termini ist eine *Ordnung* nicht ohne ihre vorherige Unterscheidung zu ermöglichen, noch ohne nachträgliche Vergleichung der Stellen, die sie einnehmen; man apperzipiert sie also als vielfach, simultan und wohlunterschieden; mit einem Worte, man reiht sie nebeneinander auf; wenn man also im Sukzessiven eine Ordnung einführt, so wird eben damit die Sukzession zur Simultaneität und projiziert sich in den Raum. Kurz, wenn die Verschiebung meines Fingers auf einer Fläche oder Linie mir eine Reihe von Empfindungen verschiedener Qualitäten verschafft, so wird von zwei Dingen eins eintreten: entweder ich werde mir diese Empfindungen nur in der Dauer vorstellen, und sie werden dann so aufeinander folgen, daß ich mir in einem gegebenen Augenblick nicht mehrere von ihnen als simultan und dennoch wohlunterschieden vorzustellen vermag; – oder aber ich werde eine Sukzessionsordnung herauserkennen, und dann habe ich nicht nur die Fähigkeit, eine Sukzession von Termini wahrzunehmen, sondern obendrein diese nebeneinander aufzureihen, nachdem ich sie unterschieden habe; mit einem Worte, ich habe dann bereits die Raumvorstellung. Die Vorstellung einer in der Dauer umkehrbaren Reihe oder auch nur einer gewissen *Ordnung* der Sukzession in der Zeit enthält also ihrerseits schon die Vorstellung des Raumes und eignet sich nicht dazu, ihn zu definieren.

Um diese Argumentation strenger zu fassen, wollen wir uns eine gerade, unbegrenzte Linie vorstellen, und auf dieser Linie einen materiellen Punkt A, der sich bewegt. Könnte dieser Punkt sich seiner selbst bewußt werden, so würde er die Empfindung von einer Veränderung haben, da er sich ja bewegt: er würde eine Sukzession apperzipieren; hätte diese Sukzession aber für ihn die Gestalt einer Linie? Gewiß, wenn er sich nämlich in irgendeiner Weise über die Linie, die er durchläuft, erheben und simultan mehrere nebeneinander liegende Punkte davon apperzipieren könnte. Eben damit aber würde er die Vorstellung des Raumes bilden, und so würde er die Veränderungen, die er durchmacht, sich im Raume abspielen sehen und nicht in der reinen Dauer. Wir berühren hier den Irrtum derer, die die reine Dauer zwar als den Raum analog ansehen, aber meinen, sie sei von einfacherer Natur als er. Sie ordnen ohne weiteres die psychischen Zustände nebeneinander und bilden eine Kette oder Linie daraus, aber sie wollen gleichwohl in diese Operation die Raumvorstellung im eigentlichen Sinne, die Raumvorstellung in ihrer Totalität nicht einbezogen haben, da ja der Raum ein Medium von drei Dimensionen ist. Es versteht sich indessen wohl von selbst, daß man, um eine Linie in der Form einer Linie zu apperzipieren, sich außerhalb ihrer stellen, sich das sie umgebende Leere zum Bewußtsein bringen und folglich einen dreidimensionalen Raum denken muß. Wenn unser bewußter Punkt A noch keine Raumvorstellung hat – und diese Hypothese ist doch der Boden, auf den wir uns zu stellen haben –, könnte die Sukzession der Zustände, durch die er hindurchgeht, für ihn die Gestalt einer Linie nicht annehmen; seine Empfindungen werden sich aber dynamisch aneinander anknüpfen und sich untereinander organisieren wie die sukzessiven Töne einer Melodie, durch die wir uns einwiegen lassen. Kurz, die reine Dauer könnte sehr wohl nur eine Sukzession qualitativer Veränderungen sein, die miteinander verschmelzen, sich durchdringen, keine präzisen Umrisse besitzen, nicht die Tendenz haben, sich im Verhältnis zueinander zu exteriorisieren, und mit der Zahl nicht die geringste Verwandtschaft aufweisen: es wäre das die reine Heterogenität; hierauf wollen wir jedoch für den Augenblick nicht näher eingehen: es mag uns genügen, gezeigt zu haben, daß, sowie man der Dauer nur die geringste Homogenität zuschreibt, man auch alsbald den Raum einschmuggelt.

Wir zählen allerdings die sukzessiven Momente der Dauer, und die Zeit erscheint uns durch ihre Beziehungen zur Zahl zunächst wie eine meßbare Größe, ganz analog dem Raume. Allein es gilt hier eine wichtige Unterscheidung zu machen. Ich sage z.B., daß soeben eine Minute abgelaufen ist, und will damit ausdrücken, daß eine Uhr, die die Sekunden anzeigt, 60 Schwingungen vollzogen hat. Stelle ich mir diese 60 Schwingungen auf einmal und durch einen einzigen Apperzeptionsakt des Geistes vor, so schließe ich der Hypothese zufolge die Vorstellung einer Sukzession aus: ich denke nicht an 60 aufeinanderfolgende Schwingungsschläge, sondern an 60 Punkte einer starren Linie, von denen jeder eine Schwingung der Uhr sozusagen symbolisiert. – Wenn ich mir andrerseits diese 60 Schwingungen sukzessive vorstellen will, ohne jedoch an der Art, wie sie sich im Raum darstellen, eine Änderung vorzunehmen, werde ich an jede Schwingung für sich zu denken haben, indem ich hierbei die Erinnerung an die vorhergehende ausschalte; denn der Raum hat keine Spur ihrer aufbewahrt: dadurch aber verurteile ich mich, fortwährend im Gegenwärtigen zu bleiben, und verzichte darauf, eine Sukzession oder Dauer zu denken. Wenn ich endlich die Erinnerung der vorangegangenen Schwingung in Verbindung mit dem Bilde der gegenwärtigen festhalte, werde ich entweder die beiden Bilder nebeneinanderstellen, und wir stehen dann wieder bei unsrer ersten Hypothese; oder ich werde sie ineinander apperzipieren und sie sich gegenseitig durchdringend und sich wie die Töne einer Melodie untereinander organisierend vorstellen, so daß aus ihnen das wird, was wir eine ununterschiedene oder qualitative Mannigfaltigkeit nennen wollen, die mit der Zahl keinerlei Ähnlichkeit hat: auf diese Weise erhalte ich aber das Bild der reinen Dauer und habe mich zugleich völlig von der Vorstellung eines homogenen Mediums oder der Vorstellung einer meßbaren Größe freigemacht. Wenn man das Bewußtsein sorgfältig befragt, wird man erkennen, daß es jedesmal so verfährt, wenn es sich untersagt, die Dauer symbolisch vorzustellen. Wenn die regelmäßigen Schwingungen des Pendels uns zum Schlafe einladen, bringt da etwa der letzte Ton, der vernommen, die letzte Bewegung, die wahrgenommen wird, diese Wirkung hervor? Ohne Zweifel nein; denn es wäre nicht zu verstehen, weshalb nicht der erste Ton dasselbe hätte leisten können. Oder wirkte etwa die Erinnerung an die vorangegangenen Töne, die neben den letzten Ton oder die letzte Bewegung gereiht wurde? Aber diese selbe Erinnerung wird, wenn sie so einem einzelnen Ton oder einer einzelnen Bewegung nachträglich angereiht wird, wirkungslos bleiben. Es muß also zugegeben werden, daß die Töne untereinander eine Komposition eingegangen sind und nicht durch ihre Quantität als solche wirkten, sondern durch die Qualität, die ihre Quantität aufwies, d.h. durch die rhythmische Organisation ihres Ganzen. Wäre denn auf andre Weise die Wirkung eines schwachen und stetigen Reizes zu verstehen? Bliebe die Empfindung mit sich selbst identisch, so bliebe sie unbegrenzt schwach und unbegrenzt erträglich. Tatsächlich aber organisiert sich jedes Mehr an Reiz mit den vorangegangenen Reizen, und das Ganze macht auf uns den Eindruck einer musikalischen Phrase, die fortwährend im Begriffe steht aufzuhören und sich unausgesetzt in ihrer Totalität durch das Hinzukommen eines neuen Tons modifiziert. Behaupten wir, es handle sich hier stets um die gleiche

Empfindung, so denken wir nicht an diese selbst, sondern an ihre im Raum gelegene objektive Ursache. Wir entfalten sie dann auch ihrerseits wieder in den Raum, und statt eines sich entwickelnden Organismus, statt sich gegenseitig durchdringender Modifikationen apperzipieren wir eine und dieselbe Empfindung, die sich sozusagen in der Länge ausdehnt und unbegrenzt an sich selbst anreiht. Die wahre Dauer, wie sie das Bewußtsein unmittelbar perzipiert, müßte somit unter die intensiven Größen gerechnet werden, könnte man überhaupt die Intensitäten Größen nennen; in Wahrheit ist sie überhaupt keine Quantität, und sobald man sie zu messen versucht, substituiert man ihr unbewußt Raum.

Es fällt uns aber unglaublich schwer, uns die Dauer in ihrer ursprünglichen Reinheit vorzustellen; und das kommt zweifellos daher, daß nicht allein wir dauern: die äußeren Dinge, so scheint es, dauern gleich uns, und die Zeit, von diesem Gesichtspunkt aus gesehen, gewinnt ganz das Aussehen eines homogenen Mediums. Nicht nur erscheinen die Momente dieser Dauer als einander äußerlich, wie Körper im Raum, sondern die von unsern Sinnen perzipierte Bewegung ist gewissermaßen das greifbare Zeichen für eine homogene und meßbare Dauer. Ja, noch mehr; die Zeit tritt in die Formeln der Mechanik, in die Berechnungen des Astronomen und selbst des Physikers in quantitativer Form ein. Man mißt die Geschwindigkeit einer Bewegung, und das schließt ein, daß die Zeit auch ihrerseits eine Größe ist. Selbst die Analyse, die wir vorher versucht haben, verlangt von hier aus noch eine Vervollständigung; wenn nämlich die Dauer im eigentlichen Sinne nicht gemessen wird, was messen dann die Schwingungen der Uhr? Man wird äußersten Falls zugeben, daß die vom Bewußtsein perzipierte innere Dauer in der Ineinanderschachtelung der Bewußtseinsvorgänge, in der stufenweisen Bereicherung des Ich aufgehe; die Zeit aber, die der Astronom in seine Formel einführt, die Zeit, die unsre Uhr in gleiche Parzellen teilt, diese Zeit, wird man sagen, ist etwas andres; sie ist eine meßbare Größe und folglich homogen. – Dem ist aber nicht so, und eine aufmerksame Untersuchung wird diese letzte Illusion beseitigen.

Verfolge ich auf dem Zifferblatt einer Uhr mit den Augen die Bewegung des Zeigers, die den Schwingungen des Pendels entspricht, so messe ich keine Dauer, wie man zu glauben scheint; ich beschränke mich vielmehr darauf, Simultaneitäten zu zählen, was etwas ganz anderes ist. Außerhalb meiner, im Raume, gibt es immer nur *eine* einzige Lage des Zeigers und des Pendels; von den vergangenen Lagen bleibt ja nichts erhalten. In meinem Innern vollzieht sich dagegen ein Organisations- oder gegenseitiger Durchdringungsprozeß der Bewußtseinsvorgänge, der die wahre Dauer ausmacht. Weil ich auf diese Weise dauere, deshalb stelle ich mir, was ich die vergangenen Schwingungen der Uhr nenne, vor, während ich gleichzeitig die aktuelle Schwingung perzipiere. Schalten wir nun einen Augenblick das Ich aus, das diese sukzessiv genannten Schwingungen denkt, so wird es immer nur eine einzige Pendelschwingung geben, sogar nur eine einzige Stellung dieses Pendels und folglich keine Dauer. Schalten wir andrerseits das Pendel und seine Schwingungen aus, so gibt es nichts mehr als die heterogene Dauer des Ich, ohne Momente, die einander äußerlich wären, ohne Beziehung zur Zahl. So findet also in unsrem Ich Sukzession ohne reziproke Exteriorität statt und außerhalb des Ich reziproke Exteriorität ohne Sukzession, und zwar reziproke Exteriorität, weil die gegenwärtige Schwingung von der nicht mehr bestehenden vorhergegangenen radikal unterschieden ist; Sukzessionslosigkeit aber, weil es Sukzession nur für einen bewußten Beobachter geben kann, der sich des Vergangenen erinnert und die zwei Schwingungen oder ihre Symbole in einem aushilfshalber vorgestellten Raum nebeneinander aufreiht. – Zwischen dieser Sukzession ohne Exteriorität und dieser Exteriorität ohne Sukzession vollzieht sich nun eine Art Austausch, der dem von den Physikern sogenannten Phänomen der Endosmose ziemlich analog ist. Da die sukzessiven Phasen unsres bewußten Lebens, die sich indessen gegenseitig durchdringen, jede für sich genommen einer ihnen simultanen Pendelschwingung entsprechen, da andrerseits diese Schwingungen deutlich voneinander unterschieden sind, insofern die eine nicht mehr ist, wenn die andere eintritt, gewöhnen wir uns daran, zwischen den sukzessiven Momenten unsres bewußten Lebens dieselbe Unterscheidung aufzustellen: die Pendelschwingungen lösen es sozusagen in einander äußerliche Teile auf: hieraus entspringt dann die irrtümliche Vorstellung einer inneren homogenen, dem Raume analogen Dauer, deren identische Momente aufeinander folgen, ohne einander zu durchdringen. Andrerseits aber profitieren gewissermaßen die Pendelschwingungen, die nur deshalb wohlunterschieden sind, weil die eine verschwunden ist, wenn die andere auftritt, durch den Einfluß, den sie in der geschilderten Weise auf unser bewußtes Leben ausgeübt haben. Dank der Erinnerung, die unser Bewußtsein von ihnen im Ganzen organisiert hat, werden sie aufbewahrt und dann aneinander gereiht: kurz, wir erschaffen für sie eine vierte Raumdimension, die wir die homogene Zeit nennen und die es möglich macht, daß die Pendelbewegung, obwohl sie sich eigentlich fortschrittlos vollzieht, sich ins Unbegrenzte an sich selber anreiht. – Versuchen wir nun in diesem sehr komplexen Prozesse den Anteil des Wirklichen und des aus der Einbildung Stammenden genau zu bestimmen, so finden wir folgendes: Es gibt einen realen Raum ohne Dauer, wo aber Phänomene simultan mit unsern Bewußtseinszuständen auftreten und verschwinden. Es gibt eine wirkliche Dauer, deren heterogene Momente sich gegenseitig durchdringen, vor der aber jeder Moment einem Zustand der äußeren Welt, der zur selben Zeit mit ihm eintritt, angenähert werden und von den andern Momenten eben durch diese Annäherung abgetrennt werden kann. Aus der Vergleichung dieser beiden Realitäten entsteht eine dem Raum entlehnte symbolische Vorstellung von der Dauer. Diese nimmt so die illusorische Form eines homogenen Mediums an, und das Verbindende zwischen diesen beiden Termini, dem Raume und der Dauer, ist die Simultaneität, die man als den Schnittpunkt der Zeit mit dem Raume definieren könnte.

Wenn man den Bewegungsbegriff, das lebende Symbol einer anscheinend homogenen Dauer, derselben Analyse unterwirft, sehen wir uns veranlaßt, eine Scheidung derselben Art auszuführen. Meistens sagt man, eine Bewegung finde im Raume statt, und wenn man die Bewegung für homogen und teilbar erklärt, denkt man eben an den durchlaufenen Raum, als ob man ihn der Bewegung selbst gleichsetzen könnte. Sieht man nun näher zu, so überzeugt man sich, daß die sukzessiven Lagen, die das Bewegte einnimmt, allerdings Raum beanspruchen, daß aber die Operation, durch die es von einer Lage in die andere gelangt, eine Operation, die Dauer in Anspruch nimmt und nur für einen bewußten Beobachter Wirklichkeit besitzt, sich dem Raum entzieht. Wir haben es hier mit keiner *Sache*, sondern mit einem *Fortschritt* zu tun: die Bewegung, insofern sie als Übergang von einem Punkt zum andern angesehen wird, ist eine geistige Synthese, ein psychischer Prozeß und folglich unausgedehnt. Im Raume gibt es nur Raumteile, und an welchem Punkte des Raumes befindlich das Bewegte auch angenommen wird, man erhält nur immer eine Lage. Wenn das Bewußtsein etwas anderes perzipiert als Lagen, so rührt das daher, daß es sich der sukzessiven Lagen erinnert und eine Synthese davon bildet. Wie aber bringt es eine solche Synthese zustande? Offenbar nicht durch ein neues Entfalten dieser selben Lagen in ein homogenes Medium; denn es würde eine neue Synthese erfordert, um die Lagen untereinander in Verbindung zu bringen und so weiter ins Unendliche: man muß also wohl oder übel zugestehen, daß hier eine sozusagen qualitative Synthese vorliegt, eine stufenweise Organisation unserer sukzessiven Empfindungen untereinander, eine Einheit nach Analogie einer melodischen Phrase. Dies ist nun gerade die Vorstellung, die wir uns von der Bewegung bilden, wenn wir an sie allein denken, wenn wir aus dieser Bewegung gewissermaßen die Beweglichkeit herausziehen. Um sich davon zu überzeugen, genügt es, sich zu vergegenwärtigen, was man empfindet, wenn man plötzlich eine Sternschnuppe beobachtet: in dieser Bewegung von größter Schnelligkeit geschieht die Scheidung zwischen dem durchlaufenen Raum, der uns in der Gestalt einer feurigen Linie erscheint und der absolut unteilbaren Empfindung von Bewegung und Beweglichkeit ganz von selbst. Eine mit geschlossenen Augen ausgeführte rasche Geste wird sich dem Bewußtsein in Gestalt einer rein qualitativen Empfindung darbieten, solange man dabei nicht an den durchlaufenen Raum denkt. Kurz, es gilt in der Bewegung zwei Elemente zu unterscheiden, den durchlaufenen Raum und den Akt, durch den er durchlaufen wird, die sukzessiven Lagen und ihre Synthese. Das erste dieser Elemente ist eine homogene Quantität; das zweite hat nur in unserm Bewußtsein Wirklichkeit; es ist, wie man will, eine Qualität oder eine Intensität. Doch auch hier wieder vollzieht sich ein Phänomen der Endosmose, eine Mischung zwischen der rein intensiven Bewegungsempfindung und der extensiven Vorstellung des durchlaufenen Raumes. Einerseits nämlich schreiben wir der Bewegung eben die Teilbarkeit des Raumes zu, den sie durchläuft, und vergessen, daß zwar eine Sache teilbar ist, nicht aber ein Akt; – und andrerseits gewöhnen wir uns daran, diesen Akt selbst in den Raum zu projizieren, ihn die ganze Bahn entlang, die das Bewegte durchläuft, festzuhalten, ihn mit einem Wort zu verfestigen: als ob diese Lokalisierung eines *Fortschritts* im Raume nicht auf die Behauptung hinausliefe, daß sogar außerhalb des Bewußtseins das Vergangene mit dem Gegenwärtigen koexistiert! – Aus diesem Zusammenwerfen der Bewegung mit dem vom Bewegten durchlaufenen Raume sind unsers Erachtens die Sophismen der Eleatischen Schule entstanden; denn das Intervall, das zwei Punkte auseinanderhält, ist unbegrenzt teilbar, und wenn die Bewegung aus Teilen bestünde, wie das Intervall selbst, so würde das Intervall nie überschritten werden. Die Wahrheit ist aber die, daß jeder Schritt Achills ein einfacher, unteilbarer Akt ist, und daß nach einer gegebenen Zahl dieser Akte Achill die Schildkröte überholt haben wird. Die Illusion der Eleaten rührt daher, daß sie diese Reihe von unteilbaren Akten *sui generis* mit dem homogenen Raum identifizieren, der ihnen untergelegt wird. Da nämlich dieser teilbar und nach beliebigen Gesetzen wieder zusammensetzbar ist, halten sie sich für berechtigt, die ganze Bewegung Achills nicht mehr aus Schritten Achills, sondern aus Schildkrötenschritten wieder zusammenzusetzen: dem Achill, der die Schildkröte verfolgt, substituieren sie in Wirklichkeit zwei Schildkröten, die mathematisch aufeinander bezogen sind, zwei Schildkröten, die dazu verurteilt sind, dieselbe Art von Schritten oder simultanen Akten zu vollführen, so daß sie einander nie erreichen können. Weshalb überholt Achill die Schildkröte? Weil jeder einzelne seiner Schritte und jeder einzelne Schritt der Schildkröte als Bewegungen ein Unteilbares, und als Räumliches verschiedene Größen sind: so daß die Addition für den von Achill durchlaufenen Raum alsbald eine Länge ergeben muß, die die Summe des von der Schildkröte durchlaufenen Raumes und ihres Vorsprunges vor ihm übertrifft. Dies eben bringt Zenon nicht in Anschlag, wenn er die Bewegung Achills und die der Schildkröte ein und demselben Gesetze gemäß wieder zusammensetzt, dabei aber vergißt, daß nur der Raum ein willkürliches Dekompositions- und Rekompositionsverfahren gestattet, und auf diese Weise Raum und Bewegung vermengt. – Wir sehen uns also auch nach der feinen und tiefen Analyse eines zeitgenössischen Denkers[1] nicht genötigt zuzugeben, daß die Begegnung der beiden bewegten Körper einen Unterschied zwischen der wirklichen Bewegung und der in Gedanken, zwischen dem Raum an sich und dem unbegrenzt teilbaren Raum, zwischen der konkreten und abstrakten Zeit in sich schließt. Weshalb auf eine metaphysische Hypothese über die Natur des Raumes, der Zeit und der Bewegung zurückgreifen, so geistreich sie sein mag, wenn uns die unmittelbare Intuition die Bewegung in der Dauer und die Dauer außerhalb des Raumes zeigt? Es bedarf nicht der Annahme einer Begrenztheit der Teilbarkeit des konkreten Raumes; man kann ihn vielmehr unbegrenzt teilbar sein lassen, wenn man nur eine Unterscheidung macht zwischen den simultanen Lagen der beiden bewegten Körper, die wirklich im Raume sind, und ihren Bewegungen, die keinen Raum einnehmen können, da sie nichts Ausgedehntes, sondern Dauer, Qualität und nicht Quantität sind. Die Geschwindigkeit einer Bewegung messen heißt, wie wir sehen werden, nichts weiter als eine Simultaneität konstatieren, und diese Geschwindigkeit in die Berechnungen einführen heißt ein bequemes Mittel gebrauchen, um eine Simultaneität vorherzusehen. Die Mathematik bleibt daher ganz in ihrer Rolle, solange sie sich damit beschäftigt, die simultanen Lagen Achills und der Schildkröte in einem gegebenen Augenblicke zu bestimmen, oder wenn sie *a priori* erklärt, die beiden bewegten Körper würden sich in einem Punkte X begegnen, wobei diese Begegnung eben wieder eine Simultaneität ist. Sie geht aber über diese ihre Rolle hinaus, wenn sie wieder zusammensetzen will, was während des Intervalls zwischen zwei Simultaneitäten stattfindet; oder sie ist wenigstens eben dann unausweichlich genötigt, immer wieder Simultaneitäten in Betracht zu ziehen, neue Simultaneitäten, deren unbegrenzt anwachsende Zahl sie auf den Gedanken bringen müßte, daß mit Unbewegtheiten keine Bewegung, mit Raum keine Zeit herzustellen ist. Kurz, genau wie in der Dauer nur soviel Homogenes steckt als nicht Dauerndes, d.h. Raum darin enthalten ist, worin sich die Simultaneitäten aneinanderreihen, ebenso ist das homogene Element der Bewegung das, was ihr am wenigsten eigentümlich ist, nämlich der durchlaufene Raum, d.h. das Bewegungslose.

---

1   Évellin, Infini et quantité, Paris 1881.

Aus eben diesem Grunde hat es nun aber die Wissenschaft mit der Zeit und der Bewegung nur nach vorheriger Eliminierung ihres wesentlichen und qualitativen Elements zu tun – nämlich des Elements der Dauer, was die Zeit, des Elements der Beweglichkeit, was die Bewegung anbetrifft. Man wird sich hiervon leicht überzeugen, wenn man die Rolle einer Untersuchung unterzieht, die die Erwägungen über Zeit, Bewegung und Geschwindigkeit in der Astronomie und Mechanik spielen.

Die Abhandlungen über Mechanik versäumen nicht im voraus anzukündigen, sie wollten nicht etwa die Dauer selbst, sondern die Gleichheit von zwei Dauern definieren: »Zwei Zeitintervalle sind gleich, sagen sie, wenn zwei identische Körper, die zu Beginn eines jeden dieser Intervalle sich unter identischen Umständen befanden und denselben Tätigkeiten und Einflüssen aller Art ausgesetzt waren, am Ende dieser Intervalle denselben Raum durchlaufen haben.« Mit andern Worten, wir werden den genauen Zeitpunkt festhalten, an dem die Bewegung anfängt, d.h. die Simultaneität; und wir werden endlich den durchlaufenen Raum messen, nämlich das einzige, was in der Tat meßbar ist. Um Dauer also handelt es sich hier nicht, sondern bloß um Raum und Simultaneitäten. Vorhersagen, daß ein Phänomen nach Ablauf einer Zeit t stattfinden werde, heißt erklären, daß das Bewußtsein von hier bis da eine Zahl t von Simultaneitäten einer gewissen Art festhalten wird. Und es dürfen uns nicht etwa die Worte »von hier bis da« täuschen, denn das Intervall der Dauer existiert nur für uns und nur infolge der gegenseitigen Durchdringung unsrer Bewußtseinszustände. Außerhalb unser wäre nur Raum anzutreffen und folglich nur Simultaneitäten, von denen man nicht einmal sagen kann, sie seien objektiv sukzessiv, da wir ja jede Sukzession durch die Vergleichung von Gegenwart und Vergangenheit denken. – Zum Beweise, daß das Intervall der Dauer selbst vom Standpunkt der Wissenschaft aus nicht in Anschlag gebracht wird, mag dienen, daß wenn alle Bewegungen des Weltalls zwei- oder dreimal so schnell erfolgten, weder an unsern Formeln noch an den Zahlen, die wir dabei verwenden, irgend etwas abzuändern sein würde. Das Bewußtsein hätte zwar einen undefinierbaren und gewissermaßen qualitativen Eindruck von dieser Veränderung, doch würde diese nicht außerhalb seiner zur Erscheinung gelangen, weil sich im Raume noch ebenso dieselbe Anzahl Simultaneitäten darstellen würde. Wir werden später sehen, daß wenn der Astronom z.B. eine Finsternis vorhersagt, er gerade eine derartige Operation vornimmt; er reduziert ins Unbegrenzte die Dauerintervalle, die in der Wissenschaft nicht in Anschlag gebracht werden, und gewahrt auf diese Weise in einer sehr kurzen Zeit – höchstens einigen Sekunden – eine Sukzession von Simultaneitäten, für die das konkrete Bewußtsein mehrere Jahrhunderte braucht – da es ja genötigt ist, die Intervalle zwischen ihnen zu durchleben.

Man gelangt zum selben Schlusse, wenn man den Begriff der Geschwindigkeit einer unmittelbaren Analyse unterzieht. Die Mechanik gewinnt diesen Begriff vermittelst einer Reihe von Vorstellungen, deren Verkettung ohne Schwierigkeiten eingesehen werden kann. Sie konstruiert zunächst die Vorstellung einer gleichförmigen Bewegung, indem sie sich einerseits die Bahn AB eines gewissen bewegten Körpers und andrerseits ein physisches Phänomen vergegenwärtigt, das sich unbegrenzt unter identischen Bedingungen wiederholt, z.B. den Fall eines Steins, der immer aus gleicher Höhe auf dieselbe Stelle herabfällt. Werden auf der Bahn AB die Punkte M, N, P... bezeichnet, die der bewegte Körper in jedem Zeitpunkt erreicht, in dem der Stein den Boden berührt, und werden die Intervalle AM, MN, NP... als untereinander gleich erkannt, so wird man sagen, die Bewegung sei gleichförmig: und Geschwindigkeit des bewegten Körpers wird man irgend eines dieser Intervalle nennen, vorausgesetzt, daß man übereinkommt, als Einheit der Dauer das physische Phänomen anzunehmen, das man als Vergleichsterminus gewählt hat. Man definiert somit die Geschwindigkeit einer gleichförmigen Bewegung ohne Zuhilfenahme anderer Begriffe als derer des Raumes und der Simultaneität. – Es bleibt noch, die ungleichförmige Bewegung zu betrachten, die also, deren Elemente AM, MN, NP... als untereinander ungleich anerkannt worden sind. Um die Geschwindigkeit des bewegten Körpers A im Punkte M zu definieren, genügt es, sich eine unbegrenzte Zahl von bewegten Körpern A_1, A_2, A_3... vorzustellen, denen allen gleichförmige Bewegungsimpulse innewohnen, und deren Geschwindigkeiten v_1, v_2, v_3..., die z.B. in wachsender Folge angeordnet wären, allen möglichen Größen entsprechen. Betrachten wir sodann auf der Bahn des bewegten Körpers A zwei Punkte M' und M", die sich zu beiden Seiten des Punktes M, aber in seiner nächsten Nähe befinden. Zur gleichen Zeit, wo dieser bewegte Körper die Punkte M', M, M" erreicht, gelangen die andern bewegten Körper auf ihren respektiven Bahnen zu den Punkten M_1', M_1, $M_1"$, M_2', M_2, $M_2"$ ... usw.; und es gibt notwendig zwei Körper A_h und A_p, dergestalt, daß man auf der einen Seite $M'M = M_h'M_h$ und auf der andern $MM" = M_pM_p"$ erhält. Man wird also darin einig sein, daß die Geschwindigkeit des bewegten Körpers A im Punkte M zwischen v_h und v_p inbegriffen ist. Es läßt sich aber ohne weiteres annehmen, daß die Punkte M' und M" dem Punkte M noch näher rücken, und man begreift alsdann, daß v_h und v_p durch zwei neue Geschwindigkeiten, v_j und v_n, zu ersetzen wären, deren eine über v_h und deren andere unter v_p zu stehen käme. Und in dem Maße, als man die beiden Intervalle M'M und MM" abnehmen ließe, würde auch die Differenz zwischen den beiden Bewegungen der korrespondierenden gleichförmigen Bewegungen sich vermindern. Da nun die zwei Intervalle bis auf Null abnehmen können, existiert offenbar zwischen v_j und v_n eine gewisse Geschwindigkeit v_m, dergestalt, daß die Differenz zwischen dieser Geschwindigkeit und v_h, v_j... einer- und v_p, v_n... andrerseits kleiner als irgend eine gegebene Quantität werden kann. Diese gemeinsame Grenze v_m wird man dann Geschwindigkeit des bewegten Körpers A im Punkte M nennen. – Nun ist aber bei dieser Analyse der ungleichförmigen Bewegung ebenso wie bei der der gleichförmigen Bewegung nur von bereits durchlaufenen Räumen und von bereits erreichten simultanen Lagen die Rede. Wir hatten folglich mit der Behauptung Recht, daß wenn die Mechanik von der Zeit nur die Simultaneität ins Auge faßt, sie auch von der Bewegung selbst nur die Unbewegtheit festhält. Dies Ergebnis wäre vorauszusehen gewesen, wenn man bemerkt hätte daß die Mechanik notwendig mit Gleichungen operiert und daß eine algebraische Gleichung stets eine vollendete Tatsache ausdrückt. Nun ist es aber für die Dauer wie für die Bewegung, wie sie unserm Bewußtsein erscheinen, wesentlich, fortwährend in der Bildung begriffen zu sein: auch wird die Algebra zwar die in einem bestimmten Augenblick der Dauer erreichten Ergebnisse und die von einem bestimmten bewegten Körper im Raum eingenommenen Lagen in ihre Sprache übersetzen können, keineswegs aber die Dauer und die Bewegung als solche. Es würde nichts helfen, wenn man die Zahl der Simultaneitäten und der Lagen vermittelst der Hypothese sehr kleiner Intervalle vermehren wollte; es würde selbst nichts helfen, wenn man, um die Möglichkeit eines unbegrenzten Anwachsens der Zahl dieser Intervalle der Dauer vor Augen treten zu lassen, den Begriff der Differenz durch den des Differentials ersetzen wollte: die Mathematik stellt sich stets an einen äußersten Punkt des Intervalls, so klein sie es auch denken mag. Was das Intervall selbst anlangt, was, mit einem Worte, die Dauer und die Bewegung betrifft, so bleiben sie notwendig außerhalb der Gleichung. Dauer und Bewegung sind eben Synthesen des Geistes und keine Dinge; wenn der bewegte Körper die Punkte einer Linie nacheinander einnimmt, so hat eben die Bewegung mit dieser Linie selbst nichts gemein; und wenn endlich die vom bewegten Körper eingenommenen Lagen mit den verschiedenen Momenten der Dauer variieren, wenn der bewegte Körper sogar bloß durch das Einnehmen verschiedener Lagen wohlunterschiedene Momente in ihr erzeugt, so hat doch die Dauer im eigentlichen Sinne keine identischen noch einander äußerlichen Momente; denn sie ist ihrem Wesen nach sich selbst heterogen, ununterschieden und ohne Analogie mit der Zahl.

Aus dieser Analyse ergibt sich, daß allein der Raum homogen ist, daß die im Raum befindlichen Dinge eine wohlunterschiedene Mannigfaltigkeit konstituieren und daß jede unterschiedene Mannigfaltigkeit durch eine Entfaltung in den Raum entsteht. Daraus ist ferner abzuleiten, daß es im Raum weder Dauer noch sogar Sukzession gibt in dem Sinne, in dem das Bewußtsein diese Ausdrücke auffaßt: jeder der sukzessiv genannten Zustände der äußeren Welt existiert für sich, und ihre Mannigfaltigkeit hat nur Realität für ein Bewußtsein, das sie zunächst aufzubewahren und alsdann nebeneinander zu ordnen imstande ist, indem es sie im Verhältnis zueinander exteriorisiert. Wenn es sie aufbewahrt, so rührt das daher, daß jene verschiedenen Zustände der äußeren Welt Bewußtseinsvorgänge veranlassen, die sich gegenseitig durchdringen, unmerklich untereinander organisieren und Vergangenheit und Gegenwart vermittelst eben dieser Solidarität in Verbindung bringen. Wenn es sie im Verhältnis zueinander exteriorisiert, so kommt das daher, daß es alsdann ihren radikalen Unterschied (der eine Zustand hat ja aufgehört, wenn der andre eintritt) in Betracht zieht und sie dadurch in der Gestalt einer wohlunterschiedenen Mannigfaltigkeit auffaßt; dies heißt aber soviel als sie alle zusammen im Raum aneinanderreihen, wo jeder einzelne gesondert existiert hatte. Der hierzu verwendete Raum ist aber genau das, was man homogene Zeit nennt.

Aber diese Analyse führt noch zu einer anderen Schlußfolgerung: Die Mannigfaltigkeit der Bewußtseinszustände nämlich, in ihrer ursprünglichen Reinheit betrachtet, bietet keinerlei Ähnlichkeit mit der wohlunterschiedenen Mannigfaltigkeit dar, die eine Zahl bildet. Es liegt da, so sagten wir, eine qualitative Mannigfaltigkeit vor. Kurz, man hat zweierlei Mannigfaltigkeiten anzunehmen, zwei mögliche Bedeutungen des Wortes »unterscheiden«, zwei Auffassungen, eine qualitative und eine quantitative, vom Unterschied zwischen dem *selben* und dem *andern*. Bald enthält nämlich diese Mannigfaltigkeit, Unterschiedenheit, Heterogeneität die Zahl nur potentiell, wie Aristoteles sagen würde; das Bewußtsein bewirkt dabei eine qualitative Unterscheidung, ohne irgend welchen Hintergedanken, die Qualitäten zählen oder aus ihnen *mehrere* machen zu wollen: es ergibt sich dann eben Mannigfaltigkeit ohne Quantität. Bald handelt es sich umgekehrt um eine Mannigfaltigkeit von Termini, die gezählt werden oder die man als zählbar auffaßt; in diesem Falle aber denkt man an die Möglichkeit, sie im Verhältnis zueinander zu exteriorisieren; man entfaltet sie in den Raum. Leider sind wir dermaßen gewöhnt, diese beiden Bedeutungen desselben Wortes eine durch die andere zu erklären, sie sogar schon eine in der andern zu erblicken, daß es uns unglaublich schwerfällt, sie zu unterscheiden oder wenigstens diese Unterscheidung durch die Sprache auszudrükken. So sagten wir, mehrere Bewußtseinszustände gehen untereinander eine organische Verbindung ein, durchdringen sich gegenseitig, werden immer inhaltsreicher und können auf diese Weise einem Ich, das von keinem Raum wüßte, das Gefühl der reinen Dauer vermitteln; wir hatten aber bereits, um des Worts »mehrere« willen, diese Zustände voneinander isoliert und im Verhältnis zueinander exteriorisiert, mit einem Wort, sie nebeneinander angeordnet; und wir verrieten auf diese Weise schon durch den Ausdruck, auf den wir zurückgreifen mußten, die tief eingewurzelte Gewohnheit, die Zeit in den Raum zu entfalten. Dem bereits verwirklichten Bilde dieser Entfaltung entnehmen wir dann notwendig die Termini, die den Zustand einer Seele wiederzugeben bestimmt sind, die dies Bild noch gar nicht verwirklicht hat: diese Termini sind also mit einem Grundfehler behaftet, und die Vorstellung einer Mannigfaltigkeit ohne Beziehung zur Zahl oder zum Raum, so klar sie für ein Denken wäre, das in sich zurück geht und sich absondert, kann in die Sprache des gemeinen Verstands nicht übersetzt werden. Und dennoch vermögen wir selbst die Vorstellung wohlunterschiedener Mannigfaltigkeit nicht zu erzeugen, ohne parallel dazu das, was wir eine qualitative Mannigfaltigkeit genannt haben, in Betracht zu ziehen. Zählen wir ausdrücklich Einheiten, indem wir sie im Raume aufreihen, so vollzieht sich doch gewiß neben dieser Addition, deren identische Termini sich von einem homogenen Grund abheben, in den Tiefen der Seele eine Organisation dieser Vorstellungen untereinander, ein durch und durch dynamischer Prozeß, der der rein qualitativen Vorstellung ziemlich analog ist, die ein empfindender Amboß von der wachsenden Zahl der Hammerschläge haben würde. In diesem Sinne könnte man beinahe sagen, daß die Zahlen, die alltäglich gebraucht werden, jede ihr emotionales Äquivalent haben. Die Kaufleute wissen das sehr wohl, und statt den Preis eines Gegenstandes in einer runden Zahl Franken anzugeben, setzen sie die nächst niedere Ziffer an, wobei sie dann eine genügende Zahl von Centimes einschalten müssen. Kurz, der Prozeß, durch den wir Einheiten zählen und damit eine wohlunterschiedene Mannigfaltigkeit herstellen, bietet einen doppelten Aspekt dar: einerseits nehmen wir sie als identisch an, was nur unter der Bedingung denkbar ist, daß diese Einheiten in einem homogenen Medium aufgereiht werden; andrerseits modifiziert z.B. die dritte Einheit, indem sie zu den beiden andern hinzukommt, die Natur, den Aspekt und sozusagen den Rhythmus des Ganzen: ohne diese gegenseitige Durchdringung und diesen gewissermaßen qualitativen Fortschritt wäre eine Addition nicht möglich. – Wir bilden also dank der Qualität der Quantität die Vorstellung einer Quantität ohne Qualität.

Von hier aus gesehen leuchtet es unmittelbar ein, daß außerhalb aller symbolischen Vorstellungsweise die Zeit für unser Bewußtsein niemals den Aspekt eines homogenen

Mediums gewönne, wo die Termini einer Sukzession sich im Verhältnis zueinander exteriorisieren. Zu dieser symbolischen Vorstellung gelangen wir indessen ganz natürlich, und zwar allein dadurch, daß in einer Reihe identischer Termini jeder Terminus für unser Bewußtsein einen doppelten Aspekt bekommt: einen, der mit sich selbst stets identisch ist, da wir die Identität des äußeren Gegenstandes im Auge haben; und einen andern, der spezifisch ist, weil die Hinzufügung dieses Terminus zu den früheren eine neue Organisation des Ganzen hervorruft. Daher dann die Möglichkeit, das, was wir eine qualitative Mannigfaltigkeit nannten, in Gestalt numerischer Mannigfaltigkeit in den Raum zu entfalten, und die eine als das Äquivalent der andern zu betrachten. Nun vollzieht sich aber dieser doppelte Prozeß nirgends so leicht wie bei der Perzeption des an sich unerkennbaren äußern Phänomens, das für uns die Gestalt der Bewegung annimmt. Hier haben wir ja eine Reihe von untereinander identischen Termini, da es sich stets um den gleichen bewegten Körper handelt; andrerseits aber bewirkt die von unserm Bewußtsein vollzogene Synthese zwischen der aktuellen Lage und dem, was unser Gedächtnis die vorangegangenen Lagen nennt, daß diese Bilder einander durchdringen, sich ergänzen und gewissermaßen einander fortsetzen. Vornehmlich durch Vermittelung der Bewegung also nimmt die Dauer die Gestalt eines homogenen Mediums an und projiziert sich die Zeit in den Raum. Aber auch ohne die Bewegung hätte jede Wiederholung eines genau bestimmten äußern Phänomens dem Bewußtsein dieselbe Vorstellungsweise suggeriert. So bilden, wenn wir eine Reihe von Hammerschlägen hören, die Töne als reine Empfindungen eine unteilbare Melodie und bewirken wiederum das, was wir einen dynamischen Fortschritt genannt haben: da wir aber wissen, daß dieselbe objektive Ursache am Werke ist, zerlegen wir diesen Fortschritt in Phasen, die wir dann als identisch ansehen; und da diese Mannigfaltigkeit identischer Termini sich nur mehr vermittelst der Entfaltung in den Raum begreifen läßt, gelangen wir schließlich abermals notwendig zur Vorstellung einer homogenen Zeit, des symbolischen Bildes der wirklichen Dauer. Mit einem Worte, unser Ich berührt die Außenwelt oberflächlich; unsere sukzessiven Empfindungen behalten, wenn sie auch ineinander übergehen, etwas von der reziproken Exteriorität bei, die ihre Ursachen objektiv charakterisiert; und aus diesem Grunde spielt sich unser oberflächliches psychisches Leben in einem homogenen Medium ab, ohne daß uns diese Vorstellungsweise viel Mühe kostete. Der symbolische Charakter dieser Vorstellung aber wird immer unverkennbarer, je weiter wir in die Tiefen des Bewußtseins eindringen: das innere Ich, das da fühlt und sich leidenschaftlich erregt, das da abwägt und Entschlüsse faßt, ist eine Kraft, deren Zustände und Modifikationen sich aufs innigste durchdringen und eine tiefe Veränderung erfahren, sobald man sie voneinander absondert und in den Raum entfaltet. Da aber dies tiefere Ich mit dem Oberflächen-Ich eine und dieselbe Person bildet, scheinen notwendig beide auf gleiche Weise zu dauern. Und da die konstante Vorstellung eines objektiv identischen Phänomens, das sich wiederholt, unser oberflächliches psychisches Leben in einander äußerliche Teile zersplittert, bestimmen die also determinierten Momente ihrerseits wieder distinkte Segmente in dem dynamischen und ungeteilten Fortschritt unsrer persönlicheren Bewußtseinszustände. So wird also jene reziproke Exteriorität, die den materiellen Gegenständen ihre Nebeneinanderreihung im homogenen Raume verbürgt, zurückgeworfen und fortgepflanzt bis in die Tiefen des Bewußtseins: allmählich lösen sich unsre Empfindungen voneinander ab, wie es die äußern Ursachen tun, die sie veranlaßten, und ebenso die Gefühle und Vorstellungen mit den ihnen gleichzeitigen Empfindungen. – Zum Beweise, daß unsre gewöhnliche Auffassung der Dauer auf ein allmähliches Eindringen des Räumlichen ins Gebiet des reinen Bewußtseins zurückzuführen ist, mag der Umstand dienen, daß es, um dem Ich die Fähigkeit zu nehmen, eine homogene Zeit zu perzipieren, genügen würde, jene oberflächliche Schicht psychischer Tatsachen von ihm abzutragen, die es als Zeitmesser benutzt. Der Traum versetzt uns in eben jene Bedingungen; denn der Schlaf verlangsamt das Spiel der organischen Funktionen und beschränkt dadurch vor allem die Kommunikationsoberfläche zwischen dem Ich und den äußeren Dingen. Die Dauer wird alsdann nicht von uns gemessen, sondern gefühlt; sie kehrt aus der Quantität ins Qualitative zurück: die mathematische Bewertung der vergangenen Zeit unterbleibt; sie macht dafür einem verworrenen Instinkt Platz, der wie alle Instinkte grobe Irrtümer begehen, zuweilen aber mit außerordentlicher Sicherheit verfahren kann. Sogar die tägliche Erfahrung im wachen Zustande müßte uns lehren, einen Unterschied zwischen der qualitativen Dauer, der nämlich, die das Bewußtsein unmittelbar erfaßt und die wahrscheinlich das Tier perzipiert, und der sozusagen materialisierten Zeit zu machen, der Zeit, die durch eine Entfaltung in den Raum zur Quantität geworden ist. In dem Augenblicke, in dem ich diese Zeilen zu Papier bringe, schlägt in der Nähe eine Uhr; mein unachtsames Ohr bemerkt dies aber erst, nachdem bereits mehrere Schläge erklungen sind; gezählt habe ich sie somit nicht. Und dennoch brauche ich nur eine Anstrengung zu machen, meine Aufmerksamkeit retrospektiv einzustellen, um die bereits erklungenen vier Töne zu summieren und zu denen, die ich höre, zu addieren. Wenn ich mich dann, in mich selbst zurückgehend, sorgfältig befrage, was soeben geschehen ist, gewahre ich, daß die vier ersten Töne mein Ohr trafen und sogar mein Gemüt bewegten, daß aber die von jedem einzelnen wachgerufenen Empfindungen, statt sich nebeneinander aufzureihen, ineinander aufgegangen sind, dergestalt, daß das Ganze einen besonderen Aspekt gewann, eine Art musikalischer Phrase wurde. Um die Zahl der angeschlagenen Töne retrospektiv abzuschätzen, versuchte ich, diese Phrase in Gedanken wieder zusammenzusetzen; meine Einbildungskraft hat zuerst einen, dann zwei, dann drei Töne angeschlagen, und solange sie nicht genau bei der Zahl vier anlangte, hat die um Auskunft angegangene Sinnlichkeit geantwortet, daß der Totaleffekt qualitativ differiere. Diese hatte also auf ihre Art und Weise die Sukzession der vier erklungenen Glockenschläge konstatiert, aber ganz anders als durch ein Additionsverfahren und ohne das Bild einer Nebeneinanderstellung unterschiedener Termini zu Hilfe zu rufen. Kurz, die Zahl der Glockenschläge ist als Qualität und nicht als Quantität perzipiert worden; auf diese Weise stellt sich die Dauer dem unmittelbaren Bewußtsein dar, und sie bewahrt diese Form, so lange sie nicht einer symbolischen, aus dem Räumlichen stammenden Vorstellung den Platz überläßt. – Unterscheiden wir also, um zum Schluß zu kommen, zwei Formen der Mannigfaltigkeit, zwei ganz verschiedene Abschätzungen der Dauer, zwei Aspekte des bewußten Lebens. Unter der homogenen Dauer, die das extensive Symbol der wahren ist, entdeckt eine aufmerksame psychologische Betrachtung eine Dauer, deren heterogene Momente sich gegenseitig durchdringen; unter der numerischen Mannigfaltigkeit der Bewußtseinszustände eine qualitative; unter dem Ich mit ganz bestimmten Zuständen ein Ich, in dem Sukzession Verschmelzung und Organisation einschließt. Wir begnügen uns indessen meistens mit dem ersteren Ich, d.h. mit dem Schatten des Ich, den es in den homogenen Raum projiziert. Das Bewußtsein steht im Zwange eines unersättlichen Unterscheidungsbedürfnisses und substituiert daher der Wirklichkeit ihr Symbol oder apperzipiert die Wirklichkeit nur durch das Symbol. Da das auf solche Weise durch Refraktion entstandene und eben dadurch in Teilstücke zerkleinerte Ich sich für die Bedürfnisse des sozialen Lebens im allgemeinen und der Sprache im besondern unendlich besser eignet, zeigt das Bewußtsein dieses Ich vor und verliert so das fundamentale Ich allmählich aus dem Gesichtskreis.

Um nun dies fundamentale Ich in der Gestalt wieder zu entdecken, in der ein von außen unbeeinflußtes Bewußtsein es gewahren würde, bedarf es einer erheblichen Anstrengung der Analyse, wodurch man die inneren und lebendigen psychischen Tatsachen von ihrem zunächst durch Refraktion entstandenen und dann im homogenen Raum verfestigten Bilde abtrennt. Mit andern Worten: unsre Perzeptionen, Empfindungen, Emotionen und Vorstellungen stellen sich unter einem doppelten Aspekt dar: der eine scharf umrissen präzis, doch unpersönlich; der andere verworren, unendlich beweglich und unaussprechlich, weil die Sprache ihn nicht fassen kann, ohne seine Beweglichkeit zu fixieren, noch ihn ihrer alltäglichen Form anzupassen vermag, ohne ihn ins Gebiet des allen Gemeinsamen heranzuziehen. Wenn wir schließlich zwei Formen der Mannigfaltigkeit, zwei Formen der Dauer unterscheiden, so hat offenbar jede Bewußtseinstatsache für sich genommen ihre verschiedenen Aspekte, nämlich je nachdem, ob man sie im Schoße einer wohlunterschiedenen oder einer verworrenen Mannigfaltigkeit betrachtet, in der Zeit als Qualität, in der sie entsteht, oder in der Zeit als Quantität, in die sie sich projiziert.

Gehe ich z.B. zum ersten Male in einer Stadt spazieren, wo ich Aufenthalt zu nehmen gedenke, so rufen die mich umgebenden Dinge gleichzeitig einen zum Andauern bestimmten und einen unablässiger Modifikation ausgesetzten Eindruck auf mich hervor. Täglich sehe ich dieselben Häuser, und da ich sie als dieselben Gegenstände kenne, bezeichne ich sie fortwährend mit dem gleichen Namen und bilde mir auch ein, daß sie mir stets in gleicher Weise erscheinen. Wenn ich mich indessen nach Verlauf geraumer Zeit auf den Eindruck zurückbesinne, den ich in den ersten Jahren hatte, staune ich über die sonderbare, unerklärliche und vor allem unaussprechliche Veränderung, die sich an jenem Eindruck vollzogen hat. Es scheint, als ob jene Gegenstände, die ich beständig perzipierte und die sich unablässig in meinem Geist abbildeten, sich schließlich etwas von meiner bewußten Existenz angeeignet hätten; sie haben ihr Leben gehabt wie ich und sind wie ich älter geworden. Es ist dies nicht eine bloße Illusion; denn wenn der Eindruck von heute dem gestrigen absolut identisch wäre, wo bliebe da der Unterschied zwischen Perzipieren und Wiedererkennen, zwischen Kennenlernen und Sich-erinnern? Gleichwohl entzieht sich bei den meisten dieser Unterschied der Aufmerksamkeit; er wird schwerlich bemerkt werden, wenn man nicht erst darauf hingewiesen worden ist und sich dann selbst gewissenhaft die Frage vorgelegt hat. Dies kommt daher, daß unser äußeres und sozusagen soziales Leben für uns eine größere praktische Bedeutung besitzt als unsre innere und individuelle Existenz. Wir streben instinktiv danach, unsre Eindrücke zu verfestigen, um sie sprachlich ausdrücken zu können. Aus diesem Grunde lassen wir sogar das Gefühl, das in einem beständigen Werden besteht, in seinem permanenten äußeren Gegenstand und vor allem in dem den Gegenstand ausdrückenden Worte aufgehen. Wie die flüchtige Dauer unsres Ich durch die Projektion in den homogenen Raum in den Zustand einer Fixierung gerät, ebenso umklammern unsre unablässig wechselnden Eindrücke die sie veranlassenden äußeren Objekte und nehmen auf diese Weise deren genaue Umrisse und deren Starrheit an.

Unsre einfachen Empfindungen würden, wenn man sie im natürlichen Zustand betrachtete, eine noch geringere Konsistenz aufweisen. Ein Geschmack, ein Geruch, der mir als Kind gefallen hat, widersteht mir heute. Und dennoch gebe ich der wahrgenommenen Empfindung noch denselben Namen und spreche, als wenn nur mein Gefallen daran sich verändert hätte, während der Geruch oder der Geschmack derselbe geblieben wäre; es handelt sich also abermals um eine Verfestigung jener Empfindung; und wenn ihre Beweglichkeit derartig evident wird, daß ich sie nicht mehr zu verkennen imstande bin, löse ich sie ab, gebe ihr einen besonderen Namen und verfestige sie wiederum unter dem Namen des *Gefallens*. Tatsächlich aber liegen weder identische Empfindungen noch mehrfache Formen des Gefallens daran vor; denn Empfindungen wie Formen des Gefallens erscheinen mir wie *Sachen*, sobald ich sie isoliere und mit Namen versehe, während doch in der menschlichen Seele gewiß nichts andres anzutreffen ist als *Fortschreiten*. Man muß eben sagen, daß jede Empfindung, die sich wiederholt, eine Modifikation erfährt, und daß, wenn sie sich mir von heute auf morgen nicht zu ändern scheint, dies daher kommt, daß ich sie jetzt durch den sie veranlassenden Gegenstand, durch das sie wiedergebende Wort hindurch gewahr werde. Dieser Einfluß der Sprache ist nicht nur die Veranlassung, daß wir an die Unveränderlichkeit unsrer Empfindungen glauben, sondern sie täuscht uns gelegentlich auch über den Charakter der wahrgenommenen Empfindung. Wenn ich z.B. ein als vorzüglich geltendes Gericht esse, schiebt sich sein Name, der die Billigung seiner Qualitäten in sich trägt, zwischen meine Empfindung und mein Bewußtsein; ich bin dann imstande zu glauben, das Gericht schmecke mir, während ein nur geringer Aufwand von Aufmerksamkeit mich vom Gegenteil überzeugen würde. Kurz, das Wort mit seinen fest bestimmten Umrissen, das brutale Wort, das in sich aufspeichert, was an Stabilität, an Gemeinsamem und folglich Unpersönlichem in den Eindrücken der Menschheit liegt, vernichtet oder verdeckt wenigstens die zarten und flüchtigen Eindrücke unsres individuellen Bewußtseins. Diese müßten, um mit gleichen Waffen zu kämpfen, sich mit präzisen Worten ausdrücken lassen können; doch diese Worte würden sich alsbald, nachdem sie gebildet wären, gegen die Empfindung kehren, die ihnen den Ursprung gab, und sie, die erfunden wurden, um Zeugnis abzulegen, daß die Empfindung unbeständig ist, würden ihr nun die eigene Stabilität aufzwingen.

Nirgends fällt diese Vernichtung des unmittelbaren Bewußtseins stärker auf als bei dem Phänomenen des Gefühls. Eine heftige Liebe, eine tiefe Melancholie überfluten unsre

Seele, und Tausende von verschiedenen Elementen fließen ineinander, durchdringen sich gegenseitig, ohne feste Umrisse, ohne die geringste Tendenz, sich im Verhältnis zueinander zu exteriorisieren; sie würden ja andernfalls ihre Ursprünglichkeit einbüßen. Sie deformieren sich bereits, wenn wir in ihrer verworrenen Menge eine numerische Mannigfaltigkeit entdecken: was wird erst aus ihnen, wenn wir sie voneinander abtrennen und in ein homogenes Medium entfalten, das man nun nach Belieben Zeit oder Raum nennen mag? Eben noch empfing jedes dieser Elemente eine undefinierbare Färbung von der Umgebung, worin es sich befunden hatte: nun ist es farblos und bereit, einen Namen zu bekommen. Das Gefühl selbst ist ein Lebewesen, das sich entwickelt und folglich fortgesetzt verändert; wäre dem nicht so, so wäre nicht zu verstehen, wie es uns allmählich einem Entschlusse zutreiben könnte: unsre Entschließung würde vielmehr unmittelbar gefaßt werden. Es lebt aber, weil die Dauer, worin es sich entfaltet, eine Dauer ist, deren Momente einander durchdringen: trennen wir diese Momente voneinander, entfalten wir die Zeit in den Raum, so nehmen wir damit dem Gefühl seine Lebendigkeit und seine Farbe. Wir stehen dann vor dem Schatten unsrer selbst: wir glauben unser Gefühl analysiert zu haben und haben ihm tatsächlich nur eine Nebeneinanderreihung lebloser, in Worte faßbarer Zustände substituiert, die alle wieder das gemeinsame Element, folglich den unpersönlichen Niederschlag der Eindrücke darstellen, die in einem gegebenen Falle von der gesamten Gesellschaft empfunden worden waren. Und wo wir über diese Zustände räsonnieren und unsre einfache Logik auf sie anwenden, geschieht es, weil wir sie schon allein dadurch, daß wir sie voneinander abtrennten, zu Gattungen und somit tauglich gemacht haben für eine künftige Deduktion. Wenn nun ein kühner Romandichter das geschickt gewobene Gewebe unsres konventionellen Ich zerreißt und uns unter jener scheinbaren Logik eine fundamentale Absurdität, unter jener Aneinanderreihung einfacher Zustände eine unendliche Durchdringung von Tausenden von verschiedenen Eindrücken sehen läßt, die im Augenblick, wo sie benannt werden, bereits zu sein aufgehört haben, dann spenden wir ihm Lob dafür, daß er uns besser kannte als wir selbst. So ist es indessen nicht; eben weil er unser Gefühl in eine homogene Zeit entfaltet und dessen Elemente in Worten ausdrückt, vermittelt er uns auch wieder einen Schatten davon; bloß hat er dies Schattenbild so entworfen, daß er uns dabei die besondere und unlogische Natur des Gegenstandes ahnen läßt, der es projiziert; er hat uns zur Reflexion aufgerufen, indem er in den äußeren Ausdruck etwas von jenem Widerspruch, jener gegenseitigen Durchdringung hineinlegte, die das Wesentliche der ausgedrückten Elemente ausmacht. Durch ihn ermutigt, haben wir für einen Augenblick den Schleier gelüftet, den wir zwischen unsrem Bewußtsein und uns gezogen hatten; er hat uns uns selbst wiedergegeben.

Eine Überraschung gleicher Art würden wir erleben, wenn wir das Sprachgefüge zerbrächen und uns bemühten, unsre geistigen Vorstellungen an sich selbst im Naturzustand und so zu fassen bekommen, wie unser Bewußtsein nach Befreiung vom Banne des Raumes sie apperzipieren würde. Diese Scheidung der konstitutiven Elemente der Vorstellung, die schließlich zur Abstraktion führt, ist allzu zweckmäßig, als daß wir im gewöhnlichen Leben und selbst bei philosophischen Erörterungen darauf verzichten könnten. Wenn wir uns aber einbilden, daß die geschiedenen Elemente gerade die sind, die in die Textur der konkreten Vorstellung eingingen; wenn wir die gegenseitige Durchdringung der realen Termini durch die Nebeneinanderstellung ihrer Symbole zu ersetzen und Dauer mit Raum wieder zusammenzusetzen unternehmen, geraten wir unvermeidlich in die Irrtümer der Assoziationspsychologie. Über diesen letzteren Punkt wollen wir uns hier nicht weiter verbreiten; er wird im nächsten Kapitel Gegenstand einer gründlichen Untersuchung sein. Es genüge anzuführen, daß der blinde Eifer, mit dem wir in gewissen Fragen Partei ergreifen, hinlänglich beweist, daß unser Verstand seine Instinkte hat: und wie sollten wir uns diese Instinkte anders vorstellen können als vermittelst eines alle unsere Vorstellungen durchwaltenden Antriebs, d.h. vermittelst ihrer gegenseitigen Durchdringung? Die Ansichten, denen wir am meisten anhängen, sind gerade die, von denen wir am schwersten würden Rechenschaft ablegen können; und gerade die Gründe, mit denen wir sie rechtfertigen, sind selten die, die uns bestimmt haben, sie anzunehmen. In einem gewissen Sinne haben wir sie ohne Begründung angenommen; denn was ihnen in unsern Augen Wert verleiht, ist, daß ihre Nuance der durchgängigen Färbung aller unsrer sonstigen Vorstellungen entspricht, ist, daß wir in ihnen von vornherein etwas von uns selbst entdeckt haben. Auch nehmen sie in unserm Geiste nicht die alltägliche Form an, die sie in dem Augenblicke bekommen, wo man sie aus dem Geist entläßt, um sie auf Worte zu bringen; und obgleich sie bei andern Intelligenzen denselben Namen führen, sind sie trotzdem hier und da durchaus nicht dasselbe. In Wahrheit lebt jede einzelne von ihnen wie eine Zelle im Organismus; alles, was den allgemeinen Zustand des Ich verändert, verändert auch sie. Während aber die Zelle eine bestimmte Stelle des Organismus einnimmt, erfüllt eine Vorstellung, die wirklich die unsre ist, unser Ich vollständig. Übrigens ist es durchaus nicht der Fall, daß alle unsre Vorstellungen sich in solcher Weise der Masse unsrer Bewußtseinszustände einverleiben. Viele treiben auf der Oberfläche wie welke Blätter auf dem Wasser eines Teichs. Wir meinen damit, daß unser Verstand, wenn er sie denkt, sie stets in einer Art von Unbewegtheit wiederfindet, als wären sie ihm äußerlich. In diese Gruppe gehören die Vorstellungen, die wir fertig empfangen und die in uns verbleiben, ohne daß sie sich jemals unsrer Substanz assimilierten, oder auch die Vorstellungen, die wir zu pflegen versäumt haben und die infolge dieser Vernachlässigung eingetrocknet sind. Wenn unsre Bewußtseinszustände, je mehr wir uns von den tiefen Schichten des Ich entfernen, die Tendenz zu erkennen geben, in steigendem Maße die Gestalt einer numerischen Mannigfaltigkeit anzunehmen und sich in einen homogenen Raum zu entfalten, so ist der Grund dafür kein andrer, als daß jene Bewußtseinszustände einen immer unbelebteren Charakter, eine immer unpersönlichere Form darbieten. Man braucht sich also nicht zu wundern, wenn von unsern Vorstellungen nur die, die uns am wenigsten eigentümlich sind, durch Worte adäquat ausgedrückt werden können; nur auf diese ist, wie wir sehen werden, die Assoziationstheorie anwendbar. Einander äußerlich, wie sie sind, unterhalten sie untereinander Beziehungen, bei denen die innerste Natur einer jeden keine Rolle spielt, Beziehungen, die sich klassifizieren lassen: man wird somit von ihnen sagen, sie assoziieren sich durch Kontiguität oder aus irgendeinem logischen Grunde. Wenn wir aber die Berührungsfläche zwischen dem Ich und den äußeren Gegenständen aufgraben und in die Tiefen der organisierten und lebendigen Intelligenz dringen, werden wir zu Zeugen der Übereinanderstellung oder besser der innigsten Verschmelzung sehr vieler Vorstellungen, die, erst einmal geschieden, sich in der Gestalt einander logisch widersprechender Termini gegenseitig auszuschließen scheinen. Die bizarrsten Träume, wo zwei Bilder einander überdecken und uns gleichzeitig zwei verschiedenen Personen zeigen, die aber nur als eine einzige vor uns stehen, können uns eine schwache Vorstellung von der gegenseitigen Durchdringung unsrer Begriffe geben, wie wir sie im wachen Zustande haben. Die Einbildungskraft des Träumenden, die von der äußern Welt isoliert ist, reproduziert in bloßen Bildern und parodiert auf ihre Weise die Arbeit, die in den tieferen Regionen des geistigen Lebens unablässig in der Form von Vorstellungen vor sich geht.

Auf diese Weise bestätigt sich das von uns ursprünglich geltend gemachte Prinzip, und auf diese Weise wird es durch eine gründlichere Untersuchung der inneren Zustände noch an Deutlichkeit gewinnen, das Prinzip, wonach das Bewußtseinsleben sich unter einem doppelten Aspekt zu erkennen gibt, je nachdem man es direkt oder in einer durch den Raum gebrochenen Beleuchtung sieht. – Für sich betrachtet haben die tieferen Bewußtseinszustände keine Beziehung zur Quantität; sie sind reine Qualität; sie vermischen sich derartig, daß sich nicht sagen läßt, ob sie einer oder mehrere sind, daß sie sich von diesem Gesichtspunkte aus auch gar nicht näher prüfen lassen, ohne alsbald ihre Natur einzubüßen. Die Dauer, die sie so erzeugen, ist eine solche, deren Momente keine numerische Mannigfaltigkeit ausmachen; wollte man diese Momente mit der Erklärung charakterisieren, sie griffen aufeinander über, so hieße das abermals sie unterscheiden. Lebte nun jeder von uns ein rein individuelles Leben, gäbe es weder Gesellschaft noch Sprache, würde dann etwa unser Bewußtsein die Reihe seiner inneren Zustände in dieser ununterschiedenen Form auffassen? Gewiß nicht völlig; denn wir würden immer noch die Vorstellung eines homogenen Raumes beibehalten, in dem sich die Dinge deutlich voneinander abheben, und es ist gar zu zweckmäßig, die gewissermaßen nebelhaften Zustände, die sich zunächst dem Blick des Bewußtseins aufdrängen, in einem derartigen Medium nebeneinanderzureihen, um sie so auf einfachere Termini zu bringen. Aber wir dürfen nicht übersehen, daß auch die Intuition eines homogenen Raums bereits ein erster Schritt zum Gemeinschaftsleben ist. Wahrscheinlich stellt das Tier nicht wie wir über seine Empfindungen hinaus noch eine von ihm deutlich unterschiedene äußere Welt vor, die ein allen bewußten Wesen Gemeinsames wäre. Die Tendenz, derzufolge wir uns diese Exteriorität der Dinge und diese Homogeneität ihres Mediums deutlich vor Augen stellen, ist dieselbe, die uns auch zum Leben in der Gemeinschaft und zur sprachlichen Verständigung drängt. In dem Maße aber, als sich die Bedingungen des Gemeinschaftslebens einer vollständigeren Verwirklichung annähern, tritt auch die Strömung deutlicher hervor, die unsre Bewußtseinszustände von innen nach außen treibt: allmählich verwandeln sich jene Zustände in Objekte oder in Sachen; sie lösen sich nicht bloß voneinander ab, sondern auch von uns. Wir apperzipieren sie alsdann nur mehr in dem homogenen Medium, worin wir ihr Bild zum Stehen gebracht haben, und durch das Wort hindurch, das ihnen sein Alltagsgewand umwirft. Auf diese Art entsteht ein zweites Ich, das das erste überdeckt, ein Ich, dessen Existenz wohlunterschiedene Momente aufweist, dessen Zustände sich voneinander abheben und ohne weiteres auf Worte bringen lassen. Und man mache uns hier nicht etwa den Vorwurf, wir verdoppelten die Person, wir führten nur in andrer Gestalt die numerische Mannigfaltigkeit wieder ein, die wir zuvor ausgeschlossen hatten. Dasselbe Ich ist es vielmehr, das wohlunterschiedene Zustände apperzipiert und das, wenn es dann seine Aufmerksamkeit länger auf diese Zustände richtet, sie ineinander verfließen sieht, wie Schneekristalle bei anhaltender Berührung mit der Hand. Im Interesse der Bequemlichkeit der Sprache hat es allerdings alle Veranlassung, da, wo Ordnung herrscht, nicht wieder Verworrenheit einzuführen und jene sinnreiche Anordnung gewissermaßen unpersönlicher Zustände nicht zu stören, durch die es aufgehört hat, »ein Reich im Reiche« zu bilden. Ein innerliches Leben mit scharf unterschiedenen Momenten und deutlich charakterisierten Zuständen entspricht in höherem Maße den Anforderungen des sozialen Lebens. Sogar eine oberflächliche Psychologie könnte, ohne sich deshalb des Irrtums schuldig zu machen, mit einer solchen Beschreibung auskommen, doch eben nur unter der

Bedingung, daß sie sich auf die Erforschung der bereits fertigen Tatsachen beschränkt und den Hergang bei ihrer Entstehung nicht weiter in Betracht zieht. – Wenn aber diese Psychologie vom Statischen aufs Dynamische übergeht und mit dem Anspruch auftritt, über die sich erst vollendenden Tatsachen Räsonnements anzustellen, wie sie es hinsichtlich der bereits vollendeten Tatsachen getan hatte, wenn sie uns das konkrete und lebendige Ich als eine Assoziation von Termini darstellen will, die bei voller Unterschiedenheit voneinander sich in einem homogenen Medium nebeneinanderreihen, wird sie sich vor unüberwindliche Schwierigkeiten gestellt sehen. Und diese werden sich ihr in dem Maße vermehren, als sie zu ihrer Beseitigung größere Anstrengungen aufbietet; denn alle diese Anstrengungen werden keinen andern Erfolg haben als den, mehr und mehr die Absurdität der fundamentalen Hypothese zu enthüllen, durch die man die Zeit in den Raum entfaltet und die Sukzession mitten in die Simultaneität verpflanzt hat. – Wir werden nun sehen, daß die den Problemen der Kausalität und der Freiheit, mit einem Worte der Persönlichkeit anhängenden Widersprüche ebenfalls nur hierauf zurückzuführen sind, und daß es zu ihrer Beseitigung genügt, das wirkliche, konkrete Ich an die Stelle der symbolischen Vorstellung von ihm zu setzen.

III. Von der Organisation der Bewußtseinszustände. Die Freiheit

Es ist nicht schwer zu begreifen, weshalb die Frage nach der Freiheit jene beiden einander entgegengesetzten Systeme der Naturphilosophie zum Wettstreit reizt: den Mechanismus und den Dynamismus. Der Dynamismus geht von der Vorstellung der Willensaktivität aus, wie sie uns das Bewußtsein liefert, und gelangt von da zur Vorstellung der Trägheit, indem er jene Vorstellung allmählich ausleert: er begreift so ohne Schwierigkeit auf der einen Seite eine freie Kraft und auf der andern eine von Gesetzen beherrschte Materie. Der Mechanismus aber geht den umgekehrten Weg. Die Materialien, aus denen er seine Synthesis aufbaut, sind nach seiner Voraussetzung von notwendigen Gesetzen beherrscht, und wenn er auch zu immer reicheren, immer schwieriger vorherzusehenden und dem Anschein nach immer zufälligeren Kombinationen fortschreitet, verläßt er dennoch niemals den engen Kreis der Notwendigkeit, worin er sich von Anfang an eingeschlossen hatte. – Wenn man nun diese beiden Auffassungen der Natur weiter vertieft, wird man sich überzeugen, daß sie zwei ziemlich verschiedene Hypothesen über das Verhältnis des Gesetzes zu den von ihm beherrschten Tatsachen einschließen. Je höher der Dynamist seinen Blick erhebt, desto mehr glaubt er Tatsachen zu gewahren, die sich mehr und mehr der Umklammerung der Gesetze entziehen: so macht er also die Tatsache zur absoluten Wirklichkeit und das Gesetz zum mehr oder weniger symbolischen Ausdruck dieser Wirklichkeit. Der Mechanismus dagegen ersieht und entwirrt im Innern der besonderen Tatsache eine gewisse Anzahl von Gesetzen, von denen diese gewissermaßen den Schnittpunkt bildet; dieser Hypothese zufolge würde das Gesetz zur fundamentalen Wirklichkeit. – Wenn man nun nachforscht, weshalb die einen der Tatsache und die andern dem Gesetze eine höhere Wirklichkeit beilegen, so wird man, glauben wir, finden, daß der Mechanismus und der Dynamismus das

Wort *Einfachheit* in zwei sehr verschiedenen Bedeutungen nehmen. Dem einen bedeutet einfach jedes Prinzip, dessen Wirkungen vorherzusehen und sogar berechenbar sind: der Begriff der Trägheit wird auf diese Weise, eben durch Definition, einfacher als der Begriff der Freiheit, das Homogene einfacher als das Heterogene, das Abstrakte einfacher als das Konkrete. Der Dynamismus aber geht weniger darauf aus, zwischen Begriffen die zweckmäßigste Anordnung herzustellen, als darauf, ihre wirklichen Abhängigkeitsverhältnisse aufzufinden: oft ist tatsächlich der angeblich einfache Begriff – den der Mechanist für ursprünglich hält – durch die Verschmelzung mehrerer inhaltsreicherer Begriffe entstanden, die ein Derivat von ihm zu sein scheinen und die sich gegenseitig in eben dieser Verschmelzung neutralisierten, gleich wie eine Dunkelheit aus der Interferenz zweier Lichtquellen entsteht. Von diesem neuen Gesichtspunkte aus gesehen ist die Vorstellung der Spontaneität unbestreitbar einfacher als die der Trägheit, da die letztere ohne die erstere weder zu begreifen noch zu definieren wäre, während diese sich selbst genügt. Wir haben tatsächlich alle das unmittelbare Gefühl unsrer freien Spontaneität, sei dieses nun etwas der Wirklichkeit Entsprechendes oder etwas Illusorisches, ohne daß die Vorstellung der Trägheit in jene Vorstellung irgendwie einginge. Um aber die Trägheit der Materie zu definieren, wird man sagen, sie könne sich nicht von selber bewegen noch von selber zum Stillstand kommen, und jeder Körper beharre in der Ruhe oder in der Bewegung, solange keine Kraft dazwischentritt; in beiden Fällen bezieht man sich notwendig auf die Vorstellung der Aktivität. Diese verschiedenen Erwägungen machen es uns begreiflich, weshalb man *a priori* zu zwei entgegengesetzten Auffassungen von der menschlichen Aktivität gelangt, je nachdem man das Verhältnis des Konkreten zum Abstrakten, des Einfachen zum Zusammengesetzten, der Tatsachen zu den Gesetzen auffaßt.

A posteriori aber führt man gegen die Freiheit genau bestimmte Tatsachen ins Treffen, von denen die einen physischer, die andern psychischer Natur sind. Bald macht man geltend, unsre Handlungen seien durch unsre Gefühle, unsre Vorstellungen und die ganze vorangegangene Reihe unsrer Bewußtseinszustände nezessitiert; bald verwirft man die Freiheit als unvereinbar mit den Grundeigenschaften der Materie und insbesondre mit dem Prinzip von der Erhaltung der Kraft. Daraus entspringen zwei Formen des Determinismus, zwei dem Anscheine nach verschiedene empirische Nachweisungen der allgemeinen Notwendigkeit. Wir werden nun zeigen, daß die zweite dieser beiden Formen sich auf die erste zurückführen läßt, und daß jeder Determinismus, sogar der physische, eine psychologische Hypothese einschließt, wir werden sodann beweisen, daß der psychologische Determinismus selbst und die dagegen vorgebrachten Widerlegungen auf einer unrichtigen Auffassung von der Mannigfaltigkeit der Bewußtseinszustände und besonders von der Dauer beruhen. Auf diese Weise werden wir im Lichte der im vorhergehenden Kapitel entwickelten Prinzipien ein Ich vor uns entstehen sehen, dessen Aktivität mit keiner andern Kraft zu vergleichen ist.

Der physische Determinismus in seiner jüngsten Gestalt ist aufs innigste mit den mechanistischen oder vielmehr den kinetischen Theorien von der Materie verbunden. Man stellt sich das Universum wie eine Anhäufung von Materie vor, die die Einbildungskraft in Moleküle und Atome auflöst. Diese kleinsten Teilchen sollen unablässig allerlei Bewegungen ausführen, bald Vibrations-, bald Translationsbewegungen; und die physischen Phänomene, die chemischen Wirkungen, die von unsern Sinnen perzipierten Eigenschaften der Materie wie Wärme, Schall, Elektrizität, vielleicht sogar Attraktion, wären objektiv auf jene Elementarbewegungen zurückzuführen. Da die in den Aufbau der organischen Körper eingehende Materie denselben Gesetzen unterworfen ist, würde z.B. im Nervensystem gar nichts andres anzutreffen sein als Moleküle und Atome, die sich bewegen, gegenseitig anziehen und abstoßen. Wenn nun aber alle Körper, die organischen wie die unorganischen, in ihren elementaren Teilen auf diese Weise untereinander agieren und reagieren, wird offenbar der molekulare Zustand des Gehirns in einem gegebenen Momente durch die von der umgebenden Materie auf das Nervensystem ausgeübten Anstöße modifiziert werden, so daß also die in uns aufeinanderfolgenden Empfindungen, Gefühle und Vorstellungen sich als mechanische Resultanten definieren lassen, die durch die Vereinigung der von außen kommenden Anstöße mit den Bewegungen entstehen, von denen die

Atome der Nervensubstanz schon vorher belebt waren. Es kann aber auch das umgekehrte Phänomen eintreten: die Molekularbewegungen, die sich im Nervensystem abspielen, werden nämlich, indem sie sich unter sich selbst oder mit andern Bewegungen vereinigen, häufig zur Resultante eine Reaktion unsres Organismus auf die umgebende Welt haben: daher die Reflexbewegungen, daher auch die sogenannten freien und willkürlichen Handlungen. Da übrigens das Prinzip von der Erhaltung der Energie für ausnahmslos gehalten wird, gibt es weder im Nervensystem noch in der Unendlichkeit des Universums ein Atom, dessen Lage nicht durch die Summe der von den andern Atomen auf es ausgeübten mechanischen Wirkungen bestimmt wäre. Und der Mathematiker, der die Lage der Moleküle oder Atome eines menschlichen Organismus in einem gegebenen Augenblicke wie auch die Lage und die Bewegung aller Atome des Universums, die einen Einfluß darauf auszuüben vermögen, kennte, würde mit unfehlbarer Genauigkeit die vergangenen, gegenwärtigen und zukünftigen Handlungen der Person, der dieser Organismus angehört, berechnen können, so wie man ein astronomisches Phänomen vorhersagt[1].

Wir erkennen ohne weiteres an, daß diese Auffassung der physiologischen Phänomene im allgemeinen und der nervösen Phänomene im besonderen eine ganz natürliche Folge des Gesetzes von der Erhaltung der Kraft darstellt. Die atomistische Theorie von der Materie verbleibt allerdings im Stadium der Hypothese, und die rein kinetischen Erklärungen der physischen Vorgänge verlieren mehr als sie gewinnen, wenn sie sich ihr anschließen. So legen uns die jüngsten Experimente des Herrn *Hirn* über das Ausströmen des Gases[2] nahe, in der Wärme noch etwas anders als eine Molekularbewegung zu erblicken. Die Hypothesen über die Konstitution des lichtleitenden Äthers, die Auguste *Comte* bereits mit ziemlicher Geringschätzung behandelte[3], scheinen sich mit der beobachteten Regelmäßigkeit der Planetenbewegung[4] und insbesondere mit dem Phänomen

1 Siehe hierzu Lange, Geschichte des Materialismus, Bd. II, 2. Abschnitt.
2 Hirn, Recherches expérimentales et analytiques sur les lois de l'écoulement et du choc des gaz, Paris 1886. Siehe hauptsächl. p. 160-171 u. 199-203.
3 Cours de philosophie positive, tome II, 32ᵉ leçon.
4 Hirn, Théorie mécanique de la chaleur, Paris 1868, Bd. II, p. 267.

der Teilung des Lichts[1] nicht gut zu vertragen. Die Frage nach der Elastizität der Atome führt unüberwindliche Schwierigkeiten mit sich, auch nach den glänzenden Hypothesen William Thomson's. Und endlich gibt es nichts problematischeres als die Existenz des Atoms selbst. Aus den immer zahlreicher werdenden Eigenschaften zu schließen, mit denen man es hat ausstatten müssen, hätten wir allen Grund dazu, in ihm nicht ein reales Ding, sondern das materialisierte Residuum mechanistischer Erklärungen zu erblicken. Indessen darf man nicht übersehen, daß die Annahme der notwendigen Determiniertheit der physiologischen Vorgänge durch ihre Antezedentien uns unabhängig von irgendeiner Hypothese über die Natur der letzten Elemente der Materie aufgenötigt wird, und zwar lediglich, weil man das Theorem von der Erhaltung der Energie auf alle lebenden Körper ausdehnt. Denn gibt man die allgemeine Geltung dieses Theorems zu, so nimmt man im Grunde an, daß die materiellen Punkte, aus denen sich das Weltall zusammensetzt, einzig und allein Anziehungs- und Abstoßungskräften unterworfen seien, die von eben jenen Punkten ihren Ausgang nehmen und deren Intensitäten nur von den Entfernungen abhängen: daraus würde folgen, daß die relative Lage dieser materiellen Punkte in einem gegebenen Augenblicke – welches auch ihre Natur sein möge – im Verhältnis zur unmittelbar vorangegangenen Lage aufs strengste determiniert ist. Versetzen wir uns also einen Augenblick auf den Standpunkt dieser letzteren Hypothese; wir gedenken zunächst zu zeigen, daß sie die absolute gegenseitige Determiniertheit unserer Bewußtseinszustände nicht zur Folge hat, und alsdann, daß selbst die durchgängige Geltung des Prinzips von der Erhaltung der Energie nur auf Grund etwelcher psychologischen Hypothese zulässig ist.

Nimmt man nämlich an, daß die Lage, die Richtung und die Geschwindigkeit jedes Atoms der Gehirnmaterie in jedem Augenblicke der Dauer determiniert seien, so würde daraus noch keineswegs folgen, daß auch unser psychisches Leben derselben fatalistischen Notwendigkeit unterworfen

---

[1] Stallo, La matière et la physique moderne, Paris 1884, S. 69 (The concepts and theories of modern physics, London 1882. Deutsche Übers. »Die Begriffe und Theorien der modernen Physik«, Leipzig 1901, Kap. 7, S. 87 ff.).

sei; denn es wäre erst zu beweisen, daß einem gegebenen Gehirnzustand ein streng determinierter psychischer Zustand korrespondiert, und dieser Beweis ist noch zu liefern. Man denkt meistens nicht daran, ihn zu fordern, weil man weiß, daß eine bestimmte Vibration des Trommelfells und somit eine bestimmte Erregung des Gehörnervs einen bestimmten Ton der Skala ergeben und daß der Parallelismus der physischen und psychischen Reihe in einer hinreichend großen Anzahl von Fällen festgestellt worden ist. Aber es hat auch niemand behauptet, daß es uns unter gegebenen Bedingungen freisteht, einen beliebigen Ton zu hören oder eine beliebige Farbe zu sehen. Die Empfindungen dieser Art sind wie viele andere psychische Zustände offenbar an gewisse determinierende Bedingungen geknüpft, und eben deshalb hat man hinter ihnen ein System von Bewegungen ersinnen oder entdecken können, das von unsrer abstrakten Mechanik beherrscht wird. Kurz, überall, wo man eine mechanistische Erklärung zu geben imstande ist, bemerkt man einen nahezu lückenlosen Parallelismus zwischen der physiologischen und psychologischen Reihe, und das ist nicht zu verwundern, da ja die Erklärungen dieser Art gewiß nur dort vorkommen, wo die beiden Reihen parallele Elemente darbieten. Diesen Parallelismus aber auf die Reihen selbst in ihrer Totalität ausdehnen heißt das Problem der Freiheit *a priori* lösen wollen. Das ist sicherlich zulässig, und die größten Denker haben kein Bedenken getragen, es zu tun; dafür haben sie aber auch, wie wir zu allererst erklärten, nicht aus Gründen physischer Natur die strenge Übereinstimmung der Bewußtseinszustände mit den Modi der Ausdehnung behauptet. Leibniz schrieb sie einer prästabilierten Harmonie zu und wollte nicht zugeben, daß die Bewegung in irgendeinem Falle die Perzeption in der Weise erzeugen könne, wie die Ursache ihre Wirkung hervorbringt. Spinoza erklärte, die Modi des Denkens und die Modi der Ausdehnung korrespondierten einander, ohne sich jedoch jemals zu beeinflussen; sie entwickeln nach ihm in zwei verschiedenen Sprachen dieselbe ewige Wahrheit. Das Denken des physischen Determinismus jedoch, wie es in unsern Tagen hervortritt, verrät bei weitem nicht dieselbe Klarheit, dieselbe geometrische Strenge. Man stellt sich im Gehirn ablaufende Molekularbewegungen vor; das Bewußtsein soll dann, ohne daß man weiß wie, gelegentlich aus diesen Bewegungen hervorgehen und deren Spur wie eine Phosphoreszenz erleuchten. Oder man denkt an jenen unsichtbaren Spieler eines Instruments, der hinter der Bühne spielt, während der Schauspieler Tasten berührt, die keinen Ton geben: das Bewußtsein käme dabei aus einer unbekannten Gegend zu den Vibrationen der Moleküle hinzu, wie die Melodie zu den rhythmischen Bewegungen des Schauspielers. Welches Bild man aber auch heranziehen möge, es wird nie gezeigt und nie gezeigt werden, daß der psychische Vorgang durch die Bewegung der Moleküle in notwendiger Weise determiniert werde; denn in einer Bewegung wird man zwar den Grund für eine andere Bewegung finden können, nicht aber den Grund für einen Bewußtseinszustand; nur die Erfahrung allein kann außer Zweifel stellen, daß letzterer die erstere begleitet. Nun ist aber die konstante Verbindung der beiden Termine experimentell nur in einer sehr geringen Anzahl von Fällen nachgewiesen worden, und überdies für Vorgänge, die nach dem Zugeständnisse aller vom Willen fast unabhängig sind. Es ist indessen leicht zu begreifen, weshalb der physische Determinismus diese Verbindung auf alle möglichen Fälle ausdehnen will.

Das Bewußtsein zeigt uns nämlich an, daß die Mehrzahl unserer Handlungen sich aus Motiven erklärt. Andererseits scheint es, als ob hier Determiniertheit nicht Notwendigkeit bedeute, da ja der gemeine Verstand an die freie Willkür glaubt. Der Determinist aber, der infolge seiner Auffassung von der Dauer und der Kausalität, die wir später im einzelnen kritisch würdigen wollen, in einer Täuschung befangen ist, hält die gegenseitige Determinierung der Bewußtseinszustände für absolut. So entsteht der assoziationistische Determinismus, eine Hypothese, zu deren Unterstützung man das Zeugnis des Bewußtseins anruft, die aber auf wissenschaftliche Strenge noch keinen Anspruch erheben kann. Es erscheint natürlich, daß dieser gewissermaßen approximative Determinismus, dieser Determinismus der Qualität, sich nach Stützen aus dem Gebiete desselben Mechanismus umsieht, den man den Naturerscheinungen unterbaut; dieser Mechanismus würde somit jenem Determinismus seinen geometrischen Charakter zur Verfügung stellen, ein Vorgang, der sowohl dem psychologischen Determinismus zustatten käme, der mit größerer Strenge aus ihm hervorginge, wie dem physischen Mechanismus, dem daraus durchgängige Geltung erwüchse. Ein glücklicher Umstand begünstigt diese Annäherung. Die einfachsten psychischen Tatsachen stellen sich wirklich ganz von selbst zugleich mit bestimmten physischen Phänomenen ein, und die Mehrzahl der Empfindungen scheint an gewisse Molekularbewegungen gebunden zu sein. Dieser Ansatz zu einem experimentellen Beweise tut denen vollauf Genüge, die aus psychologischen Gründen bereits die notwendige Determiniertheit unsrer Bewußtseinszustände durch die Umstände, unter denen sie erfolgen, angenommen haben. Fortan tragen sie kein Bedenken, das auf der Bühne des Bewußtseins gespielte Stück für eine stets wortwörtliche und sklavische Übersetzung einiger Szenen zu halten, die die Moleküle und Atome der organisierten Materie aufführen. Der physische Determinismus, zu dem man auf diese Weise gelangt, ist nichts andres als der psychologische, der sich bemüht, eine Bestätigung seiner selbst und eine Fixierung seiner eigenen Umrisse durch Berufung auf die Naturwissenschaften zu finden.

Indessen muß man wohl anerkennen, daß die Freiheit, die uns nach einer strengen Anwendung des Prinzips von der Erhaltung der Kraft verbleibt, ziemlich eingeschränkt ist. Wenn nämlich dies Gesetz auch nicht notwendig auf den Verlauf unsrer Vorstellung einwirkt, so determiniert es zum mindesten unsre Bewegungen. Unser inneres Leben wird demnach bis zu einem gewissen Punkt noch von uns abhängen, für einen außerhalb stehenden Beobachter würde aber der Unterschied zwischen unsrer Aktivität und einem absoluten Automatismus völlig wegfallen. Man wird sich also die Frage vorlegen müssen, ob die Ausdehnung des Prinzips von der Erhaltung der Kraft auf alle Körper in der Natur nicht selbst schon irgendeine psychologische Theorie einschließt, und ob auch der Forscher, der *a priori* keine Voreingenommenheit gegen die menschliche Freiheit mitbrächte, auf den Gedanken käme, dies Prinzip zum Range eines allgemein geltenden Gesetzes zu erheben.

Die Bedeutung der Rolle des Prinzips von der Erhaltung der Energie in der Geschichte der Naturwissenschaften sollte nicht übertrieben werden. In seiner aktuellen Gestalt bezeichnet es eine bestimmte Phase in der Entwicklung gewisser Wissenschaften; es ist aber bei dieser Entwicklung nicht das Hauptmoment gewesen, und man würde im Unrecht sein, wollte man es zum unerläßlichen Postulat aller wissenschaftlichen Forschung erheben. Es ist ja gewiß, daß jede mathematische Operation, die man an einer gegebenen Quantität ausführt, die Permanenz dieser Quantität, wie man sie auch zerlegen möge, während des Verlaufs der Operation voraussetzt. Mit andern Worten, was gegeben ist, ist gegeben, was nicht gegeben ist, ist nicht gegeben, und in welcher Reihenfolge dieselben Termini auch summiert werden mögen, das Resultat wird stets dasselbe sein. Die Wissenschaft wird diesem Gesetze in alle Ewigkeit unterworfen bleiben, das nichts andres ist als das Gesetz der Widerspruchslosigkeit; aber dies Gesetz enthält keine Spezialhypothese über die Natur dessen, was das Gegebene sein soll, noch dessen, was konstant bleiben wird. Es zeigt uns wohl in gewissem Sinne an, daß nichts aus nichts entstehen könne; aber die Erfahrung allein belehrt uns darüber, welches die Aspekte oder Funktionen der Wirklichkeit sind, die wissenschaftliche Bedeutung beanspruchen dürfen, und welches die Aspekte oder Funktionen der Wirklichkeit seien, die wissenschaftliche Bedeutung beanspruchen dürfen, und welches die sind, denen vom Standpunkt der positiven Wissenschaft keine Bedeutung zukommen darf. Kurz, um dem Zustand eines bestimmten Systems in einem bestimmten Zeitpunkt vorhersehen zu können, muß unweigerlich dabei irgend etwas in konstanter Quantität durch eine Reihe von Kombinationen hindurch erhalten bleiben; der Erfahrung aber kommt es zu, ein Urteil über die Natur dieses Etwas zu fällen, und insbesondere uns darüber aufzuklären, ob es in allen möglichen Systemen anzutreffen ist, ob mit andern Worten alle möglichen Systeme sich unsern Berechnungen fügen. Es ist nicht nachgewiesen, daß alle Physiker vor Leibniz an die Erhaltung ein und derselben Quantität von Bewegung im Weltganzen geglaubt hätten, wie Descartes es tat; sind etwa deswegen ihre Entdeckungen weniger wertvoll oder ihre Forschungen weniger erfolgreich gewesen? Selbst als Leibniz an die Stelle dieses Prinzips das von der Erhaltung der lebendigen Kraft gesetzt hatte, konnte das also formulierte Gesetz nicht als ein ganz allgemeines angesehen werden, da es eine offenbare Ausnahme im Falle des zentralen Anpralls zweier unelastischer Körper zuließ. Man ist also sehr lange Zeit hindurch ohne ein Erhaltungsprinzip von universeller Geltung ausgekommen. In seiner gegenwärtigen Form und seit der Aufstellung der mechanischen Wärmetheorie scheint das Prinzip von der Erhaltung der Energie allerdings auf das Gesamtgebiet der physisch-chemischen Phänomen anwendbar geworden zu sein. Damit ist aber nicht gesagt, daß die Erforschung der physiologischen Phänomene im allgemeinen und der nervösen im besonderen uns nicht neben der lebendigen Kraft oder kinetischen Energie, von der Leibniz sprach, und neben der potentiellen Energie, die man ihr später hat hinzufügen müssen, noch irgendeine Energie von neuer Art erschließen wird, die sich von den beiden andern darin unterscheidet, daß sie sich der rechnerischen Behandlung nicht fügt. Die Naturwissenschaften würden dadurch nichts von ihrer Genauigkeit und geometrischen Strenge einbüßen, wie das neuerdings behauptet worden ist; es würde nur zu gelten haben, daß die Erhaltungssysteme nicht die einzig möglichen sind, oder vielleicht sogar, daß diese Systeme im Ganzen der konkreten Wirklichkeit dieselbe Rolle spielen wie das Atom des Chemikers in den Körpern und ihren Verbindungen. Beachten wir, daß der radikalste Mechanismus der ist, der aus dem Bewußtsein ein *Epiphänomen* macht, das sich unter gegebenen Umständen gewissen molekularen Bewegungen beigesellen kann. Wenn aber die Molekularbewegung mit einem Nichts an Bewußtsein Empfindung zu erzeugen vermag, weshalb sollte dann nicht das Bewußtsein seinerseits entweder mit einem Nichts an kinetischer oder potenzieller Energie, oder mit Benutzung dieser Energie auf seine besondere Art und Weise Bewegung erzeugen können? – Beachten wir ferner, daß jede verständliche Anwendung des Gesetzes von der Erhaltung der Energie stets einem System gegenüber stattfindet, dessen Punkte bewegungsfähig und auch imstande sind, in ihre ursprüngliche Lage zurückzukehren. Man nimmt wenigstens dieses Zurückkehren als möglich an und gibt zu, daß unter diesen Bedingungen am ursprünglichen Zustand des ganzen Systems und seiner elementaren Teile nichts geändert sein würde. Kurz, die Zeit könnte ihm nichts anhaben; und der verworrene und instinktive Glaube der Menschheit an die Erhaltung ein und derselben Quantität der Materie und Kraft beruht vielleicht grade darauf, daß die träge Materie nicht zu dauern scheint oder wenigstens keine Spur der abgelaufenen Zeit aufbewahrt. Auf dem Gebiete des

Lebens aber liegt die Sache anders. Hier scheint die Dauer allerdings nach Art einer Ursache zu wirken, und die Vorstellung von einer Wiederbeförderung der Dinge an ihre ursprüngliche Stelle nach Ablauf einer gewissen Zeit enthält eine Art Absurdität, da ein derartiges Zurückkehren zu seiner Vergangenheit bei einem Lebewesen sich noch nie ereignet hat. Wenn wir aber auch zugeben, die Absurdität sei lediglich scheinbar und beruhe darauf, daß die physisch-chemischen Phänomen, die in den lebenden Körpern vor sich gehen, bei ihrer unendlichen Verwickeltheit keinerlei Aussicht haben, sich jemals alle auf einmal zu wiederholen, so wird man uns doch mindestens einräumen, daß die Hypothese eines Zurückkehrens in die Vergangenheit auf dem Gebiete der Bewußtseinstatsachen vollends unbegreiflich wird. Eine Empfindung modifiziert sich schon allein dadurch, daß sie andauert, so sehr, daß sie unerträglich wird. Dasselbe bleibt hier nicht dasselbe, sondern verstärkt sich und nimmt seine ganze Vergangenheit in sich auf. Kurz, wenn der materielle Punkt, wie ihn die Mechanik verstanden wissen will, in einer ewigen Gegenwart verharrt, ist die Vergangenheit vielleicht für die lebenden Körper, jedenfalls aber für die bewußten Wesen eine Realität. Während für ein als beharrend angenommenes System die abgelaufene Zeit weder Gewinn noch Verlust bedeutet, ist sie für das lebende Wesen ohne Zweifel und für das bewußte Wesen ganz unbestreitbar ein Gewinn. Läßt sich unter diesen Umständen nicht eine Präsumption geltend machen zugunsten der Hypothese einer bewußten Kraft oder eines freien Willens, einer Kraft, die der Wirkung der Zeit unterworfen wäre und die Dauer aufspeicherte, und gerade dadurch dem Gesetze von der Erhaltung der Energie entginge?

In Wahrheit ist nicht die Notwendigkeit, die Wissenschaft zu fundamentieren, sondern vielmehr ein Irrtum psychologischer Natur die Veranlassung dafür geworden, daß dies abstrakte mechanistische Prinzip zum Range eines durchgängig geltenden Gesetzes erhoben wurde. Da wir nicht die Gewohnheit haben, uns selbst direkt zu beobachten, sondern uns durch Formen hindurch gewahr werden, die wir der Außenwelt entnommen haben, so glauben wir schließlich, daß die wirkliche Dauer, die Dauer, die das Bewußtsein erlebt, dieselbe sei wie jene Dauer, die über die trägen Atome hingleitet, ohne sie im geringsten zu verändern. Infolgedessen übersehen wir die Absurdität, die darin liegt, nach geschehenem Zeitablauf die Dinge an ihre Stelle zurückzuversetzen, annehmen zu wollen, daß dieselben Motive wiederum auf dieselben Personen wirken, und daraus den Schluß zu ziehen, diese Ursachen würden wieder dieselbe Wirkung hervorbringen. Wir beabsichtigen, etwas weiterhin zu zeigen, daß diese Hypothese unverständlich ist. Beschränken wir uns vorläufig darauf zu konstatieren, daß, wenn man sich erst einmal auf diese Bahn begeben hat, die unausweichlich notwendige Folge die Erhebung des Prinzips von der Erhaltung der Energie zum universellen Gesetz ist. Man hat eben gerade von dem fundamentalen Unterschied abstrahiert, den uns eine aufmerksame Untersuchung zwischen der äußeren und der inneren Welt enthüllt: man hat die wahre mit der scheinbaren Dauer identifiziert. Fortan wäre es absurd, die Zeit, sogar die unsre, jemals als die Ursache eines Gewinnes oder Verlustes, als eine konkrete Realität, als eine Kraft von eigener Art zu betrachten. Auch wenn man sich, abgesehen von jeder Hypothese über die Freiheit, darauf beschränken wollte zu behaupten, daß das Gesetz von der Erhaltung der Energie die physischen Phänomene beherrscht und dabei seiner Bestätigung durch die psychischen Tatsachen entgegensieht, geht man unendlich weit über diesen Satz hinaus und nimmt unter dem Einfluß eines metaphysischen Vorurteils im voraus in Anspruch, daß das Prinzip von der Erhaltung der Energie solange auf die Gesamtheit der Erscheinungen anwendbar bleibe, als die psychischen Tatsachen ihm nicht zuwiderlaufen. Die Naturwissenschaft im engeren Sinne hat also hier nichts zu suchen; wir haben es mit einer willkürlichen Gleichsetzung zweier Auffassungen von der Dauer zu tun, die nach unsrer Ansicht wesentlich verschieden sind. Kurz, der angebliche physische Determinismus läßt sich im Grunde auf einen psychologischen zurückführen, und diese letztere Lehre gilt es, wie wir schon anfangs erklärt hatten, einer Untersuchung zu unterziehen.

Der psychologische Determinismus in seiner schärfsten und jüngsten Form schließt eine assoziationistische Auffassung des Geistes in sich. Man stellt sich den augenblicklichen Zustand des Bewußtseins als durch die vorangehenden Zustände nezessitiert vor, fühlt aber dabei doch, daß es sich hier nicht um eine geometrische Notwendigkeit handelt gleich der z.B., die eine Resultante mit den Bewegungen verbindet, aus denen sie zusammengesetzt ist. Denn zwischen sukzessiven Bewußtseinszuständen besteht ein Qualitätsunterschied, infolgedessen es nie gelingen wird, einen unter ihnen a *priori* aus den vorangegangenen abzuleiten. Man wendet sich dann an die Erfahrung und sucht in ihr den Nachweis, daß der Übergang von einem psychischen Zustand zum folgenden sich stets durch irgendeinen einfachen Grund erkläre, wobei der zweite Zustand gewissermaßen dem Anrufe des ersten Folge leiste. Die Erfahrung zeigt dies in der Tat; und wir geben, was uns betrifft, ohne weiteres zu, daß eine Beziehung zwischen dem augenblicklichen Zustand des Bewußtseins und jedem neuen Zustand, in den es übergeht, wirklich besteht. Ist aber diese Beziehung, die den Übergang erklärt, auch seine Ursache?

Es sei uns erlaubt, hier eine Beobachtung vorzutragen, die wir persönlich gemacht haben. Bei Gelegenheit der Wiederaufnahme eines wenige Augenblicke lang unterbrochenen Gesprächs haben wir und unser Mitunterredner die Bemerkung gemacht, daß wir an einen neuen Gegenstand gleichzeitig dachten. – Man wird sagen, das komme daher, daß jeder von uns seinerseits die natürliche Entwicklung der Vorstellung weiter verfolgt habe, bei der das Gespräch stehengeblieben war; auf beiden Seiten habe sich dieselbe Assoziationsreihe gebildet. – Wir würden diese Interpretation für eine ziemlich große Anzahl von Fällen unbedenklich annehmen; aber eine sorgfältige Untersuchung hat unsre Aufmerksamkeit hier auf ein unerwartetes Resultat gelenkt. Gewiß knüpfen die beiden Unterredner den neuen Gesprächsgegenstand an den alten an; sie werden sogar die dazwischenliegenden Vorstellungen angeben können; aber, seltsam genug, sie werden die neue gemeinsame Vorstellung nicht immer an denselben Punkt des vorangegangenen Gesprächs anzuknüpfen vermögen, und die beiden vermittelnden Assoziationsreihen können radikal voneinander abweichen. Welch anderer Schluß wäre aber hieraus zu ziehen als der, daß diese gemeinsame Vorstellung einer unbekannten Ursache entsprungen ist – vielleicht einem physischen Einflusse – und daß sie, um ihr Auftreten zu legitimieren, eine Reihe von Antezedentien aufgerufen hat, die zu ihrer Erklärung dienen, die ihre

Ursache zu sein scheinen und dennoch ihre Wirkung sind?

Wenn jemand zur angegebenen Zeit die im Zustand der Hypnose empfangene Suggestion ausführt, wird nach seiner Meinung die von ihm vollzogene Handlung durch die vorangegangene Reihe seiner Bewußtseinszustände herbeigeführt. Dennoch sind diese Zustände in Wirklichkeit Wirkungen und nicht Ursachen: die Handlung mußte vollzogen werden: der Hypnotisierte mußte sie sich auch erklären; und die künftige Handlung war es, die durch eine Art Anziehungskraft die stetige Reihe psychischer Zustände determinierte, aus der sie nachher ungezwungen hervorgehen konnte. Die Deterministen werden sich dieses Arguments bemächtigen; es beweist nämlich, daß wir zuweilen den unwiderstehlichen Einfluß eines fremden Willens erleiden. Könnte es aber nicht ebensogut uns zum Verständnis dafür dienlich sein, wie es kommt, daß unser eigener Wille imstande ist zu wollen, um zu wollen, und dann die vollzogene Handlung durch Antezedentien erklärlich zu machen, von denen sie doch die Ursache gewesen ist?

Bei gewissenhafter Selbstbefragung werden wir bemerken, daß wir gelegentlich Motive gegeneinander abwägen und mit uns zu Rate gehen in Fällen, wo unser Entschluß bereits feststeht. Eine kaum vernehmbare innere Stimme flüstert uns zu: »Weshalb diese Erwägung? Du kennst ja ihren Ausgang und du weißt gar wohl, was du tun wirst.« Doch was tut es! Es scheint, als ob wir ein Interesse hätten, das Prinzip des Mechanismus unverletzt zu erhalten und uns mit den Gesetzen der Assoziation der Vorstellungen in Übereinstimmung zu bringen. Das plötzliche Auftreten des Willens ist wie ein Staatsstreich, den unser Verstand vorausahnt und den er durch eine regelrechte Erwägung im voraus legitimiert. Man könnte sich allerdings fragen, ob der Wille, selbst wenn er will, um zu wollen, nicht irgendeinem entscheidenden Grunde Folge leistet, und ob das Wollen um des Wollens willen ein freies Wollen sein kann. Vorläufig wollen wir hierauf nicht näher eingehen. Es genügt uns, gezeigt zu haben, daß es, selbst wenn man sich auf den Standpunkt der Assoziationspsychologie stellt, schwer wird, die absolute Determination der Handlung durch ihre Motive und unserer Bewußtseinszustände durcheinander zu behaupten. Unter diesem trügerischen Schein enthüllt uns eine aufmerksamere Psychologie gelegentlich Wirkungen, die ihren Ursachen vorangehen, und Phänomene psychischer Anziehung, die sich den bekannten Gesetzen der Vorstellungsassoziation entziehen. – Es ist nun aber der Moment gekommen, wo wir uns fragen müssen, ob nicht gerade der Standpunkt, auf den der Assoziationismus sich stellt, eine mangelhafte Auffassung vom Ich und der Mannigfaltigkeit der Bewußtseinszustände einschließt.

Der assoziationistische Determinismus stellt sich das Ich als eine Vereinigung psychischer Zustände vor, von denen der stärkste einen überwiegenden Einfluß ausübt und die andern mit sich fortzieht. Diese Lehre sondert also die coexistierenden psychischen Tatsachen genau voneinander ab: »Ich hätte«, sagt Stuart Mill, »mich des Totschlags enthalten können, wenn meine Abneigung gegen das Verbrechen und meine Furcht vor seinen Folgen stärker gewesen wäre als die Versuchung, die mich zu seiner Verübung antrieb«[1]. Und ein wenig weiterhin: »Sein Wunsch, das Gute zu tun und seine Abneigung gegen das Böse sind stark genug ... jeden andern entgegengesetzten Wunsch oder jede andre entgegengesetzte Abneigung zu überwinden«[2]. Hier werden also der Wunsch, die Abneigung, die Furcht, die Versuchung wie wohlunterschiedene Dinge dargestellt, die im gegenwärtigen Falle auch ohne Schwierigkeit gesonderte Benennungen finden. Sogar wenn er diese Zustände mit dem Ich verknüpft, das sie erleidet, läßt es sich der englische Philosoph nicht nehmen, scharfe Unterscheidungen zu machen: »Der Konflikt findet ... zwischen mir, der eine Lust wünscht, und mir, der die Reue fürchtet, statt«[3]. – Alexander Bain widmet seinerseits dem »Konflikt der Motive«[4] ein ganzes Kapitel. Er wägt dort die Lust- und Schmerzgefühle gegeneinander ab, als wären sie lauter Termini, denen man, wenigstens in der Abstraktion, eine eigene Existenz zuschreiben dürfte. Vergessen wir auch nicht, daß selbst die Gegner des Determinismus ihn bereitwillig auf diesen Boden begleiten, daß sie gleichfalls von Vorstellungsassoziationen und Konflikten der Motive reden und daß

1 Examination of Sir William Hamilton's Philosophy, London 1867, S. 567.
2 Ebenda S. 569.
3 Ebenda S. 569.
4 The Emotions and the will, Kap. VI.
1 Fouillée, La liberté et le déterminisme.

einer der tiefsten unter diesen Philosophen, Fouillée, kein Bedenken trägt, die Vorstellung der Freiheit selbst zu einem Motiv zu machen, das andren gegenüber ein Gegengewicht abzugeben imstande sein soll[1]. – Man ist indessen hier einer schwerwiegenden Vermengung ausgesetzt, die darauf zurückgeht, daß die Sprache nicht geeignet ist, alle Nuancen der inneren Zustände auszudrücken.

Ich stehe z.B. auf, um das Fenster zu öffnen, und nun trifft es sich, daß ich, nachdem ich kaum aufgestanden bin, vergessen habe, was zu tun ist: ich bleibe unbeweglich stehen. – Man wird sagen, sehr einfach; es sind eben zwei Vorstellungen assoziiert worden, nämlich die Vorstellung eines zu erreichenden Ziels und die einer auszuführenden Bewegung: die eine dieser Vorstellungen ist entschwunden, und es ist nur mehr die Bewegungsvorstellung übriggeblieben. – Ich setze mich indessen nicht wieder nieder; ich fühle verworren, daß mir noch etwas zu tun bleibt. Meine Unbeweglichkeit ist somit nicht irgendeine beliebige; in der Stellung vielmehr, in der ich mich eben befinde, ist die auszuführende Handlung gleichsam präformiert; auch brauche ich diese Stellung nur beizubehalten, sie aufs genaueste zu prüfen oder vielmehr zu fühlen, um in ihr die einen Augenblick lang entschwundene Vorstellung wiederzufinden. Es muß also doch wohl diese Vorstellung dem inneren Bilde der angefangenen Bewegung und der angenommenen Stellung eine besondere Färbung mitgeteilt haben, und diese Färbung wäre jedenfalls nicht dieselbe gewesen, wenn das zu erreichende Ziel ein andres gewesen wäre: dennoch hätte die Sprache auch dann Bewegung und Stellung auf die gleiche Weise zum Ausdruck gebracht; und der Assoziationspsychologe hätte die beiden Fälle mit der Erklärung voneinander unterschieden, daß mit derselben Bewegungsvorstellung diesmal die Vorstellung eines neuen Ziels assoziiert gewesen sei: als ob nicht eben die Neuheit des zu erreichenden Ziels die Vorstellung der auszuführenden Bewegung, wäre sie auch räumlich identisch, in ihrer Nuance verändern würde! Man dürfte also nicht sagen, daß die Vorstellung einer gewissen Stellung sich im Bewußtsein mit dem Bilde mehrerer zu erreichender Ziele verbinden kann, sondern vielmehr, daß geometrisch identische Stellungen sich dem

1 Examination of Sir William Hamilton's Philosophy, London 1867, S. 564.

Bewußtsein des Subjekts je nach dem vorgestellten Ziele unter verschiedenen Formen darbieten. Der Assoziationismus hat unrecht, wenn er zuerst das qualitative Element der zu vollziehenden Handlung ausschaltet, um nur das Geometrische und Unpersönliche daran beizubehalten; mit der solcherweise farblos gewordenen Vorstellung dieser Handlung mußte dann irgendein spezifischer Unterschied assoziiert werden, um sie von vielen andern unterscheiden zu können. Diese Assoziation ist aber vielmehr das Werk des meinen Geist erforschenden Assoziationsphilosophen als das meines Geistes selbst.

Ich atme den Duft einer Rose ein und alsbald kommen mir verworrene Erinnerungen aus meinen Kinderjahren ins Gedächtnis. In Wahrheit sind diese Erinnerungen nicht durch den Rosengeruch erst wachgerufen worden; ich atme sie im Dufte selbst mit ein; er ist mir dies alles. Andere werden ihn anders empfinden. – Man wird nun sagen, es handle sich stets um denselben Wohlgeruch; nur sei er jeweils mit verschiedenen Vorstellungen assoziiert. – Ich gebe zu, daß man sich so ausdrückt; nur darf man dabei nicht vergessen, daß aus den verschiedenartigen Eindrücken, die die Rose auf jeden von uns macht, das Persönliche erst ausgeschaltet und nur ihr objektiver Aspekt festgehalten worden ist, nämlich das, was im Rosenduft dem Gebiete des für alle Gemeinsamen, mit einem Worte, dem Raum angehört. Nur unter dieser Bedingung hat man ja auch der Rose und ihrem Geruch einen Namen erteilen können. Um unsre persönlichen Eindrücke voneinander zu unterscheiden, hat man dann aber der allgemeinen Vorstellung von einer Rose spezifische Charaktere hinzufügen müssen. Und nun behauptet man, unsre verschiedenen Eindrücke, unsre persönlichen Eindrücke gingen daraus hervor, daß wir an den Rosenduft verschiedene Erinnerungen assoziieren. Die in Rede stehende Assoziation existiert aber doch nur für die Behauptenden und nur als Erklärungsmittel. Auf solche Weise wird man etwa durch Nebeneinanderstellung gewisser Buchstaben eines vielen Sprachen gemeinsamen Alphabets, so gut es eben gehen will, einen charakteristischen Laut, der einer bestimmten Sprache eigentümlich ist, wiedergeben können; keiner dieser Buchstaben aber hatte dazu gedient, den Laut selbst zusammenzusetzen.

Wir kommen somit auf die von uns oben gemachte Unterscheidung zwischen der Mannigfaltigkeit der Verschmelzung oder gegenseitigen Durchdringung zurück. Ein Gefühl, eine Vorstellung schließt eine unbegrenzte Pluralität von Bewußtseinstatsachen in sich ein; diese Pluralität wird aber nur vermittelst einer Art von Entfaltung in jenes homogene Medium zur Erscheinung gelangen, das einige Dauer nennen, das aber in Wirklichkeit Raum ist. Wir gewahren dann einander äußerliche Termini, und diese Termini werden nicht mehr die Bewußtseinstatsachen als solche sein, sondern ihre Symbole oder, genauer gesprochen, die Worte, die sie ausdrücken. Wie wir gezeigt haben, besteht eine innige Korrelation zwischen dem Vermögen, ein homogenes Medium wie den Raum vorzustellen, und dem Vermögen, in allgemeinen Vorstellungen zu denken. Sobald man sich von einem Bewußtseinszustand Rechenschaft zu geben und ihn zu analysieren sucht, wird sich dieser im eminenten Sinne persönliche Zustand in unpersönliche Elemente auflösen, die einander äußerlich sind und von denen jedes einzelne eine Gattungsvorstellung erweckt und durch ein Wort ausgedrückt wird. Wenn aber unsre Vernunft, ausgestattet mit der Raumvorstellung und der Fähigkeit, Symbole zu erzeugen, diese vielfachen Elemente dem Ganzen entnimmt, so folgt daraus noch nicht, daß sie auch darin enthalten gewesen wären Denn im Schoß des Ganzen nahmen sie keinen Raum ein und verlangten sie nicht nach Ausdruck in Symbolen; sie durchdrangen sich gegenseitig und verschmolzen ineinander. Der Assoziationismus begeht also den Fehler, den konkreten Phänomenen, die sich im Geiste abspielen, fortwährend ihre künstliche Rekonstruktion, wie sie die Philosophie an die Hand gibt, zu substituieren und auf diese Weise die Erklärung der Tatsache mit der Tatsache selbst zu vermengen. Dies wird übrigens um so deutlicher hervortreten, je tiefer und umfassender die Seelenzustände sind, die man in Betracht zieht.

Das Ich berührt sich nämlich an der Oberfläche mit der äußeren Welt, und da diese Oberfläche den Abdruck der Dinge festhält, wird das Ich Termini durch Kontiguität assoziieren, die es als nebeneinandergeordnete perzipiert hatte: Verbindungen solcher Art nun, Verbindungen ganz einfacher und sozusagen unpersönlicher Empfindungen entspricht die Assoziationstheorie. Je tiefer man aber unter diese Oberfläche gräbt, je mehr das Ich wieder es selbst wird, desto mehr hören auch seine Bewußtseinszustände auf, sich nebeneinanderzuordnen, um sich dafür gegenseitig zu durchdringen und ineinander zu verschmelzen, wobei die einzelnen die Färbung aller übrigen annehmen. So hat jeder von uns seine besondere Art zu lieben und zu hassen, und diese Liebe, dieser Haß spiegeln unsre Gesamtpersönlichkeit wieder. Die Sprache indessen bezeichnet diese Zustände bei allen Menschen durch dieselben Worte; auch hat sie nur den objektiven und unpersönlichen Aspekt der Liebe, des Hasses und der Tausenden von Gefühlen festhalten können, die die Seele bewegen. Wir beurteilen die Begabung eines Romanschriftstellers nach der Kraft, mit der er Gefühle und Vorstellungen aus dem öffentlichen Gebiete, wohin die Sprache sie hinabgezogen hatte, heraushebt, indem er ihnen durch eine Mannigfaltigkeit aneinandergereihter Einzelheiten ihre ursprüngliche und lebendige Individualität wiederzugeben sucht. So wenig aber durch unbegrenztes Einschalten von Punkten zwischen zwei Lagen eines bewegten Körpers der durchlaufene Raum jemals auszufüllen ist, ebensowenig läßt sich durch das bloße Sprechen, durch das bloße Assoziieren von Vorstellungen untereinander und dadurch, daß diese Vorstellungen sich nebeneinanderreihen anstatt sich zu durchdringen, das wiedergeben, was unsre Seele fühlt; der Gedanke bleibt inkommensurabel mit der Sprache.

Es ist also eine grobe, von der Sprache irregeleitete Psychologie, die die Seele von einer Sympathie, einer Abneigung oder einem Haß determiniert sein läßt, als wären dies lauter auf sie drückende Kräfte. Jedes dieser Gefühle repräsentiert, vorausgesetzt, daß es einen hinreichenden Grad von Tiefe erlangt hat, die ganze Seele in dem Sinne, daß sich in jedem von ihnen der gesamte Seeleninhalt spiegelt. Sagt man also, daß die Seele unter dem Einfluß irgendeines dieser Gefühle determiniert werde, so heißt das anerkennen, daß sie sich selbst determiniert. Der Assoziationist führt das Ich auf ein Aggregat von Bewußtseinstatsachen, auf Empfindungen, Gefühle und Vorstellungen zurück. Sieht er aber in diesen verschiedenen Zuständen nichts andres als was ihre Namen ausdrücken, hält er nur ihren unpersönlichen Aspekt fest, so kann er sie unbegrenzt aneinanderreihen, ohne jemals etwas andres als ein Phantom-Ich zu erhalten, den Schatten des Ich, das sich in dem Raum projiziert. Wenn er dagegen diese psychischen Zustände mit der besonderen Nuance erfaßt, die sie bei einer bestimmten Person besitzen und die jedem einzelnen davon durch den Reflex sämtlicher andern zukommt, dann bedarf es keiner Assoziation mehrerer Bewußtseinstatsachen, um so die Persönlichkeit wieder zusammenzusetzen: sie ist dann in einer einzigen solchen Tatsache voll und ganz enthalten, vorausgesetzt, daß man sie auszuwählen versteht. Und die Äußerung dieses inneren Zustands wird gerade das sein, was man eine freie Handlung nennt, weil dann das Ich allein ihr Urheber gewesen ist, weil sie das ganze Ich zum Ausdruck gebracht hat. In diesem Sinne kommt der Freiheit nicht jener absolute Charakter zu, den ihr der Spiritualismus zuweilen verleihen möchte; sie läßt vielmehr Abstufungen zu. – Denn es ist durchaus nicht an dem, daß alle Bewußtseinszustände sich mit ihresgleichen mischen wie Regentropfen mit dem Wasser eines Teichs. Das Ich bietet, insofern es einen homogenen Raum perzipiert, eine gewisse Oberfläche dar, und auf dieser Oberfläche können voneinander unabhängige Vegetationen sich bilden und lose treiben. Eine im hypnotischen Zustand empfangene Suggestion z.B. wird der Masse der Bewußtseinsvorgänge nicht einverleibt; sondern ausgestattet wie sie ist mit eigener Lebensfähigkeit, wird sie sich der Person selbst substituieren, sobald ihre Stunde geschlagen hat. Ein heftiger Zorn, den irgend welche Gelegenheitsumstände aufgeregt haben, ein Erbfehler, der mit einem Male aus den dunklen Tiefen des Organismus an die Oberfläche des Bewußtseins auftaucht, werden ähnlich wie eine hypnotische Suggestion wirken. Neben diesen unabhängigen Termini wird man verwickeltere Reihen finden, deren Elemente sich zwar gegenseitig durchdringen, die aber nie dazu gelangen, ihrerseits mit der kompakten Masse des Ich vollständig zu verschmelzen. Hierher gehört der Komplex von Gefühlen und Vorstellungen, die uns von einer übelverstandenen Erziehung herkommen, von einer Erziehung, die sich mehr an das Gedächtnis wendet als an das Urteil. Hier bildet sich im Schoß des fundamentalen Ich ein parasitäres Ich, das fortwährend auf das Gebiet des andern übergreift. Viele leben so und sterben, ohne die wahre Freiheit gekannt zu haben. Die Suggestion aber würde Überzeugung werden, wenn das ganze Ich sie sich assimilierte; die Leidenschaft, auch wo sie sich plötzlich entlädt, würde nicht mehr denselben Charakter der Fatalität besitzen, wenn sich, wie in der Entrüstung des Alcest, die ganze Geschichte der Person darin widerspiegelte; und die autoritativste Erziehung würde unsrer Freiheit keinen Abbruch tun, vorausgesetzt, daß sie uns Vorstellungen und Gefühle vermittelt, die die ganze Seele zu durchdringen geeignet wären. Der freie Entschluß nämlich entspringt aus der ganzen Seele und die Handlung wird um so freier sein, je mehr die dynamische Reihe, an die sie geknüpft ist, eins zu werden tendiert mit dem fundamentalen Ich.

So verstanden sind die freien Handlungen selten, auch auf Seite derer, die am meisten gewohnt sind, sich selbst zu beobachten und darüber nachzudenken, was sie tun. Wir haben gezeigt, daß wir uns meistenteils in einer durch den Raum hindurch gebrochenen Beleuchtung erblicken, daß unsre Bewußtseinszustände sich zu Worten verfestigen, und unser konkretes, unser lebendiges Ich von einer äußerlichen Krise psychischer Tatsachen mit scharfen Umrissen bedeckt ist, die voneinander getrennt und folglich fixiert sind. Wir haben hinzugefügt, daß wir im Interesse der Bequemlichkeit der Sprache und der Erleichterung der sozialen Beziehungen allen Anlaß haben, diese Kruste nicht zu durchbrechen und uns dabei zu beruhigen, daß sie die Gestalt des von ihr überdeckten Gegenstandes getreulich wiedergebe. Nunmehr werden wir sagen müssen, daß unsre täglichen Handlungen weit weniger auf unsre Gefühle selbst in ihrer unbegrenzten Beweglichkeit als ihre Quelle zurückgehen, als auf die unveränderlichen Bilder, an die diese Gefühle geknüpft sind. Morgens, wenn die Stunde schlägt, zu der ich aufzustehen pflege, könnte ich diesen Eindruck nach Platons Ausdrucksweise ξὺν ὅλῃ τῇ ψυχῇ empfangen; ich könnte ihn mit der verworrenen Masse der mich beschäftigenden Eindrücke verschmelzen lassen; vielleicht würde er mich in diesem Falle nicht zum Handeln bestimmen. Meistens aber beschränkt sich dieser Eindruck, anstatt mein ganzes Bewußtsein wie ein ins Wasser eines Bassins fallender Stein zu erregen, darauf, eine Vorstellung aufzuwecken, die sozusagen verfestigt an der Oberfläche lag, nämlich die Vorstellung des Aufstehens und der Befassung mit meinen täglichen Obliegenheiten. Dieser Eindruck und diese Vorstellung sind im Lauf der Zeit miteinander eine Verbindung eingegangen. Auch folgt die Handlung auf den Eindruck, ohne daß meine Persönlichkeit dabei interessiert wäre: ich bin in diesem Falle ein mit Bewußtsein ausgestatteter Automat, und zwar, weil ich den größten Vorteil habe, es zu sein. Es würde sich bei näherer Betrachtung herausstellen, daß die Mehrzahl unserer täglichen Handlungen sich auf diese Art vollziehen und daß dank der Verfestigung gewisser Empfindungen, gewisser Gefühle und gewisser Vorstellungen in unserm Gedächtnis die von außen anlangenden Eindrücke unsrerseits Bewegungen hervorrufen, die, wenn wir sie auch bewußt und sogar intelligent ausführen, dennoch mit Reflexhandlungen viel Gemeinsames haben. Diese zwar sehr zahlreichen, doch meistens belanglosen Handlungen sind es, auf die die Assoziationstheorie anwendbar ist. Sie machen in ihrer Vereinigung das Substrat unsrer freien Aktivität aus und spielen dieser Aktivität gegenüber dieselbe Rolle wie unsre organischen Funktionen im Verhältnis zur Gesamtheit unsres bewußten Lebens. Wir räumen dem Determinismus übrigens gerne ein, daß wir in gewichtigeren Fällen häufig unsre Freiheit preisgeben und daß wir aus Trägheit oder Schlaffheit eben diesen lokalen Prozeß sich vollziehen lassen, wo doch unsre ganze Persönlichkeit sozusagen mitklingen sollte. Wenn unsre zuverlässigsten Freunde uns einhellig eine wichtige Handlung anraten, lassen sich die Gefühle, denen sie mit solcher Dringlichkeit Ausdruck verleihen, auf der Oberfläche unsres Ich nieder und verfestigen sich dort wie die Vorstellungen, von denen eben die Rede war. Allmählich bilden sie dort eine dichte Kruste, die unsre persönlichen Gefühle überzieht; wir werden frei zu handeln glauben, und erst später, wenn wir reflektieren, werden wir unsern Irrtum einsehen. Nicht selten ist es aber auch der Fall, daß im Augenblick, wo die Handlung stattfinden soll, ein Gegenstoß erfolgt. Nun steigt das untere Ich an die Oberfläche empor. Nun bricht die äußere Kruste und weicht einem unwiderstehlichen Drucke. In den Tiefen dieses Ich und unterhalb jener sehr verständig nebeneinandergereihten Argumente begann es zu sieden, und dadurch entstand eine wachsende Spannung von Gefühlen und Vorstellungen, die zwar gewiß nicht unbewußt waren, die wir aber nicht beachten wollten. Wenn wir gründlich auf uns reflektieren und sorgfältig unsre Erinnerungen einsammeln, werden wir uns überzeugen, daß wir diese Vorstellungen selbst gebildet, diese Gefühle selbst erlebt haben, daß wir sie aber infolge eines unerklärlichen Widerstrebens des Willens jedesmal in die dunklen Tiefen unsres Wesen zurückstießen, wenn sie an die Oberfläche auftauchen wollten. Aus diesem Grunde suchen wir uns vergeblich die plötzliche Wandlung unseres Entschlusses aus den ihr vorangegangenen, offen vor Augen liegenden Umständen zu erklären. Wir wollen wissen, aus welchem Grunde wir uns so entschieden haben, und wir finden, daß wir uns ohne Gründe entschieden haben, vielleicht sogar gegen alle Gründe. In gewissen Fällen ist aber gerade das der beste aller Gründe. Denn die vollzogene Handlung drückt dann nicht mehr eine oberflächliche, uns beinahe äußerliche, wohlunterschiedene und sprachlich leicht formulierbare Vorstellung aus: sie entspricht vielmehr dem Ganzen unsrer innigsten Gefühle, Gedanken und Aspirationen, jener besondern Lebensauffassung, die das Äquivalent unsrer gesamten vergangenen Erfahrung ist, kurz, unsrer persönlichen Vorstellung von Glück und Ehre. Man hatte daher unrecht, wenn man zum Beweise dafür, daß der Mensch ohne Motiv eine Wahl zu treffen imstande sei, in den gewöhnlichen und sogar indifferenten Verhältnissen des Lebens nach Beispielen suchte. Es wäre ein leichtes zu zeigen, daß diese belanglosen Handlungen an irgendein bestimmtes Motiv geknüpft sind. Nein: in den schicksalsschweren Stunden, wo es sich um die Meinung handelt, die wir anderen und vornehmlich uns selbst von uns geben werden, da wählen wir ohne jegliche Acht dessen, was man gemeinhin ein Motiv nennt; und dieses Fehlen jeden angebbaren Grundes ist um so auffallender, in je tieferem Sinne wir frei sind.

Der Determinist aber, selbst wenn er sich enthält, die großen Emotionen und tiefen Zustände des Gemüts zu Kräften zu machen, unterscheidet sie trotzdem voneinander und gelangt auf diese Weise zu einer mechanistischen Auffassung vom Ich. Er wird uns zeigen, wie dieses Ich zwischen zwei entgegengesetzten Gefühlen schwankt, von einem zum andern geht und sich schließlich für eines von ihnen entscheidet. Das Ich und die Gefühle, die es bewegen, werden also völlig wohldefinierten Dingen gleichgestellt, die während des ganzen Verlaufs des Hergangs mit sich selbst identisch bleiben. Wenn es aber stets das nämliche Ich ist, das erwägt, und wenn die beiden entgegengesetzten Gefühle, die es erregen, sich ebenfalls nicht ändern, wie sollte dann, eben jenem vom Determinismus angerufenen Kausalitätsprinzip zufolge, das Ich sich jemals entschließen können? Die Wahrheit ist vielmehr, daß das Ich allein dadurch, daß es das erste Gefühl erlebte, schon eine gewisse Veränderung erlitten hat, bis das zweite dazu kam; in allen Zeitpunkten der Erwägung modifiziert sich das Ich und modifiziert es folglich auch die beiden Gefühle, die es bewegen. So bildet sich eine dynamische Reihe von Zuständen, die sich durchdringen, einander verstärken und durch eine natürliche Entwicklung in eine freie Handlung ausmünden. Der Determinismus hingegen folgt einem unklaren Bedürfnisse symbolischen Vorstellens und bezeichnet mit Worten, wie das Ich selbst, so auch die entgegengesetzten Gefühle, die sich ins Ich teilen. Indem er sie in Gestalt von wohldefinierten Worten kristallisiert, entzieht er von vornherein erst der Person und dann den Gefühlen, die sie bewegen, jegliche lebendige Aktivität. So wird er denn einerseits ein mit sich selbst immer identisch bleibendes Ich und andrerseits ebenso unveränderliche entgegengesetzte Gefühle erblicken, die sich um das Ich streiten; und der Sieg verbleibt notwendig dem Stärkeren. Dieser Mechanismus aber, dem man sich von vornherein auslieferte, hat keinen andern Wert als den einer symbolischen Vorstellung, er kann sich gegenüber dem Zeugnis eines aufmerksamen Bewußtseins, das uns den inneren Dynamismus als eine Tatsache vor Augen stellt, nicht halten.

Kurz, wir sind frei, wenn unsre Handlungen aus unsrer ganzen Persönlichkeit hervorgehen, wenn sie sie ausdrükken, wenn sie jene undefinierbare Ähnlichkeit mit ihr haben, wie man sie zuweilen zwischen dem Kunstwerk und seinem Schöpfer findet. Umsonst wird man dagegen geltend machen, daß wir in diesem Falle dem allmächtigen Einfluß unsres Charakters weichen. Unser Charakter ist wieder nichts andres als wir selbst, und wenn man sich erst darin gefallen hat, die Person in zwei Teile zu spalten, um durch eine Anstrengung des Abstraktionsvermögens abwechselnd das fühlende oder denkende und das handelnde Ich in Betracht zu ziehen, ist es etwas kindlich, nachher daraus zu schließen, daß das eine der beiden Ichs auf das andre einen Druck ausübe. Derselbe Vorwurf richtet sich gegen jene, die die Frage stellen, ob wir frei sind, unsern Charakter zu ändern. Gewiß, unser Charakter ändert sich unmerklich alle

Tage, und unsre Freiheit würde dabei leiden, wenn diese neuen Erwerbungen unserm Ich nur aufgepfropft würden, statt mit ihm zu verschmelzen. Sobald aber diese Verschmelzung stattfindet, muß man sagen, daß die in unserm Charakter eingetretene Veränderung nun auch unser ist, daß wir sie uns zugeeignet haben. Mit einem Worte, wenn man übereinkommt, frei jede Handlung zu nennen, die dem Ich entspringt und nur dem Ich, dann ist wahrhaft frei die Handlung, die den Stempel unsrer Person trägt; denn dann wird einzig unser Ich ihr Vater sein. Die These von der Freiheit hätte somit ihre Bestätigung erlangt, wenn man diese Freiheit ausschließlich in einem gewissen Charakter der gefällten Entscheidung suchen wollte, mit einem Worte in der freien Handlung. Der Determinist bemerkt aber sehr wohl, daß diese Position ihm entgeht und zieht sich daher auf die Vergangenheit oder Zukunft zurück. Bald versetzt er sich in Gedanken in eine frühere Periode und behauptet, die künftige Handlung sei in eben diesem Zeitpunkte mit Notwendigkeit determiniert worden; bald unterstellt er von vornherein die bereits vollzogene Handlung und behauptet, sie hätte nicht anders erfolgen können. Die Gegner des Determinismus tragen kein Bedenken, ihm auf dies neue Gebiet zu folgen und in ihre Definition der freien Handlung – vielleicht nicht ohne einige Gefahr – das Vorsehen dessen, was man würde tun können und die Erinnerung an irgendeine möglich andre Wahl, für die man sich auch hätte entscheiden können, mit aufzunehmen. Man wird sich daher auf diesen neuen Standpunkt stellen und unter Abstraktion von äußeren Einflüssen und sprachlichen Vorurteilen untersuchen müssen, was das vollkommen reine Bewußtsein uns über die künftige oder vergangene Handlung lehrt. So werden wir den fundamentalen Irrtum des Determinismus und die Illusion seiner Gegner von einer andern Seite aus und insofern sie sich offensichtlich auf eine gewisse Auffassung von der Dauer stützen, unmittelbar zu fassen bekommen.

»Das Bewußtsein der freien Willkür haben«, sagt Stuart Mill, »bedeutet vor geschehener Wahl das Bewußtsein haben, daß man anders hätte wählen können«[1]. So fassen die Vertei-

---

1 Ebenda, S. 567.

diger der Freiheit sie tatsächlich auf; und sie behaupten, daß, wenn wir eine Handlung mit Freiheit ausführen, irgendeine andre Handlung ebensogut möglich gewesen wäre. Sie berufen sich in dieser Hinsicht auf das Zeugnis des Bewußtseins, das uns, außer der Handlung selbst, die Fähigkeit, die entgegengesetzte Wahl zu treffen, deutlich anzeige. Umgekehrt behauptet der Determinismus, daß, wenn gewisse Antezedentien gegeben sind, nur eine einzige daraus resultierende Handlung möglich sei: »Wenn wir«, so fährt Stuart Mill fort, »annehmen, daß wir anders gehandelt hätten als es geschah, so setzen wir dabei stets eine Abweichung in den Antezedentien voraus; wir tun als hätten wir etwas gekannt, was wir nicht kannten, oder als hätten wir etwas nicht gekannt, was wir kannten …«[1]. Und, seinem Prinzip getreu, weist der englische Philosoph dem Bewußtsein die Rolle zu, uns über das, was ist, zu informieren, und nicht über das, was sein könnte. – Wir wollen uns hierauf augenblicklich nicht näher einlassen; wir sparen uns die Frage noch auf, in welchem Sinne das Ich als determinierende Ursache perzipiert wird. Neben jener Frage psychologischer Natur aber gibt es eine andre, die viel mehr metaphysischer Natur ist und die die Deterministen und ihre Gegner *a priori* in entgegengesetztem Sinn lösen. Die Beweisführung der ersteren setzt nämlich voraus, daß gegebenen Antezedentien nur eine einzige mögliche Handlung korrespondiere; die Parteigänger der freien Willkür nehmen dagegen an, daß dieselbe Reihe zu mehreren verschiedenen, gleich möglichen Handlungen führen konnte. Bei dieser Frage der gleichen Möglichkeit zweier entgegengesetzter Handlungen oder Wollungen werden wir zunächst stehenbleiben: vielleicht erhalten wir auf diesem Wege einigen Aufschluß über die Natur der Operation, durch die der Wille seine Wahl trifft.

Ich schwanke zwischen zwei möglichen Handlungen X und Y, und ich gehe abwechselnd von der einen zur andern. Dies bedeutet, daß ich eine Reihe von Zuständen durchlaufen lasse, je nachdem ich mehr nach X oder der entgegengesetzten Entscheidung hinneige. Jedoch allein jene entgegengesetzten Neigungen haben eine wirkliche Existenz, und X wie Y sind zwei Symbole, wodurch ich zwei verschiedene Tendenzen meiner Person in sukzessiven Zeitpunkten der Dauer sozusagen an ihrem Ankunftsort vorstelle. Bezeichnen wir also mit X und Y diese Tendenzen selbst; wird nun unsre neue Bezeichnung ein treueres Bild der konkreten Wirklichkeit bieten? Vergessen wir nicht, daß, wie wir es weiter oben ausführten, das Ich in dem Maße an Umfang zunimmt, sich bereichert und verändert, als es durch die beiden entgegengesetzten Zustände hindurchgeht; wie könnte es sonst je zu einer Entscheidung gelangen? Es liegen also nicht eigentlich zwei entgegengesetzte Zustände vor, sondern vielmehr eine Menge sukzessiver und unterschiedener Zustände, aus denen ich durch eine Anstrengung der Einbildungskraft zwei entgegengesetzte Richtungen herauslese. Wir werden uns infolgedessen der Wirklichkeit noch mehr nähern, wenn wir übereinkommen, mit den unveränderlichen Zeichen X und Y nicht diese Tendenzen oder Zustände selbst zu bezeichnen, die sich ja ohne Unterlaß verändern, sondern die zwei verschiedenen Richtungen, die ihnen unsre Einbildungskraft der größeren Bequemlichkeit der Sprache wegen zuschreibt. Es wird dabei dann als ausgemacht zu gelten haben, daß dies symbolische Vorstellungen sind und daß es in Wirklichkeit nicht zwei Tendenzen, selbst nicht zwei Richtungen gibt, wohl aber ein Ich, das da lebt und sich gerade vermittelst seiner Schwankungen soweit entwickelt, bis die freie Handlung sich von ihm ablöst gleich einer überreifen Frucht.

Diese Auffassung der Willenstätigkeit befriedigt indessen den gemeinen Verstand nicht, weil er, wesentlich mechanistisch orientiert, die scharfen Unterscheidungen bevorzugt, die in wohldefinierten Worten oder durch verschiedene Stellungen im Raum ausdrückbar sind. Er wird sich also ein Ich vorstellen, das, nachdem es eine Reihe MO von Bewußtseinsvorgängen durchlaufen hat, bei O angelangt, sich vor zwei Richtungen OX und OY befindet, die beide gleich offenstehen. Diese Richtungen werden so zu *Dingen*, zu wirklichen Wegen, in die die Heerstraße des Bewußtseins einmündete und wobei es nur auf das Ich ankäme, für welchen es sich willkürlich entscheiden wolle. Kurz, der stetigen und lebendigen Aktivität dieses

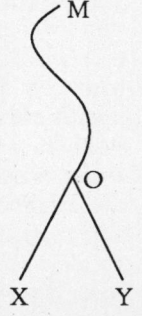

Ich, worin wir nur vermittelst der Abstraktion zwei entgegengesetzte Richtungen unterschieden haben, werden nun diese Richtungen als solche substituiert, nachdem man sie in untätige indifferente, unsrer Wahl gewärtige Dinge verwandelt hat. Dann muß aber doch die Aktivität des Ich irgendwo untergebracht werden. Man wird sie in den Punkt O verlegen und sagen, daß das Ich, in O angelangt und vor zwei Entscheidungen gestellt, schwanke, erwäge und schließlich die eine fasse. Da es Schwierigkeiten machte, sich die doppelte Richtung der bewußten Aktivität in allen Phasen ihrer stetigen Entwicklung vorzustellen, ließ man einesteils diese zwei Tendenzen und andernteils die Aktivität des Ich gesondert kristallisieren und erhielt auf diese Weise ein Ich von indifferenter Aktivität, das zwischen zwei untätigen und gleichsam fest gewordenen Entscheidungen schwankt. Wenn es nun OX wählt, wird doch OY noch immer bestehen; entscheidet es sich für OY, bleibt der Weg OX offen und wartet nötigenfalls darauf, daß das Ich umkehre und ihn betrete. In diesem Sinne wird man dann, wo von einer freien Handlung gesprochen wird, behaupten, die entgegengesetzte Handlung sei ebensogut möglich gewesen. Und selbst wenn man keine geometrische Figur auf dem Papier entwirft, denkt man unwillkürlich, fast unbewußt, an eine solche, sobald man in der freien Handlung mehrere sukzessive Phasen, die Vorstellung entgegengesetzter Motive, Schwanken und Wahl unterscheidet – wobei man sich auf diese Weise die geometrische Symbolik unter einer Art Wort-Kristallisierung versteckt. Nun ist aber leicht einzusehen, daß diese echt mechanistische Auffassung von der Freiheit durch ungezwungene logische Folgerung auf den strengsten Determinismus hinausläuft.

Die lebendige Aktivität des Ich, in der wir durch Abstraktion zwei entgegengesetzte Tendenzen unterschieden, wird nämlich schließlich entweder bei X oder Y anlangen. Da man nun die doppelte Aktivität des Ich am Punkte O zu lokalisieren übereinkommt, ist kein Grund vorhanden, diese Aktivität von der Handlung zu trennen, auf die sie hinauslaufen wird und die mit ihr eine Einheit bildet. Und wenn die Erfahrung zeigt, daß man sich für X entschieden hat, so darf man keine indifferente Aktivität am Punkt O ansetzen, sondern vielmehr eine im voraus im Sinne OX gerichtete, trotz der anscheinenden Schwankungen. Wenn umgekehrt die Beobachtung den Beweis liefert, daß man sich für Y entschieden hat, so bevorzugte eben die Aktivität, die wir im Punkte O lokalisierten, vor allem diese zweite Richtung ungeachtet einiger nach der ersten hin orientierten Oszillationen; sagt man, das Ich wähle, im Punkte O angelangt, indifferent zwischen X und Y, so macht man mitten auf der Bahn geometrischer Symbolik halt und läßt am Punkte O nur einen Teil jener stetigen Aktivität kristallisieren, in der wir allerdings zwei verschiedene Richtungen unterschieden haben, die aber eben doch schließlich bei X oder bei Y mündete. Weshalb sollte dieser letztere Umstand nicht wie die andern in Rechnung gestellt werden? Weshalb weist man nicht auch ihm eine Stelle an in der von uns soeben konstruierten symbolischen Figur? Wenn aber das Ich, im Punkt O angelangt, bereits in dem einen oder dem andern Sinne determiniert ist, so hat der andere Weg gut offenbleiben, das Ich kann ihn jedenfalls nicht beschreiten. Und dieselbe grobe Symbolik, auf die man das zufällige Zustandekommen der vollzogenen Handlung gründen wollte, läuft infolge einer natürlichen Weiterführung darauf hinaus, deren absolute Notwendigkeit außer Zweifel zu stellen.

Kurz, Verteidiger wie Gegner der Freiheit stimmen darin überein, daß sie der Handlung eine Art mechanischen Oszillierens zwischen den zwei Punkten X und Y vorangehen lassen. Entscheide ich mich für X, so werden die ersteren sagen, du hast gezögert, abgewogen, also war Y möglich. Die andern aber werden antworten: du hast X gewählt, also hattest du einen Bestimmungsgrund dafür, und wenn man Y für ebenso möglich erklärt, so vergißt man eben jenen Bestimmungsgrund; man läßt eine der Bedingungen des Problems beiseite. – Wenn ich nun in jene beiden entgegengesetzten Lösungen tiefer eindringe, so gerate ich auf ein ihnen gemeinsames Postulat: beide nehmen ihren Standort nach der vollendeten Handlung X und stellen den Prozeß meiner Willensaktivität durch eine Strecke MO vor, die sich im Punkt O gabelt, während die Linien OX und OY die beiden Richtungen symbolisieren, die die Abstraktion in der stetigen Aktivität unterscheidet, deren Endpunkt X ist. Während aber die Deterministen alles, was sie wissen, in Anrechnung bringen und konstatieren, daß der Weg MOX durchlaufen worden ist, tun ihre Gegner, als wüßten sie nichts von einem der Daten, mit denen sie die Figur konstruiert haben, und nachdem sie die Linien OX und OY gezogen haben, die vereinigt das Fortschreiten der Aktivität des Ich darstellen sollten, lassen sie das Ich zum Punkt O zurückkehren und bis zu neuer Entschließung dort oszillieren.

Man darf nämlich nicht vergessen, daß diese Figur, ein wahres Duplikat unsrer psychischen Aktivität im Raume, rein symbolisch und als solche nur zu konstruieren ist, wenn man mit der Hypothese einer bereits vollzogenen Erwägung und eines schon gefaßten Entschlusses operiert. Man mag die Figur gern im voraus ziehen; man setzt jedenfalls dabei schon voraus, man sei am Ziel angelangt und wohne in der Einbildung dem Schlußakte bei. Kurz, jene Figur zeigt mir die Handlung nicht, wie sie sich vollzieht, sondern die bereits vollzogene Handlung. Man frage mich also nicht, ob das Ich, nachdem es den Weg MO durchlaufen und sich für X entschieden hat, sich für Y entscheiden konnte oder nicht; ich würde darauf erwidern, daß die Frage keinen Sinn hat, da es keine Linie MO, keinen Punkt O, keinen Weg OX, keine Richtung OY gibt. Eine solche Frage stellen heißt die Möglichkeit zugestehen, die Zeit adäquat durch den Raum und die Sukzession durch die Simultaneität wiederzugeben; es heißt der gezogenen Figur den Wert eines Bildes und nicht mehr bloß den eines Symbols zuschreiben; es heißt glauben, daß man an der Hand dieser Figur den Prozeß der psychischen Aktivität verfolgen könne wie den Marsch einer Armee an der Hand einer Karte. Man ist bei der Erwägung des Ich in allen ihren Phasen und bis zur vollzogenen Handlung zugegen gewesen; nun rekapituliert man die Termini der Reihe und erblickt die Sukzession in der Gestalt der Simultaneität, projiziert die Zeit in den Raum und macht seine Schlüsse bewußt oder unbewußt auf Grund dieser geometrischen Figur. Diese Figur repräsentiert aber eine *Sache* und keinen *Fortschritt*; sie entspricht in ihrer Untätigkeit der gewissermaßen erstarrten Erinnerung an den gesamten Erwägungsvorgang und den endgültig gefaßten Entschluß: wie könnte sie uns da die geringste Angabe über die konkrete Bewegung, über den dynamischen Fortschritt liefern, durch den die Erwägung in die Handlung ausmündet? Und doch hat man einmal die Figur konstruiert, so versetzt man sich in Gedanken in die Vergangenheit zurück und will, daß unsre psychische Aktivität eben den Weg zurückgelegt habe, wie er in der Figur gezogen ist. Man fällt also auf diese Weise in die bereits oben zur Sprache gebrachte Täuschung zurück: man gibt für eine Tatsache eine mechanistische Erklärung, und dann substituiert man diese Erklärung der Tatsache selbst. So stößt man gleich beim ersten Schritt auf unentwirrbare Schwierigkeiten: waren die beiden Entscheidungen gleich möglich, wie konnte dann eine Wahl zustande kommen? War nur eine von ihnen möglich, weshalb hielt man sich dann für frei? – Und man übersieht, daß diese Doppelfrage immer wieder auf die andre hinausläuft: Ist die Zeit Raum?

Wenn ich mit dem Auge einen auf der Karte gezeichneten Weg durchlaufe, so hindert mich nichts, wieder zurückzugehen und nachzusehen, ob er sich stellenweise gabelt. Die Zeit aber ist keine Linie, auf der man zurückgehen könnte. Gewiß, wenn sie erst einmal abgelaufen ist, haben wir das Recht, ihre sukzessiven Momente als einander äußerlich vorzustellen und so an eine den Raum durchschneidende Linie zu denken; es wird aber dabei ausgemacht bleiben, daß diese Linie nicht die Zeit, die abläuft, sondern die abgelaufene Zeit symbolisiert. Das aber vergessen Verteidiger wie Gegner der freien Willkür in gleicher Weise, – erstere, wenn sie die Möglichkeit, anders zu handeln als geschehen ist, bejahen, letztere, wenn sie sie verneinen. Erstere folgern so: »Der Weg ist noch nicht gezeichnet, also kann er eine beliebige Richtung nehmen!« Darauf wird man antworten: »Ihr vergeßt, daß von einem Weg erst nach vollzogener Handlung geredet werden kann, dann aber wird er auch gezeichnet sein.« – Die andern sagen: »Der Weg ist in dieser Weise gezeichnet worden, also war seine mögliche Richtung nicht eine beliebige, sondern eben diese Richtung.« Und darauf wird man erwidern: »Bevor der Weg gezeichnet wurde, war keine Richtung möglich oder unmöglich aus dem sehr einfachen Grunde, weil von einem Wege noch keine Rede sein konnte.« – Man sehe von jener groben Symbolik ab, deren Vorstellung uns unbewußt im Bann hält, und man wird sich überzeugen, daß die Argumentation der Deterministen folgende kindliche Form annimmt: »Die Handlung ist vollzogen, wenn sie erst einmal vollzogen ist«; und daß ihre Gegner darauf erwidern: »Bevor die Handlung vollzogen wurde, war sie noch nicht vollzogen«. Mit andern Worten, die Frage nach der Freiheit geht aus dieser Erörterung unberührt hervor; und das ist leicht begreiflich, da die

Freiheit in einer gewissen Nuance oder Qualität der Handlung selbst zu suchen ist und nicht in einer Beziehung dieser Handlung zu etwas, was sie nicht ist, oder zu etwas, was sie hätte sein können. Die ganze Dunkelheit der Sache kommt daher, daß die einen wie die andern sich die Erwägung in Gestalt eines Oszillierens im Raume vorstellen, während sie doch in einem dynamischen Fortschritt besteht, bei dem das Ich und die Motive selbst in einem fortwährenden Werden begriffen sind wie wirkliche Lebewesen. Das Ich, das in seinen unmittelbaren Konstatierungen unfehlbar ist, fühlt sich frei und spricht es aus; sobald es sich aber die Freiheit erklären will, gewahrt es sich nur mehr in einer Art Refraktion durch den Raum hindurch, und daraus entsteht eine Symbolik mechanistischer Natur, die gleich wenig dazu taugt, die These der freien Willkür zu beweisen, sie verständlich zu machen oder sie zu widerlegen.

Der Determinismus wird sich aber noch nicht für geschlagen halten und, indem er das Problem in einer neuen Form stellt, folgendes fragen: »Lassen wir die vollzogenen Handlungen beiseite; betrachten wir lediglich die zukünftigen. Es handelt sich darum zu wissen, ob, wenn von heute an alle künftigen Antezedentien bekannt wären, eine überlegene Intelligenz mit absoluter Gewißheit die daraus hervorgehende Entscheidung vorhersagen könnte.« Wir wollen uns gerne gefallen lassen, daß das Problem in dieser Form gestellt wird: wir bekommen dadurch Gelegenheit, unsre eigene Auffassung strenger zu formulieren. Aber zuvor werden wir eine Unterscheidung aufstellen müssen zwischen denen, die der Meinung sind, die Kenntnis der Antezedentien würde die Formulierung einer bloß wahrscheinlichen Schlußfolgerung erlauben, und denen, die von einer unfehlbaren Vorhersage sprechen. Wenn man sagt, ein bestimmter Freund würde höchstwahrscheinlich unter gewissen Umständen auf eine bestimmte Weise verfahren, so heißt das weniger die künftige Handlungsweise unsres Freundes vorhersagen als ein Urteil über seinen gegenwärtigen Charakter, d.h. schließlich über seine Vergangenheit aussprechen. Wenn unsre Gefühle, unsre Vorstellungen, mit einem Worte, unser Charakter, sich unablässig modifizieren, so wird doch ein plötzlicher Wechsel selten vorkommen, noch seltener aber wird es sein, daß man von einer bekannten Person nicht sollte sagen können, daß gewisse Handlungen ihrer Natur wohl angemessen erscheinen und daß gewisse andre ihr schlechthin zuwiderlaufen. Alle Philosophen werden in diesem Punkte einig sein; denn es heißt nicht die Zukunft mit der Gegenwart verknüpfen, wenn man eine Beziehung der Übereinstimmung oder Nichtübereinstimmung zwischen einem gegebenen Verhalten und dem gegenwärtigen Charakter einer Person, die man kennt, aufstellt. Der Determinist geht aber viel weiter: er behauptet, daß die Zufälligkeit, die unsre Lösung ausspricht, darauf beruht, daß wir niemals alle Bedingungen des Problems kennen; daß die Wahrscheinlichkeit unserer Vorhersage sich in dem Maße vermehren würde, als uns eine größere Anzahl dieser Bedingungen gegeben wäre; und daß endlich die restlose, vollkommene Kenntnis aller Antezedentien ohne Ausnahme die Vorhersage unfehlbar richtig machen würde. Diese Hypothese also gilt es zu prüfen.

Stellen wir uns, um die Vorstellung Gestalt gewinnen zu lassen, einen Menschen vor, der unter schwerwiegenden Umständen eine anscheinend freie Entscheidung zu treffen berufen wäre; wir wollen ihm den Namen Peter geben. Es fragt sich, ob ein Philosoph Paul, der zur selben Zeit lebt wie Peter oder, wenn man lieber will, mehrere Jahrhunderte vor ihm, bei Kenntnis *aller* Bedingungen, unter denen Peter handelt, mit Gewißheit die Wahl, die Peter getroffen hat, hätte vorhersagen können.

Man kann sich den Zustand einer Person in einem gegebenen Zeitpunkt auf mehrfache Weise vorstellen. Wir versuchen es z.B. zu tun, wenn wir einen Roman lesen; wie sehr sich aber auch der Verfasser bemüht haben mag, die Gefühle seines Helden darzustellen und ihre Geschichte wiederzugeben, der Ausgang der Verwicklung, ob nun vorhergesehen oder nicht, wird der Vorstellung, die wir von jener Persönlichkeit hatten, etwas hinzusetzen: wir kannten also die Person doch nur unvollständig. In Wahrheit drücken die tiefen Zustände unsrer Seele, die also, die sich in freien Handlungen kundgeben, das Ganze unsrer Vergangenheit aus und fassen es zusammen; wenn Paul alle Bedingungen kennt, unter denen Peter handelt, so kommt das wahrscheinlich daher, daß ihm keine Einzelheit im Leben Peters entgangen ist und daß seine Einbildungskraft diese Geschichte rekonstruiert und sogar nacherlebt. Hier aber gilt es eine grundlegende Unterscheidung zu machen. Durchlaufe ich selbst einen psychischen Zustand, so kenne ich die Intensität dieses Zustands und seine Bedeutsamkeit in Beziehung auf die andern mit völliger Genauigkeit, nicht als ob ich Messungen oder Vergleiche anstelle, sondern weil die Intensität z.B. eines tiefen Gefühles gar nichts andres ist als dieses Gefühl selbst. Wenn ich hingegen jemand anderem von diesem psychischen Zustand Rechenschaft geben will, so kann ich seine Intensität nicht anders begreiflich machen als durch ein präzises Zeichen von mathematischer Art; ich muß den Grad seiner Wichtigkeit messen, ihn mit dem Vorangegangenen und Folgenden vergleichen und endlich seinen Anteil an der den Abschluß bildenden Handlung bestimmen. Und ich werde ihn für mehr oder weniger intensiv oder wichtig erklären, je nachdem die abschließende Handlung durch ihn oder ohne ihn ihre Erklärung findet. Für mein Bewußtsein hingegen, das diesen inneren Zustand perzipierte, bedurfte es einer derartigen Vergleichung keineswegs; die Intensität erschien ihm als eine nicht auszudrückende Qualität des Zustands selbst. Mit andern Worten, die Intensität eines psychischen Zustands ist dem Bewußtsein nicht wie ein besondres Zeichen gegeben, das diesen Zustand begleitete und seine Stärke bestimmte, wie etwa ein algebraischer Exponent: wir haben weiter oben gezeigt, daß sie vielmehr seine Nuance, seine eigentümliche Färbung zum Ausdruck bringt und daß, wo es sich z.B. um ein Gefühl handelt, seine Intensität im Gefühltwerden besteht. Man wird somit zwei Arten der Assimilierung der Bewußtseinszustände andrer unterscheiden müssen: die eine wäre dynamisch und bestünde im Nachfühlen des Zustands; die andre wäre statisch, und durch sie würde dem lebendigen Bewußtsein von diesen Zuständen deren Bild oder vielmehr deren intellektuelles Symbol, deren Idee substituiert. Man würde sie dann nicht wirklich reproduzieren, sondern bloß in Gedanken haben. Nur wird man im letzteren Falle dem Bilde der psychischen Zustände die Angabe ihrer Intensität beifügen müssen, weil sie auf die Person, bei der das Bild entsteht, nicht mehr wirken und weil diese keine Gelegenheit mehr hat, ihre Stärke an sich selbst zu erfahren, indem sie sie nachfühlt. Diese Angabe selbst aber wird notwendig einen quantitativen Charakter annehmen: man wird z.B. konstatieren, daß ein gewisses Gefühl eine größere Stärke besitzt als ein andres, daß es in höherem Maße in Anrechnung gebracht werden muß und daß es eine größere Rolle gespielt hat; und wie könnte man dies wissen, wüßte man nicht im voraus um die spätere Geschichte der Person, mit der man sich beschäftigt, und um die Handlungen, in die jene Mannigfaltigkeit von Zuständen und Neigungen ausmündete? Damit also Paul den Zustand Peters in einem beliebigen Zeitpunkt seiner Geschichte adäquat vorstellen könne, müßte Paul von zwei Dingen eines tun: entweder wie ein Romanschriftsteller, der weiß, zu welchem Ziele er seine Figuren lenkt, die abschließende Handlung Peters bereits kennen und auf diese Weise dem Bilde der sukzessiven Zustände, die Peter durchlaufen wird, die Angabe ihrer Tragweite im Hinblick auf das Ganze seiner Geschichte beifügen können; – oder er müßte es auf sich nehmen, in eigener Person jene verschiedenen Zustände zu durchleben, und zwar nicht mehr bloß in Gedanken, sondern in Wirklichkeit. Die erstere Hypothese müssen wir ausschalten; denn es handelt sich ja gerade darum zu wissen, ob, wenn lediglich das Vorangegangene gegeben ist, Paul die abschließende Handlung vorhersehen kann. Wir sehen uns also genötigt, die Vorstellung, die wir uns von Paul gebildet hatten, einer gründlichen Modifikation zu unterziehen; er ist nicht, wie wir ursprünglich gemeint hatten, ein Beobachter, dessen Blick in die Zukunft dringt, sondern ein Schauspieler, der im voraus Peters Rolle spielt. Und man vergesse nicht, daß ihm kein Teilstück dieser Rolle wird erlassen werden können; denn die unauffälligsten Ereignisse haben in einer Geschichte ihre Tragweite, und selbst bei der Annahme, sie hätten keine, könnten sie lediglich mit Beziehung auf die abschließende Handlung als unerheblich beurteilt werden, die indessen, der Hypothese zufolge, nicht gegeben ist. Auch hat man nicht das Recht, die verschiedenen Bewußtseinszustände, die Paul vor Peter durchzumachen haben würde, auch nur um eine Sekunde zu verkürzen; denn die Wirkungen z.B. desselben Gefühls summieren und verstärken sich gegenseitig in allen Zeitpunkten der Dauer, und die Summe dieser Wirkungen könnte nur dann auf einen Schlag empfunden werden, wenn die Tragweite des Gefühls, als Ganzes genommen, mit Beziehung auf die abschließende Handlung bekannt wäre, die ja gerade im Dunkel bleibt. Haben Peter und Paul in derselben Reihenfolge dieselben

Gefühle gehabt, haben ihre Seelen dieselbe Geschichte, wie würden sie sich dann noch voneinander unterscheiden? Etwa durch den Leib, den sie bewohnen? Sie würden dann ja unablässig in irgendeiner Hinsicht differieren, da sie in keinem Zeitpunkt ihrer Geschichte denselben Körper in der Vorstellung hätten. Oder etwa durch die Stelle, die sie in der Dauer einnehmen? Sie würden dann aber nicht mehr dieselben Geschehnisse erleben, während sie doch der Hypothese zufolge dieselbe Vergangenheit und Gegenwart, weil dieselbe Erfahrung haben. – Man muß sich also wohl entschließen: Peter und Paul sind eine und dieselbe Person, die man Peter nennt, wenn sie handelt, und Paul, wenn man ihre Geschichte rekapituliert. Je mehr man die Summe der Bedingungen vervollständigt, die, wenn bekannt, die zukünftige Handlung Peters vorherzusagen ermöglicht hätten, desto dichter schließt man sich an die Existenz dieser Person an, desto mehr tendiert man dahin, sie bis in ihre geringsten Einzelheiten nachzuerleben, und desto näher kommt man zu dem genauen Zeitpunkte, wo die Handlung sich vollzieht und von einem Vorhersagen ihrer keine Rede mehr sein kann, sondern nur einfach vom Handeln. Auch hier wieder führt jeder Versuch, eine dem Willen selbst entspringende Handlung wiederzugeben, zur bloßen einfachen Konstatierung der vollzogenen Tatsache.

Die Frage »Konnte die Handlung vorhergesehen werden oder nicht, wenn die Gesamtheit ihrer Antezedentien lückenlos gegeben war?« ist also sinnlos. Denn es gibt zweierlei Arten, sich diese Antezedentien zu assimilieren, die dynamische und die statische. Im ersteren Falle wird man in unmerklichen Übergängen dahin gelangen, mit der Person, mit der man sich beschäftigt, zusammenzufallen, dieselbe Reihe von Zuständen zu durchleben und so zu eben dem Zeitpunkte zurückzukehren, in dem die Handlung sich vollzieht; von einem Vorhersagen der Handlung kann also dann keine Rede mehr sein. Im zweiten Falle setzt man die abschließende Handlung schon voraus, und zwar allein dadurch, daß man neben der Angabe der Zustände die quantitative Wertung ihrer Tragweite figurieren läßt. Auch hier wieder gelangen die einen dazu, einfach zu konstatieren, daß die Handlung im Augenblick, wo sie im Begriffe steht sich zu vollziehen, noch nicht vollzogen ist, die andern, daß sie, wenn sie einmal vollzogen ist, definitiv vollzogen ist. Die

Frage nach der Freiheit geht aus dieser Erörterung wie aus der vorhergehenden unberührt hervor.

Gehen wir nun noch näher auf diese doppelte Argumentation ein, so entdecken wir an ihrer Wurzel die beiden fundamentalen Illusionen, in denen das reflektierende Bewußtsein befangen ist. Die erste besteht darin, daß man in der Intensität eine mathematische Eigenschaft der psychischen Zustände sieht und nicht, wie wir am Anfang dieser Abhandlungen sagten, die spezielle Qualität, die eigentümliche Nuance dieser verschiedenen Zustände. Die zweite besteht darin, daß man die konkrete Wirklichkeit, den dynamischen Fortschritt, den das Bewußtsein perzipiert, durch das materielle Symbol des zu seinem Ziele gelangten Fortschritts, d.h. der zur Summe ihrer Antezedentien hinzukommenden vollzogenen Tatsachen ersetzt. Ist die abschließende Handlung einmal geschehen, so kann ich allerdings allen Antezedentien ihren eigentümlichen Wert beilegen und mir das vereinte Spiel dieser verschiedenen Elemente in der Gestalt eines Konflikts oder eines Zusammenwirkens von Kräften veranschaulichen. Wenn man aber fragt, ob, wenn die vorangegangenen Momente und ihre eigentümlichen Werte bekannt wären, die abschließende Handlung vorhergesagt werden könne, so begeht man damit einen fehlerhaften Zirkelschluß; man vergißt, daß man mit den Werten der Antezedentien sich bereits die abschließende Handlung gibt, um deren Vorhersage es sich doch handelt; man macht dabei die unrichtige Voraussetzung, daß das symbolische Bild, durch das man sich die vollendete Operation veranschaulicht, durch diese Operation selbst im Verlauf ihres Fortschreitens wie an einem Registrierapparat aufgezeichnet worden wäre.

Man würde übrigens auch erkennen, daß diese beiden Illusionen ihrerseits wieder eine dritte einschließen und daß die Frage, ob die Handlung vorhergesehen werden konnte oder nicht, stets auf die andre hinausläuft: Ist die Zeit Raum? Man hat zuerst die Bewußtseinszustände, die in der Seele Peters aufeinanderfolgten, in einem idealen Raume nebeneinandergeordnet und erblickt nun das Leben dieser Person in der Gestalt einer Bahn MOXY, die ein bewegter Körper

M in den Raum einzeichnet. Sodann löscht man in Gedanken die

Strecke OXY dieser Kurve aus und fragt sich, ob man, wenn MO bekannt wäre, im voraus die Kurve OXY hätte bestimmen können, die der bewegte Körper von dem Punkte O aus beschreibt. Diese Frage hat man sich im Grunde gestellt, als man einen Philosophen Paul als Vorläufer Peters einführte, und ihm die Aufgabe zuwies, sich die Bedingungen, unter denen Peter handeln werde, in der Einbildung vorzustellen. Man materialisiert sonach diese Bedingungen; man machte aus der Zeit, die kommen sollte, eine bereits in der Ebene gezogene Straße, die man von Bergeshöhe aus betrachten kann, ohne sie durchlaufen zu haben, noch sie jemals durchlaufen zu müssen. Man hat aber alsbald gesehen, daß die Kenntnis der Strecke MO der Kurve nicht ausreichen würde, wenn einem nicht die Lage der Punkte jener Linie, nicht nur im Verhältnis zueinander, sondern überdies im Verhältnis zu den Punkten der ganzen Linie MOXY angegeben wäre; und damit würde man sich wiederum im voraus eben die Elemente gegeben haben, die zu bestimmen gewesen wären. Man hat dann seine Hypothese modifiziert; man hat eingesehen, daß die Zeit nicht gesehen, sondern gelebt werden will; man hat daraus geschlossen, daß, wenn die Kenntnis der Linie MO kein genügendes Datum abzugeben geeignet ist, der Grund darin zu suchen sei, daß man sie von außen betrachtete, anstatt sich mit dem Punkte M, der nicht nur MO, sondern überdies die ganze Kurve beschreibt, zu verschmelzen und dadurch seine Bewegung mitzumachen. Man hat also Paul zur Koinzidenz mit Peter gebracht, und natürlich hat Paul im Raume die Linie MOXY gezogen, da nach der Hypothese Peter diese Linie beschreibt. Auf diese Art beweist man aber nicht mehr, daß Paul die Handlung Peters vorhergesehen hat; man konstatiert lediglich, daß Peter handelte, wie er tat, indem aus Paul Peter geworden ist. Freilich kehrt man, ohne es zu bemerken, nachher wieder zur ersten Hypothese zurück, weil man fortgesetzt die Linie MOXY, sofern sie gezogen wird, mit der Linie MOXY, sofern sie gezogen ist, verwechselt, d.h. weil man die Zeit mit dem Raume vermengt. Zunächst identifizierte man, weil man es so brauchte, Paul mit Peter, und dann läßt man Paul seinen früheren Beobachtungsposten wieder einnehmen, von dem aus er nunmehr die Linie MOXY als eine fertige erblickt, was denn nicht zu verwundern ist, da er sie ja selbst eben erst fertig gezogen hat.

Was diese Vermengung zu einer natürlichen und selbst unvermeidlichen macht, ist, daß die Wissenschaft unbestrittene Beispiele einer Vorhersage der Zukunft an die Hand zu geben scheint. Bestimmt man nicht im voraus die Konjunktionen der Gestirne, die Sonnen- und Mondfinsternisse und die Mehrzahl der astronomischen Phänomene? Umspannt die menschliche Intelligenz dann nicht im gegenwärtigen Augenblicke einen beliebig großen Teil der zukünftigen Dauer? – Wir geben dies ohne weiteres zu; eine derartige Vorhersage hat aber keinerlei Ähnlichkeit mit der eines Willensaktes. Wie wir sehen werden, sind die Gründe, die das Vorhersagen eines astronomischen Phänomens ermöglichen, sogar dieselben, die uns daran hindern, einen der freien Aktivität entspringenden Vorgang im voraus zu bestimmen. Steht doch die Zukunft der materiellen Welt, obwohl sie mit der Zukunft eines bewußten Wesens gleichzeitig ist, in keinerlei Analogie mit ihr.

Um diesen fundamentalen Unterschied mit Händen greifbar zu machen, wollen wir einen Augenblick annehmen, ein böser Geist von noch größerer Macht als der böse Geist Descartes' ordnete an, daß alle Bewegungen in der Welt mit doppelter Schnelligkeit vor sich gingen. An den astronomischen Phänomenen würde damit nichts geändert sein oder zum mindesten nichts an den Gleichungen, die uns gestatten, sie vorherzusagen; denn in diesen Gleichungen bezeichnet das Symbol t nicht eine Dauer, sondern eine Beziehung zwischen zwei Dauern, eine gewisse Anzahl von Zeiteinheiten, oder, endlich und als letztes Ergebnis der Analyse, eine bestimmte Anzahl von Simultaneitäten; diese Simultaneitäten, diese Koinzidenzen würden wie bisher in gleicher Zahl vorkommen; nur die sie trennenden Intervalle würden sich verringert haben; diese gehen aber in die Berechnungen gar nicht ein. Nun sind aber diese Intervalle gerade die erlebte Dauer, die Dauer, die das Bewußtsein apperzipiert: das Bewußtsein würde es uns sofort als eine Verringerung der Tagesdauer empfinden lassen, wenn wir zwischen Sonnenauf- und -untergang eine geringere Dauer gehabt hätten. Es würde allerdings diese Verringerung nicht messen und vielleicht auch nicht gleich unter dem Aspekte einer Quantitätsveränderung erblicken; es würde aber in einer oder der anderen Form eine Herabminderung der gewohnten Bereicherung seines Daseins, eine Modifikation des Fortschritts bemerken, den es zwischen dem Aufgang der Sonne und ihrem Untergang zu verwirklichen gewohnt ist.

Wenn nun der Astronom z.B. eine Mondfinsternis vorhersagt, so übt er nur auf seine Weise die Macht aus, die wir unserm bösen Geist zugeschrieben haben. Er gebietet der Zeit 10, 100, 1000 mal schneller zu gehen, und er ist dazu berechtigt, da er auf diese Weise nur die Natur der Bewußtseinsintervalle ändert und diese, der Hypothese nach, nicht in die Berechnungen eingehen. So kann er denn in einer psychologischen Dauer von einigen Sekunden mehrere Jahre, ja mehrere Jahrhunderte astronomischer Zeit unterbringen; solcher Art ist die Operation, die er ausführt, wenn er im voraus die Bahn eines Himmelskörpers entwirft oder sie durch eine Gleichung darstellt. In Wahrheit beschränkt er sich dabei darauf, eine Reihe von Lageverhältnissen zwischen diesem Körper und andern gegebenen Körpern, eine Reihe von Simultaneitäten und Koinzidenzen, eine Reihe von numerischen Beziehungen aufzustellen: was die eigentliche Dauer anlangt, so bleibt sie außerhalb der Berechnung und würde nur von einem Bewußtsein perzipiert werden, das nicht bloß imstande wäre, bei diesen sukzessiven Simultaneitäten dabei zu sein, sondern auch ihre Intervalle zu durchleben. Man begreift sogar, daß dies Bewußtsein ein ziemlich langsames, träges Leben führen müßte, um die ganze Bahn des Himmelskörpers in einer einzigen Apperzeption zu umfassen, wie das ja auch uns selbst begegnet, wenn wir die sukzessiven Lagen einer Sternschnuppe sich am Himmel in Gestalt einer feurigen Bahn abzeichnen sehen. Ein solches Bewußtsein würde sich dann wirklich unter denselben Bedingungen befinden, in die sich der Astronom in der Einbildung versetzt; es würde in der Gegenwart erblicken, was der Astronom in der Zukunft sieht. In der Tat sieht dieser ein zukünftiges Phänomen nur unter der Bedingung vorher, daß er es bis zu einem gewissen Grade zu einem gegenwärtigen macht oder wenigstens das Intervall, das uns von ihm trennt, in ungeheurem Maße reduziert. Kurz, die Zeit, von der in der Astronomie die Rede ist, ist eine Zahl, und die Natur der Einheiten jener Zahl kann in den Berechnungen nicht weiter spezifiziert werden: man kann sie demnach so klein annehmen, als man will, vorausgesetzt, daß ein und dieselbe Hypothese sich auf die ganze Reihe der Operationen erstreckt und die sukzessiven Lageverhältnisse im Raume auf diese Weise festgehalten werden. Man wird dann bei dem Phänomen, das man vorhersagen will, in der Einbildung dabei sein; man wird wissen, an welchem bestimmten Orte des Raumes und nach wievielen Zeiteinheiten es stattfindet; es genügt dann, diesen ihre psychische Natur zurückzugeben, um das Ereignis wieder in die Zukunft hinaus zu verlegen und zu sagen, man habe es vorhergesehen, während man es in Wirklichkeit gesehen hat.

Diese Zeiteinheiten, die die erlebte Dauer konstituieren und über die der Astronom nach Belieben verfügen kann, weil sie der mathematischen Wissenschaft keine Angriffspunkte darbieten, interessieren nun aber gerade den Psychologen; denn die Psychologie richtet ihre Aufmerksamkeit auf die Intervalle selbst und nicht mehr auf deren äußerste Punkte. Freilich, das reine Bewußtsein nimmt die Zeit nicht in der Gestalt einer Summe von Einheiten der Dauer wahr; sich selbst überlassen, hat es kein Mittel, ja sogar keinen Grund, die Zeit zu messen; indessen ein Gefühl, das z.B. eine zweimal geringere Tagesdauer hätte, wäre für dies reine Bewußtsein nicht mehr dasselbe Gefühl; diesem Bewußtseinszustand würde eine Menge von Eindrücken fehlen, die ihn eben noch bereicherten und seine Natur modifizierten. Zwar glauben wir, wenn wir diesem Gefühle einen gewissen Namen gegeben haben und es wie eine Sache behandeln, seine Dauer z.B. um die Hälfte herabsetzen zu können; und ebenso glauben wir auch die Dauer unsrer ganzen übrigen Geschichte um die Hälfte herabsetzen zu können; es wäre anscheinend immer dieselbe Existenz, nur in verkürztem Maßstabe. Wir lassen aber dann außer Acht, daß die Bewußtseinszustände Fortschritte und keine Sachen sind; daß, wenn wir sie einzeln mit Namen belegen, dies um der Bequemlichkeit der Sache willen geschieht; daß sie leben und lebend fortgesetzt Veränderungen erleiden; daß man folglich kein Moment an ihnen fortfallen lassen kann, ohne sie um irgendeinen Eindruck ärmer zu machen und dadurch ihre Qualität zu modifizieren. Zwar verstehe ich wohl, wie man auf einen Schlag oder in ganz geringer Zeit die Bahn eines Planeten wahrnehmen könne, weil dabei allein seine sukzessiven Lagen oder die Resultate seiner Bewegung in Betracht kommen, nicht aber die Dauer der gleichen Intervalle, die sie trennen. Handelt es sich aber um ein Gefühl, so liegen keine präzisen Resultate vor, es sei denn die Tatsache des Gefühlt-worden-Seins, und um dies Resultat exakt abschätzen zu können, müßte man alle Phasen des Gefühls selbst durchlaufen und dieselbe Dauer innegehabt haben. Ja sogar wenn sich dies Gefühl schließlich durch irgendeine Tat von bestimmter Natur ausgesprochen hat, die mit der Lage eines Planeten im Raum vergleichbar wäre, wird mir die Kenntnis dieser Handlung zur Abschätzung des Einflusses dieses Gefühls auf das Ganze eines geschichtlichen Verlaufs nicht helfen, und gerade diesen Einfluß gilt es doch zu erkennen. Jedes Vorausschauen ist in Wirklichkeit ein Schauen und dies Schauen kommt zustande, wenn man ein Intervall zukünftiger Zeit mehr und mehr reduzieren kann, indem man dabei die Beziehungen seiner Teile zueinander so beibehält, wie es bei den astronomischen Voraussagen zutrifft. Was heißt aber ein Zeitintervall reduzieren andres, als die darin aufeinanderfolgenden Bewußtseinszustände ausleeren oder ärmer machen? Und schließt nicht grade die Möglichkeit, eine astronomische Periode in der Verkürzung zu sehen, die Unmöglichkeit ein, eine psychologische Reihe auf die gleiche Weise zu modifizieren? Nur indem man diese psychologische Reihe als unvariable Grundlage annimmt, kann man doch eine astronomische Periode, hinsichtlich der Einheit der Dauer, willkürlich variieren lassen.

Fragt man also, ob eine zukünftige Handlung vorhergesehen werden könne, so identifiziert man, ohne es zu wissen, die Zeit, von der in den exakten Wissenschaften die Rede ist und die sich auf eine Zahl zurückführen läßt, mit der wirklichen Dauer, deren scheinbare Quantität in Wahrheit eine Qualität ist und die man um keinen Augenblick verkürzen kann, ohne zugleich die Natur der sie erfüllenden Vorgänge zu modifizieren. Und diese Identifikation wird dadurch begünstigt, daß wir in einer großen Anzahl von Fällen berechtigt sind, mit der wirklichen Dauer genauso zu verfahren wie mit der astronomischen Zeit. Wenn wir uns z.B. die Vergangenheit ins Gedächtnis zurückrufen, d.h. eine Reihe vollendeter Tatsachen, so kürzen wir sie stets ab, verändern aber dabei die Natur des uns interessierenden Ereignisses nicht. Wir kennen es ja bereits; am Endpunkt des *Fortschrittes* angelangt, der ihre Existenz selbst ausmacht, wird die psychologische Tatsache zu einer *Sache*, die man sich auf einen Schlag vorstellen kann. Wir befinden uns also hier in derselben Lage, in die sich der Astronom versetzt, wenn er mit einer einzigen Apperzeption die Bahn erfaßt, die ein Planet im Zeitraum mehrerer Jahre durchlaufen wird. In der Tat ist die astronomische Voraussicht der Erinnerung einer vergangenen Bewußtseinstatsache und nicht dem antizipierten Bewußtsein eines künftigen Bewußtseinszustandes zu vergleichen. Handelt es sich jedoch darum, einen künftigen Bewußtseinszustand zu bestimmen, so darf man, soll er auch nur einigermaßen zu den tieferen gehören, die Antezedentien nicht mehr statisch in der Gestalt von Sachen ansehen, sondern muß sie dynamisch und als Fortschritte auffassen, da es sich ganz allein um ihren Einfluß handelt: nun ist aber ihre Dauer diesem ihrem Einfluß selbst gleich; und aus diesem Grunde kann keine Rede davon sein, die künftige Dauer zu verkürzen, um sich ihre Bruchstücke im voraus vorzustellen; diese Dauer kann man nur erleben in dem Maße, als sie abläuft. Kurz, auf dem Gebiete der tiefen psychischen Tatsachen existiert kein angebbarer Unterschied zwischen Vorhersehen, Sehen und Handeln.

Dem Determinsten verbleibt nun höchstens noch ein Ausweg. Er wird die Möglichkeit, im jetzigen Augenblick eine bestimmte künftige Handlung oder einen bestimmten künftigen Bewußtseinszustand vorherzusehn, nicht länger behaupten, aber die Meinung vertreten, daß jede Handlung durch ihre psychischen Antezedentien determiniert werde oder, mit andern Worten, daß die Bewußtseinstatsachen wie die Naturphänomene Gesetzen unterworfen seien. Diese Argumentation besteht im Grunde darin, das Detail der konkreten psychischen Tatsachen zu ignorieren, und zwar aus instinktiver Furcht, man gerate dadurch an Phänomene, die sich jeder symbolischen Darstellung und infolgedessen auch jeder Vorhersicht entziehen. Die eigentümliche Natur dieser Phänomene läßt man dann im dunkeln und behauptet gleichwohl, daß sie als Phänomene dem Kausalitätsgesetz unterworfen bleiben. Nun spricht aber dies Gesetz aus, daß jedes Phänomen durch seine Bedingungen determiniert sei, oder mit andern Worten, daß dieselben Ursachen dieselben Wirkungen hervorbringen. Es muß also die Handlung entweder mit ihren psychischen Antezedentien unlöslich verknüpft sein, oder das Prinzip der Kausalität erleidet eine unbegreifliche Ausnahme.

Diese letzte Form der deterministischen Argumentation unterscheidet sich weniger, als man glauben möchte, von all denen, die wir früher einer Prüfung unterzogen haben. Sagt man, daß die gleichen inneren Ursachen dieselben Wirkungen hervorbringen, so setzt man damit voraus, daß die gleiche Ursache auf der Bühne des Bewußtseins mehrere Male auftreten könne. Nun hat es aber unsre Auffassung von der Dauer auf nichts geringeres abgesehen als darauf, die radikale Heterogenität der tiefen psychischen Tatsachen und die Unmöglichkeit zu behaupten, daß sich je ihrer zwei vollkommen gleichen, weil sie nämlich zwei verschiedene Momente eines geschichtlichen Verlaufs bilden. Während der äußere Gegenstand den Stempel der abgelaufenen Zeit nicht trägt und also der Physiker ungeachtet der Verschiedenheit der Momente wieder zu identischen elementaren Bedingungen gelangen kann, ist die Dauer für das Bewußtsein etwas Wirkliches und ihre Spur wird von ihm festgehalten; hier kann also von identischen Bedingungen nicht gesprochen werden, weil derselbe Moment nicht wiederkehrt. Umsonst wird man geltend machen, daß, wenn es auch zwei einander gleichende tiefe Seelenzustände nicht gibt, die Analyse doch innerhalb dieser verschiedenen Zustände stabile Elemente entdecken würde, die sich miteinander vergleichen lassen. Das hieße vergessen, daß die psychischen Elemente, auch die einfachsten, ihre eigene Persönlichkeit und ihr eigenes Leben haben, sofern sie nur irgend zu den tiefen gehören; sie sind in unablässigem Werden begriffen und dasselbe Gefühl ist allein dadurch, daß es sich wiederholt, schon ein neues Gefühl. Wir haben sogar keinen Grund, ihm seinen alten Namen zu belassen, und dürfen nur sagen, es entspreche derselben äußeren Ursache oder gelange durch analoge Zeichen äußerlich zum Ausdruck; man beginge somit eine petitio principii im eigentlichen Sinne, wenn man aus der behaupteten Ähnlichkeit der zwei Zustände folgern wollte, daß dieselbe Ursache dieselbe Wirkung hervorbringe. Kurz, wenn die Kausalität auch in der Welt der inneren Tatsachen stattfindet, kann sie keinesfalls dem gleichen, was wir in der Natur Kausalität nennen; für den Physiker bringt dieselbe Ursache stets dieselbe Wirkung hervor; für einen Psychologen, der sich durch scheinbare Analogien nicht beirren läßt, bringt eine tiefe innere Ursache ihre Wirkung ein einziges Mal hervor und niemals wieder. Und wenn man nun behauptet, daß diese Wirkung mit dieser Ursache unlöslich verbunden war, so wird eine solche Behauptung zweierlei bedeuten: entweder, daß bei gegebenen Antezedentien die künftige Handlung vorherzusehen war; oder daß, wenn die Handlung einmal vollzogen ist, eine jede andre Handlung unter den gegebenen Bedingungen als unmöglich erscheint. Nun haben wir aber gesehen, daß diese Behauptungen beide keinen Sinn haben und auch ihrerseits eine fehlerhafte Auffassung der Dauer einschließen.

Es erscheint uns aber trotzdem nicht überflüssig, uns bei dieser letzten Form der deterministischen Argumentation aufzuhalten, wäre es auch nur, um von unserem Gesichtspunkt aus den Sinn der beiden Worte Determination und Kausalität aufzuhellen. Wir werden umsonst geltend machen, es könne weder von einem Vorhersehen der künftigen Handlung nach Art eines astronomischen Phänomens die Rede sein, noch davon, daß wenn die Handlung einmal vollzogen ist, jede andre Handlung unter den gegebenen Bedingungen unmöglich gewesen wäre. Wir werden umsonst hinzufügen, daß sogar unter der Form: »dieselben Ursachen bringen dieselben Wirkungen hervor« das Prinzip durchgängiger Determination in der inneren Welt der Bewußtseinstatsachen jeglichen Sinn verliere. Der Determinist wird sich vielleicht bei jedem einzelnen dieser drei Punkte für sich genommen unserer Argumentation ergeben und anerkennen, daß in der psychischen Welt dem Worte Determination keine dieser drei Bedeutungen zukommen könne; er wird sogar zweifellos dabei scheitern, wenn er eine vierte entdecken will, und dennoch wird er nicht aufhören zu wiederholen, daß die Handlung unlöslich mit ihren Antezedentien verknüpft sei. Wir haben somit eine so tiefgehende Illusion und ein so zähes Vorurteil vor uns, daß wir damit nicht anders fertig werden können, als indem wir es in seinem Prinzip selbst angreifen, als welches das Prinzip der Kausalität ist. Wenn wir den Begriff der Ursache analysieren, werden wir den Doppelsinn aufzeigen können, den er enthält, und zugleich, ohne deswegen die Freiheit zu definieren, vielleicht über die rein negative Vorstellung hinausgelangen, die wir uns bisher von ihr gemacht hatten.

Wir nehmen physische Phänomene wahr, und diese Phänomene gehorchen Gesetzen. Dies bedeutet erstens, daß die früher wahrgenommenen Phänomene a, b, c, d in derselben Form abermals stattfinden können; zweitens, daß ein bestimmtes Phänomen P, das sich infolge der Bedingungen a, b, c, d und nur infolge dieser Bedingungen ereignete, unausbleiblich wieder stattfinden wird, sobald dieselben Bedingungen gegeben sind. Wenn das Prinzip der Kausalität uns sonst nichts lehrte, wie es die Empiristen behaupten, so ließe sich diesen Philosophen ohne Schwierigkeit einräumen, daß ihr Prinzip aus der Erfahrung stammt; es bliebe nämlich ausgemacht, daß bestimmte Antezedentien eine bestimmte Folgeerscheinung nach sich ziehen, wo immer die Erfahrung uns diese Regelmäßigkeit konstatieren läßt; die Frage ist aber gerade, ob sie auch auf dem Gebiete des Bewußtseins anzutreffen ist, und hierin liegt das ganze Freiheitsproblem beschlossen. Wir wollen für einen Augenblick zugestehen, daß das Kausalitätsprinzip nichts anderes tut, als die in der Vergangenheit beobachteten gleichförmigen und unabhängigen Sukzessionen zusammenzufassen; mit welchem Rechte aber wendet man dann dies Prinzip auf jene tiefen Bewußtseinstatsachen an, wo man eine regelmäßige Sukzession bisher noch nicht beobachtet hat, da es doch nicht gelingen will, sie vorherzusehen. Und wie kann man sich auf dieses Prinzip stützen, um die Determiniertheit der inneren Tatsachen zu behaupten, wo doch der eignen Ansicht zufolge die Determiniertheit der beobachteten Tatsachen die einzige Grundlage dieses Prinzips selbst ist? In Wahrheit nehmen die Deterministen, wenn sie das Kausalitätsprinzip gegen die menschliche Freiheit geltend machen, das Wort Ursache in einer neuen Bedeutung, die übrigens die des gemeinen Verstandes ist.

Die regelmäßige Aufeinanderfolge zweier Phänomene konstatieren heißt nämlich anerkennen, daß, wenn das eine gegeben ist, man das zweite bereits vor Augen hat. Diese ganz subjektive Verbindung zweier Vorstellungen genügt indessen dem gemeinen Verstande nicht. Er meint, daß, wenn die Vorstellung des zweiten Phänomens in der des ersten bereits enthalten ist, dem zweiten Phänomen selbst unter einer oder der anderen Form objektive Existenz innerhalb des ersten Phänomens zukommen müsse. Und der gemeine Verstand mußte zu diesem Schlusse gelangen, weil die genaue Unterscheidung zwischen einer objektiven Verbindung unter den Phänomenen und einer subjektiven Assoziation zwischen ihren Vorstellungen bereits einen ziemlich beträchtlichen Grad philosophischer Kultur voraussetzt. Man wird somit unmerklich von der ersten zur zweiten Bedeutung übergehen und sich das Kausalverhältnis wie eine Art Präformation des künftigen Phänomens in seinen gegenwärtigen Bedingungen vorstellen. Nun kann aber diese Präformation in zwei sehr verschiedenen Bedeutungen verstanden werden, und gerade an diesem Punkte beginnt der Doppelsinn.

Die mathematischen Wissenschaften liefern uns nämlich das Bild einer derartigen Präformation. Dieselbe Bewegung, durch die man in einer Ebene einen Umriß zieht, erzeugt sämtliche Eigenschaften dieser Figur; in diesem Sinne präexistieren in einer Definition eine unbegrenzte Zahl von Theoremen, wenngleich sie sich für den Mathematiker, der sie deduziert, in der Dauer entfalten müssen. Freilich sind wir hier auf dem Gebiete der reinen Quantität, und da sich die geometrischen Eigenschaften in der Form von Gleichheiten darstellen lassen, wird es leicht begreiflich, daß eine erste Gleichung, die die Grundeigenschaft der Figur ausdrückt, sich in eine unbegrenzte Menge neuer Gleichungen verwandelt, die alle zusammen virtuell in jener ersten enthalten sind. Dagegen unterscheiden sich die aufeinanderfolgenden und von unsern Sinnen wahrgenommenen physischen Phänomene ebensosehr qualitativ wie quantitativ, so daß es einigermaßen schwerfällt, sie von vornherein für einander äquivalent zu erklären. Aber gerade deshalb, weil unsere Sinne sie wahrnehmen, steht nichts im Wege, ihre qualitativen Unterschiede dem Eindruck zuzuschreiben, den sie auf uns ausüben, und anzunehmen, daß hinter der Heterogenität unsrer Empfindungen ein homogenes physikalisches Universum stehe. Kurz, man streift der Materie die konkreten Qualitäten ab, die ihr unsre Sinne verleihen, wie Farbe, Wärme, Widerstand, ja selbst Schwere, und was man schließlich vor sich hat, ist die homogene Ausdehnung, Raum ohne Körper. Alsdann bleibt wohl nichts andres mehr übrig als im Raum Figuren auszuschneiden, sie nach formulierten mathematischen Gesetzen sich bewegen zu lassen und die erscheinenden Qualitäten der Materie durch die Form, Lage und Bewegung dieser geometrischen Figuren zu erklären. Nun ist die Lage durch ein System fester Größen gegeben, und die Bewegung wird durch ein Gesetz ausgedrückt, d.h. durch ein konstantes Verhältnis zwischen variablen Größen; die Form aber ist ein Bild, und so fein und durchsichtig man es sich denken mag, es konstituiert dennoch, insofern unsre Einbildungskraft es sozusagen visuell perzipiert, eine konkrete Qualität der Materie, die mithin keine weitere Reduktion zuläßt. Man wird folglich mit diesem Bilde aufräumen und ihm die abstrakte Formel der Bewegung substituieren müssen, die die Figur hervorbringt. Man mag sich also algebraische Verhältnisse vorstellen, die sich ineinander verketten, durch eben diese Verkettung eine Objektivierung erfahren und einzig und allein durch ihre Komplexität die konkrete sichtbare und greifbare Wirklichkeit gebären, – man zieht immer nur die Konsequenzen aus dem Kausalitätsprinzip, verstanden im Sinne einer aktuellen Präformation der Zukunft in der Gegenwart. Es scheint, als hätten die zeitgenössischen Gelehrten die Abstraktion nicht ganz so weit getrieben, ausgenommen vielleicht Sir William Thomson. Dieser ingeniöse und tiefgründige Physiker stellt sich den Raum mit einem homogenen und unkomprimierbaren Fluidum erfüllt vor, in dem sich Wirbel bewegen und so die Eigenschaften der Materie erzeugen: diese Wirbel sind die konstitutiven Elemente der Körper; das Atom wird so zu einer Bewegung, und die physischen Phänomene reduzieren sich auf regelmäßige Bewegungen, die sich innerhalb eines unkomprimierbaren Fluidums vollziehen. Wenn man nun aber sein Augenmerk darauf richtet, daß dies Fluidum von vollkommener Homogenität ist, daß zwischen seinen Teilen weder ein leeres Intervall, das sie trennte, noch sonst eine Differenz besteht, die sie zu unterscheiden erlaubte, so wird man sich überzeugen, daß jede in diesem Fluidum sich vollziehende Bewegung tatsächlich der absoluten Unbewegtheit gleichkommt, da ja vor, während und nach der Bewegung nichts sich ändert, noch auch im ganzen eine Veränderung eintritt. Die hier in Rede stehende Bewegung ist also keine sich tatsächlich vollziehende Bewegung, sondern eine gedachte Bewegung; sie ist ein Verhältnis zwischen Verhältnissen. Man gesteht, ohne sich vielleicht darüber klare Rechenschaft zu geben, zu, daß die Bewegung ein Bewußtseinsvorgang ist, daß im Raum nur Simultaneitäten anzutreffen sind, und man gibt uns das Mittel an die Hand, diese Simultaneitätsbeziehungen für einen beliebigen Zeitpunkt unsrer Dauer zu berechnen. Nirgends ist der Mechanismus weiter getrieben worden als in diesem System, denn selbst die Form der letzten materiellen Elemente ist hier auf eine Bewegung zurückgeführt. Aber schon die cartesianische Physik ließe sich in einem analogen Sinne interpretieren; wenn nämlich, wie Descartes es will, die Materie sich auf ein homogenes Ausgedehntes reduziert, lassen sich die Bewegungen der Teile dieses Ausgedehnten durch das dabei waltende abstrakte Gesetz oder durch eine algebraische Gleichung zwischen variablen Größen begreifen, sie lassen sich indessen nicht in der konkreten Form von Bildern vorstellen. Und leichtlich könnte man beweisen, daß, je mehr der Fortschritt der mechanistischen Erklärungen die Entwicklung dieser Auffassung von der Kausalität und folglich die Befreiung des Atoms vom Gewicht seiner sinnlichen Qualitäten begünstigt, auch um so mehr die konkrete Existenz der Naturphänomene dahin strebt, sich solcherweise in algebraischen Dunst zu verflüchtigen.

So verstanden ist die Kausalitätsbeziehung eine notwendige Beziehung, insofern sie gleich einer Kurve an ihre Asymptote sich unbegrenzt an die Identitätsbeziehung annähert. Das Identitätsprinzip ist das absolute Gesetz unsres Bewußtseins; es besagt, daß, was gedacht wird, im Augenblicke, wo man es denkt, gedacht wird; und die absolute Notwendigkeit dieses Prinzips beruht darauf, daß es nicht Zukunft und Gegenwart, sondern nur Gegenwart und Gegenwart verbindet; es bringt das unerschütterliche Vertrauen zum Ausdruck, das das Bewußtsein zu sich selbst empfindet, solange es, seiner Rolle getreu, sich darauf beschränkt, den ersichtlichen aktuellen Zustand der Seele zu konstatieren. Das Kausalitätsprinzip aber, sofern es die Zukunft mit der Gegenwart verbinden will, kann niemals die Gestalt eines Notwendigkeit bei sich führenden Prinzips annehmen; denn die sukzessiven Momente der wirklichen Zeit sind nicht untereinander solidarisch, und keine Anstrengung des logischen Denkens wird den Beweis zu erbringen imstande sein, daß, was gewesen ist, sein oder zu sein fortfahren wird, daß dieselben Antezedentien stets identische Folgen herbeirufen werden. Descartes hatte das so wohl eingesehen, daß er die Regelmäßigkeit der physischen Welt und das fortgesetzte Eintreten derselben Wirkungen einer unablässig erneuerten Gnade der Vorsehung zuschrieb: er hat in gewissem Sinne eine Physik des Augenblicks konstruiert, die auf ein Universum anwendbar ist, dessen Dauer ganz und gar im gegenwärtigen Momente aufgehen würde. Und Spinoza meinte, daß die Reihe der Phänomene, die uns in der Form einer Folge in der Zeit erscheint, im Absoluten gleichwertig sei der göttlichen Einheit; er setzte auf diese Art einerseits voraus, daß die erscheinende Kausalitätsbeziehung zwischen den Phänomenen auf eine Identitätsbeziehung im Absoluten zurückleite, und andererseits, daß die unbegrenzte Dauer der Dinge völlig in einem einzigen Momente aufgehe, der die Ewigkeit ist. Kurz, ob man nun die cartesianische Physik, die spinozistische Metaphysik oder die Wissenschaftstheorien unsrer Tage weiter vertieft, überall wird man auf dasselbe von vorn herein bestehende Bedürfnis stoßen, eine Beziehung logischer Notwendigkeit zwischen der Ursache und ihrer Wirkung herzustellen, und überall wird man sehen, wie sich dies Bedürfnis in einer Tendenz äußert, die Sukzessionsbeziehungen in Inhärenzbeziehungen zu verwandeln, die Tätigkeit der Dauer zu beseitigen und die erscheinende Kausalität durch eine fundamentale Identität zu ersetzen.

Wenn nun aber die Entwicklung des im Sinne einer notwendigen Verknüpfung verstandenen Kausalitätsbegriffs zur spinozistischen oder cartesianischen Naturauffassung führt, so muß umgekehrt jede zwischen sukzessiven Phänomenen aufgestellte Beziehung notwendiger Determiniertheit daher kommen, daß man hinter diesen heterogenen Phänomenen in einer verworrenen Form einen mathematischen Mechanismus erblickt. Wir wollen damit nicht behaupten, daß der gemeine Verstand eine intuitive Kenntnis von den kinetischen Theorien der Materie und noch weniger vielleicht von einem Mechanismus im Sinne Spinozas besitze; man wird aber bemerken, daß, in je höherem Grade die Wirkung mit der Ursache notwendig verknüpft erscheint, man sie desto mehr in die Ursache selbst wie die mathematische Folge in das Prinzip zu verlegen und so die Wirkung der Dauer zu unterdrücken geneigt ist. Daß ich mich unter dem Einfluß derselben äußeren Bedingungen heute nicht wie gestern verhalte, ist nicht verwunderlich, weil ich Veränderungen erleide, weil ich dauere. Die Dinge aber, die wir als außerhalb unserer Perzeption gelegen betrachten, scheinen uns nicht zu dauern; und je weiter wir diese Vorstellung vertiefen, desto absurder kommt es uns vor zu meinen, daß dieselbe Ursache heute nicht dieselbe Wirkung hervorbringen sollte, wie sie sie gestern hervorgebracht hat. Freilich fühlen wir wohl, daß, wenn die Dinge nicht dauern wie wir, in ihnen dennoch irgendein unerklärlicher Grund liegen müsse, der den Anschein erweckt, die Phänomene folgten aufeinander und entfalteten sich nicht alle zugleich. Und dies ist die Veranlassung dafür, weshalb der Kausalitätsbegriff, wenn er sich auch dem Identitätsbegriff unbegrenzt annähert, uns dennoch nie mit ihm zusammenzufallen scheint, wofern wir nicht klar und deutlich die Vorstellung eines mathematischen Mechanismus zu gewinnen vermögen, oder wofern nicht eine subtile Metaphysik in dieser Hinsicht ausreichend gerechtfertigte Bedenken beiseite schafft. Es ist ebenso auch einleuchtend, daß unser Glaube an die notwendige gegenseitige Determinierung der Phänomene sich in dem Maße befestigt, als wir die Dauer für eine mehr subjektive Form unsres Bewußtseins halten. Mit andern Worten, je mehr wir die Kausalbeziehung zu einem Verhältnis notwendiger Determination machen, desto mehr nähern wir uns damit der Behauptung, die Dinge dauerten nicht wie wir. Und das heißt soviel als: je mehr man das Kausalitätsprinzip an Festigkeit gewinnen läßt, desto mehr akzentuiert man die Differenz, die eine psychische Reihe von einer physischen Reihe unterscheidet. Und daraus ergibt sich letzten Endes, so paradox diese Ansicht auch erscheinen mag, daß die Annahme einer mathematischen Inhärenzbeziehung zwischen den äußeren Phänomenen als natürliche oder wenigstens plausible Folge den Glauben an die menschliche Freiheit nach sich ziehen müßte. Diese letzte Folgerung wird uns indessen für den Augenblick noch nicht beschäftigen; wir wollen hier nur den ursprünglichsten Sinn des Wortes Kausalität zu ermitteln suchen, und wir denken gezeigt zu haben, daß die Präformation der Zukunft in der Gegenwart sich ohne weiteres in mathematischer Form begreifen läßt dank einer gewissen Auffassung von der Dauer, die, sowenig es auch den Anschein haben mag, dem gemeinen Verstand vertraut genug ist.

Es gibt indessen eine Präformation von anderer Art, die unserm Geiste noch vertrauter ist, weil das unmittelbare Bewußtsein uns ihr Bild darbietet. Wir durchlaufen nämlich sukzessive Bewußtseinszustände, und wenn auch der folgende im vorhergehenden keineswegs enthalten war, so haben wir doch jeweils, mehr oder weniger verworren, eine Vorstellung von ihm vor Augen gehabt. Die Verwirklichung dieser Vorstellung erschien uns übrigens nicht als sicher, sondern bloß als möglich. Jedoch haben sich zwischen die Vorstellung und die Handlung kaum merkliche Vermittelungen eingeschoben, die insgesamt für uns die Form *sui generis* annehmen, die man als Gefühl der Willensanstrengung bezeichnet. Und von der Vorstellung zur Anstrengung und von der Anstrengung zur Handlung ist der Fortschritt ein so stetiger gewesen, daß wir nicht anzugeben wüßten, wo die Vorstellung und die Anstrengung aufhören und wo die Handlung anfängt. Man begreift also, daß man in einem gewissen Sinne auch hier wieder sagen kann, daß die Zukunft in der Gegenwart präformiert war; nur muß man hinzufügen, daß diese Präformation sehr unvollständig ist, weil man die zukünftige Handlung, von der man die gegenwärtige Vorstellung besitzt, zwar als realisierbar, aber noch nicht als realisiert auffaßt, und weil man selbst dann, wenn man die Anstrengung, die zum Vollzug der Handlung nötig ist, andeutungsweise beginnt, sehr wohl fühlt, daß es noch immer Zeit ist, haltzumachen. Entscheidet man sich also dafür, das Kausalverhältnis in dieser zweiten Form aufzufassen, so kann man *a priori* behaupten, daß zwischen der Ursache und ihrer Wirkung keine Beziehung notwendiger Determination mehr besteht, denn die Wirkung ist nicht mehr in der Ursache gegeben. Sie wird darin nur als eine rein mögliche enthalten sein und als eine verworrene Vorstellung, der vielleicht keine entsprechende Handlung folgen wird. Es ist aber nicht zu verwundern, daß diese Annäherung dem gemeinen Verstande Genüge tut, wenn man bedenkt, mit welcher Leichtigkeit Kinder und primitive Völker die Vorstellung einer inkonstanten Natur hinnehmen, wo die Laune keine geringere Rolle spielt als die Notwendigkeit. Und diese Vorstellung von der Kausalität wird der gewöhnlichen Intelligenz zugänglicher sein, weil sie keine Anstrengung des abstrahierenden Denkens erfordert, und weil sie nur eine gewisse Analogie zwischen der äußeren und der inneren Welt in sich schließt, zwischen der Sukzession der objektiven Phänomene und der der Bewußtseinstatsachen.

Eigentlich ist diese zweite Auffassung von der Beziehung zwischen Ursache und Wirkung natürlicher als die erstere, insofern als sie ohne weiteres dem Bedürfnis nach Vorstellbarkeit genügt. Denn wir sagten doch, daß, wenn wir das Phänomen B innerhalb des Phänomens A selbst suchen, das ihm regelmäßig vorangeht, der Grund dafür der ist, daß wir gewohnheitsmäßig die beiden Bilder assoziieren und so schließlich zur Vorstellung gelangen, das zweite Phänomen sei sozusagen ins erste eingehüllt. Wir führen ganz natürlicher Weise diese Objektivierung zu Ende und machen aus dem Phänomen A selbst einen psychischen Zustand, in dem wir das Phänomen B in Gestalt einer verworrenen Vorstellung enthalten denken. Wir schränken uns hierdurch auf die Annahme ein, daß die objektive Verknüpfung der beiden Phänomene der subjektiven Assoziation gleicht, die uns die Vorstellung von dieser Verknüpfung suggeriert hat. Die Eigenschaften der Dinge werden so zu veritabeln Bewußtseinszuständen, die denen unsers Ich ziemlich analog sind; man schreibt dem materiellen Universum eine vage Persönlichkeit zu, die im Raum diffus vorhanden ist und die, ohne geradezu einen bewußten Willen zu haben, vermittelst eines inneren Antriebs, einer Willensanstrengung, von einem Zustand zum andern gelangt. Dies war der Gedanke des antiken Hylozoismus, einer schüchternen und sogar widerspruchsvollen Hypothese, die der Materie ihre Ausgedehntheit wahrte und ihr dabei wirkliche Bewußtseinszustände zuschrieb, und die die Qualitäten der Materie am Ausgedehnten sich entfalten ließ, während sie zu gleicher Zeit eben diese Qualitäten als innere, d.h. einfache Zustände behandelte. Leibniz blieb es vorbehalten, diesen Widerspruch zu beseitigen und nachzuweisen, daß, wenn man die Sukzession der Qualitäten oder äußeren Phänomene ebenso versteht wie die Sukzession unsrer eigenen Vorstellungen, aus jenen Qualitäten einfache Zustände oder Perzeptionen werden müssen und aus der Materie, die sie trägt, eine unsrer Seele analoge unausgedehnte Monade. Fortan können die sukzessiven Zustände der Materie ebensowenig mehr von außen perzipiert werden wie unsre eigenen psychischen Zustände; es bedarf der Einführung der Hypothese von der prästabilierten Harmonie, um eine Erklärung dafür zu geben, wie alle jene inneren Zustände für einander vorstellbar werden. So gelangen wir also mit unsrer zweiten Auffassung vom Kausalitätsverhältnis zu Leibniz, wie mit der ersten zu Spinoza. In beiden Fällen werden von uns nur zwei schüchterne und verworrene Vorstellungen des gemeinen Verstandes auf die Spitze getrieben oder präziser formuliert.

Nun leuchtet aber ein, daß das Kausalitätsverhältnis in diesem zweiten Sinne die Determination der Wirkung durch die Ursache nicht nach sich zieht. Die Geschichte selbst bezeugt es. Wir sehen, daß der antike Hylozoismus, die erste Entwicklungsstufe dieser Auffassung von der Kausalität, die regelmäßige Sukzession der Ursachen und Wirkungen durch einen echten und rechten *deus ex machina* erklärte; bald war er eine den Dingen äußere und ihnen obschwebende Notwendigkeit, bald eine innere Vernunft, die sich nach Regeln richtet, ganz ähnlichen denen, die unser Verhalten leiten. Die Perzeptionen der Monade Leibnizens nezessierten sich gegenseitig ebensowenig; Gott muß ihre Ordnung also von vornherein eingerichtet haben. Der Leibnizsche Determinismus beruht ja nicht auf seiner Auffassung von der Monade, sondern darauf, daß er das Universum lediglich mit Monaden aufbaut. Da er jeden mechanischen Einfluß der Substanzen aufeinander in Abrede gestellt hatte, mußte er doch erklären, wie ihre Zustände einander entsprächen; hieraus entstand dann ein Determinismus, der seinen Ursprung in der Notwendigkeit hat, eine prästabilierte Harmonie anzunehmen, und nicht etwa in der dynamischen Auffassung der Kausalitätsbeziehung. Lassen wir indessen die Geschichte auf sich beruhen. Das Bewußtsein bezeugt uns, daß die abstrakte Vorstellung von einer Kraft die Vorstellung einer unbestimmten Willensanstrengung ist, einer Anstrengung, die noch nicht zur Handlung vorgeschritten ist und in der diese Handlung nur erst im Stadium der Vorstellung vorhanden ist. Mit andern Worten: die dynamische Auffassung der Kausalitätsbeziehung schreibt den Dingen eine der unsrigen ganz analoge Dauer zu, welcher Natur diese Dauer auch sein mag; stellt man sich das Verhältnis zwischen Ursache und Wirkung in dieser Weise vor, so nimmt man also an, daß in der äußeren Welt die Zukunft ebensowenig mit der Gegenwart solidarisch ist, als sie es für unser eigenes Bewußtsein ist.

Aus dieser doppelten Analyse ergibt sich nun, daß das Kausalitätsprinzip zwei widersprechende Auffassungen von der Dauer in sich schließt sowie zwei nicht minder unverträgliche Bilder von der Präformation der Zukunft im Schoß der Gegenwart. Bald stellt man alle Phänomene, die physischen wie die psychischen, als in gleicher Art und Weise dauernd vor, und folglich als auf unsre Art dauernd; die Zukunft existiert dann nur mehr in Gestalt einer Vorstellung in der Gegenwart, und der Übergang von der Gegenwart zur Zukunft nimmt den Aspekt einer Willensanstrengung an, die nicht immer zur Verwirklichung der gedachten Vorstellung führt. Bald macht man umgekehrt die Dauer zur eigentümlichen Form der Bewußtseinszustände; die Dinge dauern alsdann nicht mehr wie wir, und man gesteht den Dingen eine mathematische Präexistenz der Zukunft innerhalb der Gegenwart zu. Jede dieser Hypothesen für sich genommen tritt im übrigen für die menschliche Freiheit ein; denn die erste läuft darauf hinaus, die Zufälligkeit bis in die Naturerscheinungen hinein zu tragen; und die zweite lädt uns, indem sie die notwendige Determiniertheit der physischen Phänomene darauf zurückführt, daß die Dinge nicht wie wir dauern, geradezu ein, aus dem dauernden Ich eine freie Kraft zu machen. Jede klare Auffassung von der Kausalität und jede Auffassung, bei der man sich selbst versteht, führt aus diesem Grunde zur Vorstellung von der menschlichen Freiheit als zu einer natürlichen Konsequenz. Unglücklicherweise hat die Gewohnheit Platz gegriffen, das Kausalitätsprinzip in beiden Bedeutungen zugleich zu nehmen, weil die eine unsrer Einbildungskraft genehmer ist und die andere das mathematische Räsonnement begünstigt. Bald denkt man hauptsächlich an die regelmäßige *Sukzession* der physischen Phänomene und an jene Art von innerer Anstrengung, durch die das eine zum andern wird; bald richtet man das Augenmerk auf die absolute Regelmäßigkeit dieser Phänomene und geht von dieser Vorstellung von Regelmäßigkeit in unmerklichen Stufen zur Vorstellung mathematischer Notwendigkeit über, die die Dauer im ersteren Sinne ausschließt. Und man sieht nichts Bedenkliches darin, diese beiden Bilder in ein Verhältnis gegenseitiger Abschwächung eintreten und das eine oder das andere vorherrschen zu lassen, je nachdem man sich mehr oder weniger auf die Seite des Interesses der Naturwissenschaft stellt. Wenn man aber das Kausalitätsprinzip in dieser zweideutigen Gestalt auf die Sukzession der Bewußtseinstatsachen anwendet, so schafft man sich mutwillig und ohne triftigen Grund unentrinnbare Schwierigkeiten. Die Vorstellung der Kraft, die in Wirklichkeit die der notwendigen Determiniertheit ausschließt, hat sozusagen die Gewohnheit angenommen, sich mit der Vorstellung der Notwendigkeit zu amalgamieren, und zwar gerade infolge des Gebrauchs, den man der Natur gegenüber vom Kausalitätsprinzip macht. Einerseits kennen wir die Kraft nur durch das Zeugnis des Bewußtseins, und dieses behauptet weder, noch begreift es auch nur die absolute Determiniertheit der zukünftigen Handlungen; dies nämlich ist alles, was uns die Erfahrung lehrt, und hielten wir uns an sie allein, so würden wir sagen müssen, daß wir uns frei fühlen, daß wir die Kraft, ob mit Recht oder mit Unrecht, als eine freie Spontaneität perzipieren. Andrerseits aber ist diese Kraftvorstellung auf die Natur übertragen worden, ist dort mit der Vorstellung der Notwendigkeit zu gleichen Schritten gegangen und kommt nun in verfälschter Gestalt von dieser Reise zurück. Sie kommt zurück, durchdrungen von der Vorstellung der Notwendigkeit; und im Lichte der Rolle, die wir sie in der äußern Welt haben spielen lassen, fassen wir die Kraft als die Wirkungen, die von ihr ausgehen, notwendig determinierend auf. Auch hier wieder kommt die Täuschung des Bewußtseins daher, daß es das Ich nicht unmittelbar betrachtet, sondern nach einer Art Brechung durch die Formen hindurch, die es der äußeren Wahrnehmung geliehen hat, und die diese ihm nur wiedergibt, nachdem sie gewissermaßen darauf abgefärbt hat. Es ist eine Art von Kompromiß zwischen der Vorstellung der Kraft und der Vorstellung notwendiger Determiniertheit zustande gekommen. Die ganz mechanische Determiniertheit zweier äußerer Phänomene durcheinander hat nun in unsern Augen dieselbe Gestalt angenommen wie die dynamische Beziehung den Aspekt einer mathematischen Ableitung, indem nun die menschliche Handlung mechanisch und folglich mit Notwendigkeit aus der sie erzeugenden Kraft hervorgeht. Unzweifelhaft gewährt diese Verschmelzung zweier verschiedener, einander beinahe entgegengesetzter Vorstellungen dem gemeinen Verstande Vorteile; denn sie ermöglicht uns, einerseits das Verhältnis, das zwischen zwei Zeitpunkten unsrer eigenen Existenz besteht, und andrerseits die Beziehung, die die sukzessiven Momente der äußeren Welt untereinander verbindet, in ein und derselben Weise vorzustellen und durch ein und dasselbe Wort zu bezeichnen. Wir haben gesehen, daß, wenngleich unsre tiefsten Bewußtseinszustände die numerische Mannigfaltigkeit ausschließen, wir sie dennoch in einander äußerliche Teile zerlegen; daß, wenn die Elemente der konkreten Dauer sich gegenseitig durchdringen, die Dauer, sobald sie im Ausgedehnten zum Ausdruck gelangt, ebenso wohlunterschiedene Momente aufweist wie die im Raum zerstreuten Körper. Ist es da zu verwundern, daß wir zwischen den Momenten unserer sozusagen objektivierten Existenz eine dem objektiven Kausalitätsverhältnis analoge Beziehung errichten und daß ein abermals einem Phänomen der Endosmose vergleichbarer Austausch zwischen der dynamischen Vorstellung einer freien Willensanstrengung und dem mathematischen Begriff notwendiger Determiniertheit stattfindet?

Die Scheidung dieser beiden Vorstellungen ist jedoch in den Naturwissenschaften eine vollendete Tatsache. Der Naturforscher mag von *Kräften* reden und sich sogar ihre Wirkungsweise nach Analogie einer innerlichen Willensanstrengung vorstellen, er wird aber diese Hypothese nie in eine wissenschaftliche Erklärung eindringen lassen. Die sogar, die mit Faraday die ausgedehnten Atome durch dynamische Punkte ersetzen, behandeln die Kraftzentren und Kraftlinien mathematisch, ohne sich um die als Aktivität oder Willensanstrengung betrachtete Kraft selbst zu kümmern. Es gilt also hier, daß das äußere Kausalitätsverhältnis rein mathematisch ist und keinerlei Ähnlichkeit hat mit der Beziehung der psychischen Kraft zur daraus fließenden Handlung.

Es ist nun an der Zeit, das Folgende hinzuzusetzen: Das innere Kausalitätsverhältnis ist ein rein dynamisches und hat keinerlei Analogie mit der Beziehung zwischen zwei einander bedingenden äußeren Phänomenen. Denn diese können sich in einem homogenen Raume wiederholen und lassen die Aufstellung eines Gesetzes zu, während die tiefen psychischen Tatsachen sich dem Bewußtsein nur ein einziges Mal darbieten und niemals wieder auftreten. Zu diesem Schlußergebnis hat uns zunächst eine aufmerksame Analyse des psychischen Phänomens geführt: die Untersuchung der für sich betrachteten Begriffe der Kausalität und Dauer hat es nur bestätigt.

Wir können nunmehr unsre Auffassung von der Freiheit formulieren.

Freiheit nennt man die Beziehung des konkreten Ich zur Handlung, die es ausführt. Diese Beziehung ist undefinierbar, eben weil wir frei sind; denn man kann zwar eine Sache, nicht aber einen Fortschritt analysieren; Ausdehnung kann man zerlegen, nicht aber Dauer. Oder besteht man dennoch auf der Analyse, so verwandelt man unbewußt den Fortschritt in ein Ding und die Dauer in Ausdehnung. Dadurch allein schon, daß man die konkrete Zeit in Teile zu zerlegen behauptet, entfaltet man ihre Momente in den homogenen Raum; an Stelle der sich vollziehenden Tatsache setzt man die vollzogene Tatsache, und sowie man begonnen hat, die Aktivität des Ich gewissermaßen zum Stillstand zu bringen, sieht man, daß sich die Spontaneität in Trägheit und die Freiheit in Notwendigkeit auflöst. – Aus diesem Grunde wird jedwede Definition der Freiheit dem Determinismus Recht geben.

In der Tat, soll man die freie Handlung definieren, indem man von dieser Handlung als einer bereits vollzogenen sagt, sie hätte auch nicht stattfinden können? Aber diese Behauptung – wie auch die entgegengesetzte – schließt die Vorstellung einer absoluten Gleichwertigkeit der konkreten Dauer und ihres räumlichen Symbols ein; und sobald man diese Gleichwertigkeit zugibt, gelangt man grade durch die Entwicklung der soeben ausgesprochenen Formel zum starrsten Determinismus.

Soll man die freie Handlung definieren »als die, die man nicht vorhersehen kann, selbst wenn man alle ihre Bedingungen im voraus kennt«? Aber alle Bedingungen als gegeben begreifen heißt soviel als sich in der konkreten Dauer in genau den Zeitpunkt versetzen, in dem die Handlung sich vollzieht. Oder aber man gibt dann zu, daß die Materie der psychischen Dauer im voraus symbolisch vorstellbar sei, was, wie wir sagten, darauf hinausläuft, die Zeit als ein homogenes Medium zu behandeln und in einer neuen Form die absolute Gleichwertigkeit der Dauer und ihres Symbols zuzugeben. Wenn man diese zweite Definition der Freiheit vertieft, gelangt man also wiederum zum Determinismus.

Soll man die freie Handlung endlich definieren, indem man sagt, sie werde durch ihre Ursache nicht notwendig determiniert? Aber entweder haben diese Worte jeden Sinn verloren oder man versteht darunter, daß dieselben inneren Ursachen nicht immer dieselben Wirkungen hervorbringen. Man gibt also zu, daß die psychischen Antezedentien einer freien Handlung sich von neuem wiederholen können, daß die Freiheit sich in eine Dauer entfaltet, deren Momente einander gleichen, und daß die Zeit ein homogenes Medium ist wie der Raum. Eben damit aber ist man bereits auf die Vorstellung einer Gleichwertigkeit der Dauer und ihres räumlichen Symbols zurückgeführt; und indem man die Definition, die man von der Freiheit aufstellt, mit Nachdruck in ihre Konsequenzen verfolgt, ergibt sie ebenfalls wieder den Determinismus.

In Summa: jedes die Freiheit betreffende Verlangen nach Erklärung kommt, ohne daß man es bemerkte, auf die folgende Frage hinaus: »Läßt sich die Zeit adäquat durch den Raum vorstellen?« – Worauf wir entgegnen: ja, wenn es sich um die abgelaufenen Zeit handelt, nein, wenn man von der ablaufenden Zeit spricht. Nun vollzieht sich aber die freie Handlung in der ablaufenden Zeit und nicht in der abgelaufenen. Die Freiheit ist somit eine Tatsache, und es gibt unter den Tatsachen, die man konstatiert, keine, die klarer wäre. Alle Schwierigkeiten des Problems und das Problem selbst entspringen daraus, daß man bei der Dauer dieselben Attribute wie bei der Ausdehnung finden, eine Sukzession durch eine Simultaneität interpretieren und die Vorstellung der Freiheit in einer Sprache wiedergeben will, in die sie sich offenbar nicht übertragen läßt.

Schluß

Um das Vorangegangene zusammenzufassen, wollen wir zunächst die Teminologie und sogar die Lehre Kants, auf die wir späterhin zurückkommen werden, beiseite lassen und uns auf den Standpunkt des gemeinen Verstandes stellen. Wir werden sagen, daß die gegenwärtige Psychologie es uns hauptsächlich darauf angelegt zu haben scheint, den Beweis zu erbringen, daß wir die Dinge durch Vermittlung gewisser unsrer Konstitution entnommener Formen apperzipieren. Diese Richtung hat sich seit Kant mehr und mehr geltend gemacht; während aber der deutsche Philosoph Zeit und Raum, Extensives und Intensives, und, wie wir gegenwärtig sagen würden, Bewußtsein und äußere Wahrnehmung scharf voneinander trennte, bemüht sich die empiristische Schule, indem sie die Analyse immer weiter treibt, das Extensive mit dem Intensiven, den Raum mit der Dauer und die äußere Welt mit inneren Zuständen aufzubauen. – Die Physik ergänzt von ihrer Seite die Arbeit der Psychologie in dieser Hinsicht: sie zeigt, daß man, wenn man die Phänomene vorhersehen will, zunächst mit den Eindrükken, die sie aufs Bewußtsein machen, aufräumen und die Empfindungen als Zeichen für die Wirklichkeit und nicht als die Wirklichkeit selbst behandeln muß.

Uns schien es, als sei das umgekehrte Problem aufzustellen und als habe man sich die Frage vorzulegen, ob die am klarsten zutage liegenden Zustände des Ich selbst, die wir unmittelbar zu erfassen glaubten, nicht vielmehr fast immer durch Vermittlung gewisser der Außenwelt entnommener Formen wahrgenommen werden, die uns so das ihr von uns Geliehene zurückgäbe. *A priori* scheint es ziemlich wahrscheinlich, daß es sich so verhält. Denn unter der Voraussetzung, daß die Formen, von denen hier die Rede ist und denen wir die Materie anpassen, ganz und gar dem Geiste entstammen, läßt sich schwer glauben, daß sie fortwährend auf die Gegenstände angewendet werden, ohne daß diese ihrerseits wieder auf sie abfärben sollten; benutzen wir also diese Formen für die Erkenntnis unsrer eignen Person, so laufen wir Gefahr, für die wirkliche Farbe des Ich zu nehmen, was ein bloßer Widerschein des Rahmens ist, in den wir es stellen, d.h. schließlich der äußeren Welt. Man kann aber noch weiter gehen und sagen, daß auf Gegenstände anwendbare Formen nicht völlig unser Werk sein können; daß sie aus einem Kompromiß zwischen der Materie und dem Geiste stammen müssen; daß, wenn wir dieser Materie viel geben, wir jedenfalls auch etwas von ihr empfangen; und daß wir so, wenn wir uns nach einem Ausflug in die äußere Welt wieder selbst ergreifen wollen, die Hände nicht mehr frei haben.

Ebenso aber, wie wir zur Bestimmung der wahren Beziehungen der physischen Phänomene zueinander von allem abstrahieren, was ihnen in unserer Wahrnehmungs- und Denkungsart offensichtlich widerstreitet, müßte auch die Psychologie, um das Ich in seiner ursprünglichen Reinheit zu betrachten, gewisse Formen ausscheiden oder berichtigen, die den sichtbaren Stempel der äußern Welt tragen. – Welches sind nun diese Formen? Voneinander isoliert und als lauter wohlunterschiedene Einheiten angesehen, erscheinen die psychischen Zustände als mehr oder weniger intensiv. Betrachten wir sie dann in ihrer Mannigfaltigkeit, so rollen sie in der Zeit ab und konstituieren die Dauer. In ihren Beziehungen untereinander endlich und insofern als sich eine gewisse Einheit durch all ihre Mannigfaltigkeit hindurch erhält, scheinen sie einander zu determinieren. – Intensität, Dauer und Willensdetermination sind also die drei Vorstellungen, die einer Reinigung bedurften, indem sie von all dem zu befreien waren, was sie dem Eindringen der Sinnenwelt und, um alles mit einem Worte zu sagen, der Tyrannei der Raumvorstellung verdankten.

Indem wir zunächst die erste dieser Vorstellungen betrachteten, fanden wir, daß die psychischen Tatsachen an sich reine Qualität oder qualitative Mannigfaltigkeit sind und daß andrerseits ihre im Raum gelegene Ursache Quantität ist. Insofern jene Qualität zum Zeichen für diese Quantität wird und wir diese letztere hinter ersterer vermuten, nennen wir sie Intensität. Die Intensität eines einfachen Zustandes ist somit nicht Quantität, sondern ihr qualitatives Zeichen. Sie entspringt aus einem Kompromiß zwischen der reinen Qualität, wie die Bewußtseinstatsache sie ist, und der reinen Quantität, die notwendig Raum ist. Diesen Kompromiß gibt man nun ohne das geringste Bedenken auf, sobald man die Außendinge erforscht, weil man dann die Kräfte selbst, vorausgesetzt, daß sie überhaupt existieren, beiseite läßt, um nur ihre meßbaren und ausgedehnten Wirkungen zu betrachten. Weshalb sollte man aber diesen Bastardbegriff beibehalten, wenn man nun auch ihrerseits die Bewußtseinstatsache analysiert? Ist die Größe außerhalb unser niemals intensiv, so ist die in uns liegende Intensität niemals Größe. Weil die Philosophen dies nicht einsahen, haben sie zwei Arten Quantität, eine extensive und eine intensive unterscheiden müssen, aber weder zu erklären vermocht, was sie denn Gemeinsames hätten, noch wie man für so ungleichartige Dinge dieselben Worte »wachsen« und »abnehmen« gebrauchen konnte. So sind sie eben dadurch verantwortlich für die Übertreibungen der Psychophysik; denn sobald man der Empfindung die Fähigkeit zuerkennt, in einem anderen als im metaphorischen Sinne zu »wachsen«, fordert man uns auf nachzuforschen, um wieviel sie wächst. Und daraus, daß das Bewußtsein die intensive Quantität nicht mißt, folgt noch nicht, daß die Wissenschaft nicht auf indirektem Wege dahin gelangen könne, falls es sich eben um eine Größe handelt. Es gibt also entweder eine mögliche psychophysische Formel, oder die Intensität eines einfachen psychischen Zustands ist reine Qualität.

Wir sind dann zum Begriff der Mannigfaltigkeit übergegangen und haben gesehen, daß die Konstruktion einer Zahl in erster Linie die Anschauung eines homogenen Mediums verlangt, und zwar den Raum, in dem sich voneinander unterschiedene Termini aufreihen können, und daß sie an zweiter Stelle einen Durchdringungs- und Organisationsprozeß erfordert, durch den diese Einheiten sich dynamisch aneinanderfügen und das bilden, was wir eine qualitative Mannigfaltigkeit nannten. Dank dieser organischen Entwicklung nun *fügen* sich die Einheiten *aneinander*, weil sie aber im Raume sind, bleiben sie *unterschieden*. Die Zahl oder wohlunterschiedene Mannigfaltigkeit ist also ebenfalls das Ergebnis eines Kompromisses. Wenn wir nun die materiellen Gegenstände für sich betrachten, geben wir diesen Kompromiß auf, denn wir halten sie für undurchdringlich und teilbar, d.h. für unbegrenzt voneinander unterschieden. Wir werden diesen Kompromiß also auch aufgeben müssen, wenn wir uns selbst erforschen. Weil dies die Assoziationspsychologen nicht taten, sind sie in zuweilen sehr grobe

Irrtümer verfallen, indem sie es unternahmen, einen psychischen Zustand durch das Addieren wohlunterschiedener Bewußtseinstatsachen zueinander zu rekonstituieren, und das Symbol des Ich anstelle des Ich selbst setzten.

Nach diesen vorläufigen Erwägungen durften wir an den Hauptgegenstand dieser Arbeit herangehen, nämlich an die Analyse der Vorstellungen der Dauer und der Determiniertheit des Willens.

Was ist die Dauer in uns? Eine qualitative Mannigfaltigkeit, die mit der Zahl keine Ähnlichkeit hat; eine organische Entwicklung, die jedoch keine wachsende Quantität ist; eine reine Heterogenität, innerhalb derer es keine unterschiedenen Qualitäten gibt. Kurz, die Momente der innern Dauer sind nicht einander äußerlich.

Was von der Dauer existiert außerhalb unser? Nur die Gegenwart oder, wenn man lieber will, die Simultaneität; die äußeren Dinge sind gewiß der Veränderung unterworfen, aber nur für ein Bewußtsein, das sich ihrer erinnert, sukzedieren ihre Momente einander. Wir beobachten außerhalb unser in einem gegebenen Augenblicke ein Ganzes simultaner Stellungen: von den vorangegangenen Simultaneitäten ist keine Spur vorhanden. Die Dauer in den Raum verlegen heißt, durch einen echten Widerspruch die Sukzession mitten in die Simultaneität hineinverpflanzen. Man darf also nicht sagen, daß die äußeren Dinge dauern, sondern vielmehr, daß in ihnen irgendein nicht auszudrückender Grund vorhanden ist, aus dem wir sie nicht in sukzessiven Momenten unserer Dauer zu betrachten vermögen, ohne eine Veränderung an ihnen zu konstatieren. Im übrigen schließt diese Veränderung keine Sukzession ein, wenn man nicht das Wort in einem neuen Sinne nimmt; in dieser Hinsicht haben wir zwischen der Wissenschaft und dem gemeinen Verstande Übereinstimmung festgestellt.

So finden wir im Bewußtsein Zustände, die einander sukzedieren, ohne sich voneinander zu unterscheiden; und im Raume Simultaneitäten, die, ohne einander zu sukzedieren, sich voneinander in dem Sinne unterscheiden, daß die eine nicht mehr ist, wenn die andere erscheint. – Außerhalb unser reziproke Exteriorität ohne Sukzession: innerhalb Sukzession ohne reziproke Exteriorität.

Auch hier findet wiederum ein Kompromiß statt. Diesen Simultaneitäten, die die äußere Welt konstituieren und die, obwohl sie voneinander unterschieden sind, einander sukzedieren, doch nur für uns, gestehen wir Sukzession an sich zu. Daher dann die Vorstellung, wonach die Dinge dauern wie wir und die Zeit in den Raum eingeht. Wenn aber dergestalt unser Bewußtsein die Sukzession in die äußeren Dinge hineinträgt, so exteriorisieren umgekehrt diese Dinge ihrerseits die sukzessiven Momente unserer inneren Dauer im Verhältnis zueinander. Die Simultaneitäten physischer Phänomene, die insofern völlig unterschieden sind, als die eine aufgehört hat zu sein, wenn die andre auftritt, zerlegen ein inneres Leben, wo Sukzession gegenseitige Durchdringung einschließen würde, in Teilchen, die ebenfalls wohlunterschieden und einander äußerlich sind: so wie etwa das Pendel einer Uhr die dynamische und ungeteilte Spannung der Feder in wohlunterschiedene Teilstücke zerlegt und sozusagen in Länge entfaltet. So entsteht durch ein echtes Phänomen von Endosmose die gemischte Vorstellung von einer meßbaren Zeit, die Raum ist als Homogeneität und Dauer als Sukzession, d.h. im Grunde die sich widersprechende Vorstellung der Sukzession in der Simultaneität.

Diese beiden Elemente, Ausdehnung und Dauer, scheidet die Wissenschaft, wenn sie die eingehende Erforschung der äußeren Dinge unternimmt. Wir glauben bewiesen zu haben, daß sie von der Dauer nur die Simultaneität und von der Bewegung selbst nur die Lage des Bewegten, d.h. also, die Unbewegtheit festhält. Die Scheidung erfolgt hier sehr reinlich, und zwar zugunsten des Raumes.

Man wird also diese Scheidung nochmals aber zugunsten der Dauer vollziehen müssen, wenn man an die Erforschung der inneren Phänomene herangeht, und zwar nicht etwa der innern Phänomene im vollendeten Zustand, noch ihrer, nachdem der diskursive Verstand, um sie sich zu erklären, sie getrennt und in ein homogenes Medium entfaltet hat, sondern der inneren Phänomene, solange sie in Bildung begriffen sind und vermöge ihrer gegenseitigen Durchdringung die stetige Entwicklung einer freien Persönlichkeit konstituieren. So auf ihre ursprüngliche Reinheit zurückgeführt, wird die Dauer als eine ganz und gar qualitative Mannigfaltigkeit, als eine absolute Heterogeneität von Elementen erscheinen, die miteinander eine Verschmelzung eingehen.

Weil man nun aber versäumt hat, diese notwendige Scheidung vorzunehmen, sind die einen dahin gelangt, die Freiheit zu leugnen, die andern, sie zu definieren und damit, ohne es zu wollen, sie wiederum zu leugnen. Man fragt sich nämlich, ob die Handlung vorhergesehen werden konnte oder nicht, wenn das Ganze ihrer Bedingungen gegeben war; und ob man nun bejahend oder verneinend antwortet, man gibt damit zu, daß dies Ganze von Bedingungen sich als gegeben denken lasse: d.h. aber, wie wir gezeigt haben, soviel als die Dauer als eine homogene Sache und die Intensitäten als Größen behandeln. Oder aber man wird weiter sagen, die Handlung sei durch ihre Bedingungen *determiniert*, und gewahrt dabei nicht, daß man mit dem Doppelsinn des Worts Kausalität spielt und so der Dauer gleichzeitig zwei einander ausschließende Formen zuerkennt. Oder aber man ruft endlich das Prinzip von der Erhaltung der Energie an, ohne sich zu fragen, ob dies Prinzip in gleicher Weise auf die Momente der äußeren Welt, die einander äquivalent sind, wie auf die Momente eines lebenden und zugleich bewußten Wesens, die sich ineinander aufspeichern, anwendbar sei. Wie man also auch, mit einem Worte, die Freiheit ansehen möge, man kann sie nur unter der Bedingung leugnen, daß man Zeit und Raum identifiziert; man kann sie nur unter der Bedingung definieren, daß man vom Raume die adäquate Darstellung der Zeit verlangt; man kann über sie, sei es nun im einen oder im andern Sinne, nur unter der Bedingung diskutieren, daß man zuvor Sukzession und Simultaneität vermengt. Jeder Determinismus wird also durch die Erfahrung widerlegt, aber jede Definition der Freiheit wird dem Determinismus Recht geben.

Als wir dann nachforschten, weshalb diese Scheidung von Dauer und Ausdehnung, die die Wissenschaft auf so ungezwungene Weise der Außenwelt gegenüber vollzieht, eine solche Anstrengung erheischt und solchen Widerwillen hervorruft, sobald es sich um innere Zustände handelt, hatten wir bald den Grund dafür gefunden. Die Wissenschaft hat zur Hauptaufgabe das Vorhersehen und das Messen: nun kann man aber physische Phänomene nur vorhersehen, wenn man dabei die Voraussetzung macht, daß sie nicht wie wir Dauer haben, und nur Räumliches kann man messen. Der Bruch ist also hier von selbst erfolgt zwischen der Qualität und der Quantität, zwischen der wahren Dauer und der reinen Ausdehnung. Handelt es sich aber um unsre Bewußtseinszustände, so haben wir alles Interesse daran, die Illusion beizubehalten, kraft derer wir sie an der gegenseitigen Exteriorität der äußeren Dinge teilnehmen lassen, weil diese Unterschiedenheit und gleichzeitig diese Verfestigung uns erlauben, ihnen stabile Namen zu geben, trotz ihrer Unstabilität, und wohl unterschiedene Namen, trotz ihrer gegenseitigen Durchdringung. Sie erlauben uns, sie zu objektivieren und so gewissermaßen in die Strömung des sozialen Lebens einmünden zu lassen.

So gäbe es also schließlich zwei verschiedene Ichs, derer eines eine Art äußere Projektion des andern, sein räumlicher und sozusagen sozialer Repräsentant wäre. Dem eigentlichen Ich kommen wir durch eine tief eingehende Reflexion bei, die uns ermöglicht, unsre inneren Zustände wie in ununterbrochener Umbildung begriffene lebende Wesen zu erfassen, wie Zustände, die aller Messung spotten, die sich gegenseitig durchdringen und deren Sukzession innerhalb der Dauer nichts mit der Nebeneinanderreihung im homogenen Raum gemein hat. Die Augenblicke aber, wo wir so uns selbst wieder ergreifen, sind selten, und deshalb sind wir selten frei. Meistenteils leben wir uns selbst gegenüber äußerlich und gewahren nur das entfärbte Phantom unsres Ich, einen Schatten, den die reine Dauer in den homogenen Raum wirft. Unsre Existenz spielt sich also mehr im Raum als in der Zeit ab: wir leben mehr für die äußere Welt als für uns; wir sprechen mehr, als daß wir selber handelten. Frei handeln heißt von sich selbst Besitz ergreifen, sich in die reine Dauer zurückversetzen.

Kants Irrtum bestand darin, daß er die Zeit als ein homogenes Medium auffaßte. Er scheint nicht bemerkt zu haben, daß sich die wirkliche Dauer aus Momenten zusammensetzt, die einander innerlich sind und daß, wenn sie die Gestalt eines homogenen Ganzen annimmt, sie sich eben damit im Raume ausdrückt. So läuft gerade die Unterscheidung, die er zwischen Raum und Zeit aufstellt, im Grunde darauf hinaus, die Zeit mit dem Raume und die symbolische Repräsentation des Ich mit dem Ich selbst zu verwechseln. Er hielt das Bewußtsein für unfähig, die psychischen Tatsachen anders als in der Nebeneinanderreihung wahrzunehmen, und vergaß dabei, daß ein Medium, in dem diese Tatsachen sich nebeneinanderreihen und voneinander unterscheiden, notwendig Raum und nicht mehr Dauer ist. Dadurch kam er zu der Meinung, daß sich in den Tiefen des Bewußtseins dieselben Zustände ebenso wiederholen können, wie sich dieselben physischen Phänomene im Raume wiederholen; wenigstens gestand er dies implizite zu, wenn er der Kausalitätsbeziehung in der inneren Welt denselben Sinn und dieselbe Rolle beimaß wie in der äußern Welt. Damit ward dann die Freiheit eine unbegreifliche Tatsache. Und trotzdem bewahrte er sich infolge eines unbegrenzten, doch unbewußten Vertrauens in jene innere Apperzeption, deren Tragweite er einzuschränken bestrebt war, einen unerschütterlichen Glauben an die Freiheit. So erhob er sie zur Höhe der Noumena; und da er die Dauer mit dem Raum vermengt hatte, machte er aus jenem wirklichen und freien Ich, das tatsächlich dem Raume fremd ist, ein Ich, das in gleicher Weise auch der Dauer gegenüber äußerlich und infolgedessen unserem Erkenntnisvermögen unzugänglich sein sollte. Die Wahrheit aber ist, daß wir dieses Ich immer dann wahrnehmen, wenn wir durch eine starke Anspannung der Reflexion unsre Augen von dem Schatten abwenden, der uns nachfolgt, und in uns selbst zurückgehen. Die Wahrheit ist, daß, wenn wir meistens im Verhältnis zu unserer eignen Person äußerlich und mehr im Raum als in der Dauer leben und handeln und wenn wir dadurch dem Kausalgesetz verfallen, das dieselben Wirkungen mit denselben Ursachen verknüpft, wir uns dennoch stets in die reine Dauer zurückversetzen können, deren Momente einander innerlich und heterogen sind und wo eine Ursache ihre Wirkung nicht zu reproduzieren vermag, da sie ja selbst sich niemals reproduzieren wird.

In dieser Vermengung der wahren Dauer mit ihrem Symbol liegt nun unsres Erachtens zugleich die Stärke und die Schwäche des Kantischen Systems. Kant imaginiert auf der einen Seite Dinge an sich und andernteils eine homogene *Zeit* und einen homogenen *Raum,* durch die hindurch die Dinge an sich erscheinen: so entstehen auf der einen Seite das phänomenale Ich, wie es das Bewußtsein perzipiert, und auf der andern Seite die äußeren Gegenstände. Zeit und Raum wären also ebensowenig in uns wie außer uns; die Unterscheidung von außen und innen selbst aber wäre das Werk von Zeit und Raum. Diese Lehre hat den Vorzug, unsrem empirischen Denken eine solide Grundlage zu geben und uns dessen zu versichern, daß die Erscheinungen als solche adäquat erkennbar sind. Wir könnten sogar diese Erscheinungen verabsolutieren und auf unerkennbare Dinge an sich verzichten, käme nicht als Offenbarerin der Pflicht die praktische Vernunft, nach Art der platonischen Wiedererinnerung, dazwischen, um uns zu gemahnen, daß die Dinge an sich unsichtbar und gegenwärtig existieren. Was diese ganze Theorie beherrscht, ist die sehr scharfe Unterscheidung zwischen der Materie der Erkenntnis und ihrer Form, zwischen dem Homogenen und dem Heterogenen, und diese Hauptentscheidung wäre gewiß nie gemacht worden, hätte man nicht auch die Zeit dem gegenüber, was sie erfüllt, als ein indifferentes Medium angesehen.

Wenn aber die Zeit, wie sie das unmittelbare Bewußtsein apperzipiert, ein homogenes Medium wäre wie der Raum, könnte die Wissenschaft ihrer auch wie des Raumes habhaft werden. Wir haben nun versucht zu beweisen, daß die Dauer, insofern sie Dauer, und die Bewegung, insofern sie Bewegung ist, der mathematischen Erkenntnis unzugänglich sind, die von der Zeit nur die Simultaneität und von der Bewegung nur die Unbewegtheit zurückbehält. Dies scheint den Kantianern und selbst ihren Gegnern entgangen zu sein: in dieser angeblichen Erscheinungswelt, die für die Wissenschaft hergerichtet ist, sind alle Beziehungen, die sich nicht in Simultaneität, d.h. ins Räumliche, übersetzen lassen, wissenschaftlich unerkennbar.

Zweitens könnten in einer homogen gedachten Dauer sich dieselben Zustände wieder einstellen, Kausalität würde notwendige Determination einschließen und alle Freiheit unbegreiflich werden. Zu diesem Ergebnis gelangt denn auch schließlich die Kritik der reinen Vernunft. Statt aber daraus zu folgern, daß die wirkliche Dauer heterogen ist, wobei infolge der Aufklärung dieser zweiten Schwierigkeit seine Aufmerksamkeit auf die erste gelenkt worden wäre, hat Kant es vorgezogen, die Freiheit jenseits der Zeit zu verlegen und eine unüberwindbare Schranke zwischen der Erscheinungswelt zu errichten, die er völlig unserm Verstande ausliefert, und der Welt der Dinge an sich, zu der er uns den Zutritt verwehrt.

Vielleicht ist aber diese Unterscheidung zu schroff und sind diese Schranken leichter zu übersteigen, als man meinen könnte. Wenn nämlich etwa die Momente der wirklichen Dauer in der Beobachtung eines aufmerksamen Bewußtseins einander durchdrängen, statt nebeneinander zu treten, und wenn diese Momente im Verhältnis zueinander eine Heterogenität bildeten, innerhalb deren die Vorstellung notwendiger Determiniertheit allen Sinn verlöre, dann wäre das vom Bewußtsein erfaßte Ich eine freie Ursache, und wir würden uns selbst absolut erkennen; und andrerseits wären die physischen Phänomene, eben weil dies Absolute sich ohne Unterlaß in sie hineinmengt und, sich selbst mit ihrem Stoff erfüllend, sie durchdringt, nicht in dem Maße, als man es behauptet, dem mathematischen Denken zugänglich.

Wir haben also einen homogenen Raum angenommen und mit Kant diesen Raum von der Materie unterschieden, die ihn erfüllt. Mit Kant haben wir zugestanden, daß der homogene Raum eine Form unsrer Sinnlichkeit ist; und wir meinen damit weiter nichts, als daß andre Intelligenzen, die der Tiere etwa, wenn sie Gegenstände wahrnehmen, sie nicht so scharf unterscheiden, weder voneinander noch von sich selbst. Diese Anschauung eines homogenen Mediums, wie sie dem Menschen eigentümlich ist, erlaubt uns, unsre Begriffe im Verhältnis zueinander zu exteriorisieren, und enthüllt uns die Objektivität der Dinge, und so bedeutet sie durch ihre doppelte Wirksamkeit, indem sie einerseits die Sprache begünstigt und andrerseits uns eine von uns selbst scharf unterschiedene äußere Welt darbietet, deren Perzeption allen Intelligenzen gemeinsam ist, eine Ankündigung und Vorbereitung des sozialen Lebens.

Diesem homogenen Raume nun haben wir das Ich gegenübergestellt, so wie es ein aufmerksames Bewußtsein wahrnimmt, ein lebendiges Ich, dessen zugleich ununterschiedene und unbeständige Zustände sich nicht trennen lassen, ohne ihre Natur zu ändern, und weder fixiert noch ausgedrückt werden können, ohne ins Gebiet des allen Gemeinsamen zu fallen. Mußte für dieses Ich, das die äußeren Dinge so scharf unterscheidet und so leicht durch Symbole vorstellt, die Versuchung nicht groß sein, dieselbe Schärfe der Unterscheidung bis in sein eigenes Sein hineinzutragen und der inneren Durchdringung seiner psychischen Zustände, ihrer ganz qualitativen Mannigfaltigkeit, eine numerische Pluralität von untereinander verschiedenen, sich nebeneinander aufreihenden, durch Worte ausdrückbaren Termini zu substituieren? An Stelle einer heterogenen Dauer, deren Momente sich durchdringen, haben wir dann eine homogene Zeit, deren Momente sich im Raum aufreihen. An Stelle eines inneren Lebens, dessen sukzessive Phasen jede einzig in ihrer Art und mit der Sprache inkommensurabel sind, erhalten wir ein künstliches, der Rekonstruktion zugängliches Ich und einfache psychische Zustände, die zusammentreten und auseinandergehen wie die Buchstaben des Alphabets bei der Bildung von Worten. Und es wird dies nicht bloß eine symbolische Vorstellungsweise bleiben; denn die unmittelbare Anschauung und der diskursive Verstand sind in der konkreten Wirklichkeit eins, und derselbe Mechanismus, durch den wir uns anfangs unser Verhalten erklärten, wird es schließlich beherrschen. Unsre psychischen Zustände werden sich, indem sie sich dann voneinander lösen, verfestigen; zwischen unsern solcherweise kristallisierten Vorstellungen und unsern äußeren Bewegungen werden sich stabile Assoziationen bilden; und allmählich wird, indem unser Bewußtsein den Prozeß nachahmt, durch den die Nervensubstanz Reflexhandlungen hervorbringt, der Automatismus die Freiheit überdecken[1]. Just in diesem Momente treten die Assoziationspsychologen und Deterministen einerseits und die Kantianer andrerseits auf den Plan. Da sie von unserm Bewußtseinsleben nur dessen gewöhnlichsten Aspekt ins Auge fassen, so gewahren sie wohlunterschiedene Zustände, die sich in der Zeit ebenso wiederholen können wie die physischen Phänomene, und auf die, wenn man will, das Gesetz von der kausalen Determination im selben Sinne Anwendung findet wie auf die Naturerschei-

---

1 Renouvier hat bereits von diesen Willenshandlungen gesprochen, die mit Reflexhandlungen vergleichbar sind, und er hat die Freiheit auf die Momente der Entscheidung eingeschränkt. Er scheint aber übersehen zu haben, daß gewissermaßen uns unbewußt der Prozeß unsrer freien Aktivität durch alle Momente der Dauer hindurch in den dunklen Tiefen unsres Bewußtseins seinen Fortgang nimmt, daß das Gefühl der Dauer selber daher entspringt und daß ohne diese heterogene und ununterschiedene Dauer, in der unser Ich sich entwickelt, eine sittliche Entscheidung nicht zustande käme. Auch wenn sie noch so gründlich ist, wird die Erforschung einer gegebenen freien Handlung das Freiheitsproblem zu lösen unvermögend sein. Die ganze Reihe unserer heterogenen Bewußtseinszustände gilt es zu betrachten. Mit andern Worten: der Schlüssel des Problems ist in einer gründlichen Analyse der Vorstellung von der Dauer zu suchen.

nungen. Da andrerseits das Medium, in dem diese psychischen Zustände sich aneinanderreihen, einander äußerliche Teile aufweist, wo sich dieselben Tatsachen anscheinend wiederholen können, zaudern sie nicht, aus der Zeit ein homogenes Medium zu machen und sie zu behandeln, als wäre sie Raum. Hiermit ist dann jeder Unterschied zwischen Dauer und Ausdehnung, zwischen Sukzession und Simultaneität aufgehoben; es bleibt nur noch übrig, die Freiheit in Acht und Bann zu tun oder, falls man sie etwa aus moralischen Bedenken zu respektieren gesonnen ist, sie mit allerlei Aufmerksamkeiten in das überzeitliche Gebiet der Dinge an sich überzuführen, deren geheimnisvolle Schwelle unser Bewußtsein nicht überschreitet. Unseres Erachtens aber läßt sich noch eine dritte Stellung einnehmen: wir könnten uns nämlich mit unsern Gedanken in jene Momente unsres Daseins zurückversetzen, wo wir eine bedeutsame Entscheidung getroffen haben, Momente, die einzig in ihrer Art sind und die sich ebensowenig wiederholen, als für ein Volk die entschwundenen Phasen seiner Geschichte wiederkommen. Wir würden dann sehen, daß, wenn diese vergangenen Zustände sich nicht adäquat in Worten ausdrücken noch sich künstlich durch eine Nebeneinanderreihung einfacherer Zustände wieder zusammensetzen lassen, der Grund dafür darin zu suchen ist, daß sie in ihrer dynamischen Einheit und völlig qualitativen Mannigfaltigkeit Phasen unsrer realen und konkreten Dauer repräsentieren, der Dauer, die heterogen ist, der Dauer, die lebt. Wir würden sehen, daß, wenn uns unsre Handlung als frei erschienen war, der Grund dafür gewesen ist, daß die Beziehung dieser Handlung zu dem Zustand, aus dem sie hervorging, sich durch kein Gesetz ausdrücken ließ, da dieser psychische Zustand einzig in seiner Art war und sich niemals mehr wiederholen konnte. Wir würden endlich sehen, daß die Vorstellung notwendiger Determiniertheit selber hier jeden Sinn verliert, daß ebensowenig die Rede davon sein kann, die Handlung vor ihrem Vollzug vorherzusehen, wie über die Möglichkeit der entgegengesetzten Handlungsweise Räsonnements anzustellen, sobald die Handlung geschehen ist; denn nimmt man sämtliche Bedingungen als gegeben an, so heißt das, in der konkreten Dauer sich in den Moment der Handlung selbst versetzen und nicht sie vorhersehen. Wir würden aber auch begreifen, durch welche Illusion es kommt, daß die einen sich genötigt glauben, die Freiheit zu leugnen, und die andern, sie zu definieren. Es beruht dies darauf, daß man in unmerklichen Stufen von der konkreten Dauer, deren Elemente sich durchdringen, zur symbolischen Dauer, deren Momente sich nebeneinander aufreihen, und folglich von der freien Aktivität zum bewußten Automatismus übergeht. Es beruht ferner darauf, daß, wenn wir jedesmal dann frei sind, wo wir in uns selbst zurückgehen wollen, es doch nur selten geschieht, daß wir dies wollen. Es beruht endlich darauf, daß man selbst in den Fällen, wo die Handlung mit Freiheit vollzogen ist, über sie nicht nachdenken kann, ohne ihre Bedingungen gesondert auseinanderzulegen, und zwar im Raume und nicht mehr in der reinen Dauer. Das Problem der Freiheit ist also aus einem Mißverständnis hervorgegangen: für die modernen Menschen ist es dasselbe gewesen, was für die Alten die Sophismen der eleatischen Schule waren, und wie diese Sophismen selbst hat es seinen Ursprung in der gleichen Illusion: in der Vermengung von Sukzession und Simultaneität, Dauer und Ausdehnung, Qualität und Quantität.

Anmerkungen zu Henri Bergson

Ideengeschichtler, die zu Fortschrittsgläubigkeit neigen, versuchen den Untergang einer Philosophie mit der immanenten Unzulänglichkeit ihrer Denkkategorien zu erklären; eine neue Philosophie dränge die ältere von der Bühne, weil sie bessere Lösungen, genauere Fragen, umfassendere Synthesen, tiefere Einsichten liefere. Dementsprechend wird die Verdrängung der Lebensphilosophie und ihres berühmtesten Vertreters, Henri Bergsons, mit der Überlegenheit der Existenzphilosophie, insbesondere Sartres, erklärt. Daß die Lebensphilosophie abdanken mußte, als die Existenzphilosophie den Horizont schon ausfüllte, ist sicher; daß dies aufgrund einer qualitativen Verfeinerung des Zeitgeistes geschehen sei – weniger.[1]

Die Tilgung der einst so einflußreichen Lebensphilosophie aus dem Bewußtsein der letzten Jahrzehnte gibt Rätsel auf, die in den gegen sie erhobenen Vorwürfen des »Irrationalismus«, »Biologismus« und »Präfaschismus« keine befriedigende Lösung finden. Wäre der Irrationalismus ein Grund für die spätere Ablehnung, bliebe unverständlich, daß die Lebensphilosophie sich zwischen 1880 und 1930 überhaupt ausbreiten konnte, war doch damals der Kreis rationalistischer Kritiker kaum kleiner als heute. Wäre die Lebensphilosophie eine biologistische Philosophie, das heißt eine philosophische Folge der damals wie heute einflußreichen Evolutionstheorie Darwins, dann stellte sich die Frage, warum sie inzwischen verschwunden ist, obwohl ihr Paradigma seine allgemeine Gültigkeit für unsere immer noch wissenschaftsgläubige Zeit keineswegs eingebüßt hat.

Der Vorwurf des »Präfaschismus«, der vor allem von linken Kritikern erhoben wird, büßt an Glaubwürdigkeit dadurch ein, daß diese Kritiker ihn verschwenderisch gegen

---

1 Siehe dazu mein Buch »*Heimkehr – Henri Bergsons lebensphilosophische Ansätze zur Heilung von erstarrtem Leben*«, Frankfurt a.M. 1988, Kapitel 1.

nicht-marxistische, bürgerliche Philosophien einsetzen.[2] Die Vertreter der Lebensphilosophie waren in Theorie und Praxis zu verschieden, als daß sie sich unter ein politisches Etikett bringen ließen. Während Oswald Spengler Rasse und Führerprinzip verherrlicht (in *»Der Mensch und die Technik. Beitrag zu einer Philosophie des Lebens«*,1931), spricht sich Henri Bergson in *»Die beiden Quellen der Moral und der Religion«* für die offene Gesellschaft und die Demokratie aus und läßt sich 1941 im besetzten Frankreich freiwillig als Jude eintragen, um sich mit seinen verfolgten Brüdern solidarisch zu erklären.

Bergson galt in den Jahren vor dem Ersten Weltkrieg für die Öffentlichkeit als Philosoph par excellence und löste weit über die Grenzen Frankreichs hinaus einen »Trend« aus, wodurch seine Philosophie zuweilen als »Mode« nur oberflächlich rezipiert wurde. Dieser Umstand barg die Gefahr des Verfalls seiner Philosophie, unabhängig von ihren wirklichen Verdiensten.[3] Denn was Moden besonders auszeichnet, ist nicht so sehr die Beziehung zu den Bedürfnissen der jeweiligen Zeit, sondern der ihr Erscheinen und Verschwinden begleitende plötzliche Wechsel von Euphorie zu Unlust. Stichworte hier sind der Übergang von Optimismus zu Pessimismus, Folge zweier Weltkriege und enttäuschter Erwartungen an das Emanzipationsprojekt der Aufklärung, und zweitens der endgültige zivilisatorische Sieg der objektivierenden Macht von Wissenschaft und Technologie.

Daß die Lebensphilosophie für die Philosophie unseres Jahrhunderts Weichen gestellt hat, sei hier angesichts des Nebels, der sie gegenwärtig umgibt, hervorgehoben. Während ihrer Kulmination hat sie die geistige Landschaft

---

2 So nannte zum Beispiel Jean Kanapa, einst Vorsitzender der französischen KP, den Existentialismus und Bergsonismus »philosophische Streitpferde der dekadenten Bourgeoise« (in *»L'existentialisme n'est pas un humanisme«*, Editions Sociales, Paris 1947, S. 5). Für Georg Lukács in *»Die Zerstörung der Vernunft«* war die Lebensphilosophie samt der übrigen nicht-marxistischen, »bürgerlichen« Philosophie »imperialistisch«. Die entsprechende Faschismustheorie läßt sie dann als präfaschistisch erscheinen (siehe Herbert Schnädelbach *»Philosophie in Deutschland 1831-1933«*, Frankfurt a.M. 1983, S. 173-174).

3 Siehe dazu mein Nachwort zu Bergson *»Denken und Schöpferisches Werden«*, Frankfurt a.M. 1985, S. 280-281.

Europas so nachhaltig verändert, daß auch ihre erbittertsten Gegner sich den Fragestellungen, die sie aufwarf, nicht entziehen konnten.[4] Als jedoch später ihr Stern unterging und die direkte Stimme ihrer Vertreter immer schwächer wurde, lebte die Lebensphilosophie weiter in der Philosophischen Anthropologie und sogar im Existentialismus und in der Frankfurter Kritischen Theorie, ungeachtet der Tatsache, daß beide jede Verwandtschaft zu ihr leugneten.[5] Die Parteinahme für das *Dynamische* gegen das *Statische* und die Interpretation der Marxschen Kritik des Warenfetischismus im Lichte der Theorie der *Verdinglichung* sind beispielhaft für das Zusammenfließen der Wirkungen des von Schelling beeinflußten jungen Hegel sowie der Lebensphilosophie in den Neomarxismus und die Kritische Theorie.[6] Georg Lukács hat als Lebensphilosoph angefangen, und auch Ernst Blochs Schuldigkeit der Lebensphilosophie gegenüber ist unbestreitbar. Adornos Kampf gegen den dem Totalitarismus Vorschub leistenden Satz der Identität findet in Bergsons Anleitungen zum Gebrauch der Begriffe in der Intuitionsphilosophie sein Pendant.[7]

In zwei kritischen Artikeln (1933-1934) warf Horkheimer Bergson mangelnde Einsicht in die sozioökonomische Einbindung von Moral und Metaphysik vor.[8] Einerseits bescheinigt er Bergson die Sorge um den gesellschaftlichen

---

4 »Erstaunlich ist«, befindet Schnädelbach, »in welchem Maße auch die Positionen, die sich explizit gegen die Lebensphilosophie wenden, davon affiziert sind.« Als Beispiel führt er die Begriffe des »heterogenen Kontinuums« und der »Unmittelbarkeit und irrationalen Anschaulichkeit des erlebten Lebens« bei den Neukantianern an (*»Philosophie in Deutschland, 1831-1933«*, S. 182).

5 Siehe dazu Romanòs, *»Heimkehr«*; Schnädelbach, *»Philosophie in Deutschland 1831-1933«*, S. 172 ff. u.a.; Leszek Kolakowski, *»Henri Bergson«*, München 1985, S. 121.

6 Siehe dazu: Schnädelbach *»Philosophie in Deutschland 1831-1933«*, S. 173; Wolfdietrich Schmied-Kowarzik, *»Die menschliche Natur. Zum Naturbegriff bei Herbert Marcuse«* (unveröffentlicht).

7 Schon 1913 warf der rationalistische Kritiker Julien Benda Bergson »tiefen Identitätshaß« vor, »einen Abscheu vor der Idee, daß ein Ding dieses Ding für wie kurze Zeit auch immer sein kann, eine Leidenschaft für die Beweglichkeit« (zit. nach Kolakowski, *»Henri Bergson«*, S. 107).

8 In *»Zu Henri Bergsons ›Les deux sources de la morale et de la religion‹«* (1933) und *»Zu Bergsons Metaphysik der Zeit«* (1934), aus Max Horkheimer, *Gesammelte Schriften*, Band 3, Frankfurt a.M. 1988.

Fortschritt und auch das Verdienst, mit der Analyse der Verstandestätigkeit, besonders der verräumlichenden Funktion des Intellekts, der fetischistischen Übersteigerung von Begriffen und verdinglichten Ansichten entgegengewirkt zu haben. Andererseits bestreitet er die gesellschaftliche Relevanz der Erkenntniskritik Bergsons, weil diese im Namen einer überhöhten Metaphysik stattfinde, anstatt sich in den Prozeß notwendiger gesellschaftstheoretischer Korrekturarbeit, als »bestimmte Negation«, einzufügen.

Doch es fragt sich, ob die Totalisierung des Gesellschaftsbegriffes, die Horkheimer hier vornimmt, die Korrekturarbeit fördert. Und wie kann die Frage nach den wahren im Unterschied zu den falschen Bedürfnissen der Gesellschaft ohne ein Korrektiv übergeordneter Maßstäbe entschieden werden?

Bergsons Metaphysik gibt uns solche Maßstäbe an die Hand, indem sie den Gesellschafts- und Geschichtsprozeß als Teil eines umfassenden Naturprozesses begreifen lehrt.[9] Nichts anderes intendiert die Grundfigur der Lebensphilosophie, das *Leben* als das den Geist, die Kultur und das individuelle Bewußtsein immer Umgreifende –[10] das Leben, in dem schon Hegel in den Jenaer Vorlesungen »eine alle einzelnen ›Systeme‹ der Natur übergreifende Bestimmung« sah.[11]

Wenn man bedenkt, daß die Naturbestimmung des Menschen, in der Nachfolge Hegels, auch von Marx hervorgehoben wurde[12] und daß sie bei Herbert Marcuse eine Schlüsselrolle in seiner Kritik der industriellen Gesellschaft spielt[13], so erscheint die marxistische Distanzierung von dem Denken Bergsons in der Tat ungerechtfertigt. Denn worin be-

9 Siehe Romanòs, *»Heimkehr«*, Kapitel 7.
10 Schnädelbach *»Philosophie in Deutschland 1831-1933«*, S. 176.
11 Herbert Marcuse, *»Hegels Ontologie und die Theorie der Geschichtlichkeit«* (1932), Frankfurt a.M. 1968, S. 247 f.
12 »Das gegenständliche Wesen ... würde nicht gegenständlich wirken, wenn nicht das Gegenständliche in seiner Wesensbestimmung läge. Es schafft, setzt nur Gegenstände, *weil* es durch Gegenstände gesetzt ist, weil es von Haus aus Natur ist.« »Wenn der wirkliche, leibliche, auf der festen wohlgerundeten Erde stehende, alle Naturkräfte aus- und einatmende Mensch ...« »Daß der Mensch ein leibliches, naturkräftiges, lebendiges, wirkliches, sinnliches, gegenständliches Wesen ist...« (*MEW*, Berlin 1956 ff., Ergbd. I, S. 577 ff.).
13 In Marcuse *»Eros and Civilization«* 1955, dt. *»Triebstruktur und Gesellschaft«*, Frankfurt 1968.

steht die Leistung Bergsons, wenn nicht darin, Wissenschaft und technologische Zivilisation vor den Richterstuhl der *lebendigen Natur* zu bringen?

Seit dem neunzehnten Jahrhundert streiten Philosophen um die Frage nach dem ontologischen Primat des Geistes oder des Lebens. Dem Rationalismus der Aufklärung mitsamt dem mechanischen Materialismus von Naturwissenschaft und Technik steht der Oppositionsbegriff »Leben« in verschiedenen Deutungen (als Drang, Wille, Seele, Erleben, Trieb, Eros, Intuition, Sympathie, élan) gegenüber. Diese Sachlage ist zweifellos in der Entwicklung der Zivilisation begründet. Fällt den Philosophen eine verbindliche Bestimmung des Verhältnisses von Leben und Geist schwer, so ist andererseits gewiß, daß im faktischen Gang der Zivilisation die Entscheidung darüber *in der Praxis* vorweggenommen worden ist – zu ungunsten des Lebens.

Einer Diagnose dieser Sachlage ist Freud in seiner Kulturtheorie nahe gekommen, indem er in der Repression des Erotischen eine notwendige Voraussetzung für den Aufbau von Kultur erblickte.[14] Daß aber diese Diagnose primär *unsere* Kultur und keineswegs, wie Freud dachte, Kultur überhaupt betrifft, hat Marcuse dargelegt.[15]

Die enttäuschte Hoffnung auf das Protestpotential einer erstarkenden Arbeiterbewegung hat den reifen Marcuse zu der Einsicht veranlaßt, daß die Kritische Theorie ihre Kritik am System tiefer ansetzen müßte, sollte der Protest nicht am System untergehen: an der wissenschaftlich-technischen Rationalität der fortgeschrittenen Industriegesellschaft. Marcuse befand, daß die herrschenden Wissenschaften und Technologien keineswegs politisch neutrale Mittel seien, die sich allenfalls durch ihre Anwendung im Dienste des Kapitals negativ auswirken, sondern daß die Möglichkeit totalitärer Herrschaft in ihnen konstitutionell angelegt sei.

Voraussetzung für die technische Rationalität in der Neuzeit ist eine zweifache Zerstörung gewesen: die Zersetzung des sinnlichen Erfahrungszusammenhangs durch den englischen Empirismus und die Zerstückelung ganzheitlichen Denkens in mathematisierbare Wissenselemente durch den französischen Rationalismus. Um Empirie und Rationalität

---

14 Sigmund Freud, »*Das Unbehagen in der Kultur*« (1930).
15 In Marcuse, »*Triebstruktur und Gesellschaft*«.

dem technologischen Apriori verfügbar zu machen, mußte vorher die sinnlich-lebensweltliche Erfahrung zerschlagen, das Subjekt seiner Substanz entleert und zum Ort ausschließlich logisch-mathematischer Begriffsbildung werden.[16]

Dilthey hatte Hegel entgegengehalten, daß die Wirklichkeit des objektiven Geistes erst im Zusammenhang mit der geschichtlichen Konkretion und nicht in einer idealen metaphysischen Konstruktion, durch »Vernunft«, manifest werde.[17]

Was dies im Kontext der fortgeschrittenen Industriegesellschaft bedeutet, sagt Marcuse: »Das totalitäre Ganze technologischer Rationalität ist die letzte Umbildung der Idee der Vernunft.« Die Technik treibt die *Verdinglichung* von Mensch und Natur mit einer nie dagewesenen Radikalität voran. »Das Gewebe der Herrschaft ist zum Gewebe der Vernunft selbst geworden.«[18]

Marcuse möchte aber der marxistischen Tradition insofern treu bleiben, als er die entfremdete *Formbestimmtheit* von Wissenschaft und Technik aus der Logik des Kapitals ableitet. Doch auffallend ist, wie vage sich die Hoffnung Marcuses auf eine alternative, menschengerechte Wissenschaft angesichts der bestehenden Wissenschaft ausnimmt. Woher sollte eine alternative Wissenschaft, die eine neue Form der Begründung und des systematischen Aufbaus kennt, kommen? Die Kritik der Kritischen Theorie an der Aufklärungsvernunft gibt Anlaß zu zweifeln, ob eine alternative Wissenschaft aus derselben Quelle wie die traditionelle gespeist werden könnte.

Im Kampf gegen den Totalitarismus der technisch-wissenschaftlichen Rationalität, jener modernen Kristallisation der Vernunft, konnte der reife Marcuse, mitten im Dickicht der sozialen Bezüge, die seit eh und je das Blickfeld der marxistischen Kritik ausgefüllt hatten, die »menschliche Natur« entdecken. Mit Rückgriff auf Friedrich Schillers Aufklärungskritik befindet er, daß die menschliche *Sinnlichkeit* der Tyrannei der Vernunft verfallen sei, und ruft zu einer neuen Bildung der Sinnlichkeit, zu einer »radikalen

---

16 In Marcuse, »*Der Eindimensionale Mensch*«, Neuwied 1964, S. 17-18.
17 Nach Schnädelbach, »*Philosophie in Deutschland 1831-1933*«, S. 175.
18 Marcuse, »*Der Eindimensionale Mensch*«, S. 139, S. 182 f.

Sensibilität« auf als Mittel zur Stärkung der menschlichen Natur im Kampf gegen das System. Mit einiger Verspätung kommt Marcuse damit auf die Forderung Wilhelm Reichs zurück, den konkreten Menschen in seiner psychischen Not und mit seiner orgastischen Lebenssehnsucht in den ökonomisch-politischen Analysen nicht zu vergessen.[19] Marcuse verlangt die »Versinnlichung der Intelligenz«[20] und die Entfaltung einer »libidinösen Moral«, um den Menschen vor dem Zugriff der instrumentellen Vernunft zu schützen.

Damit wird die Kulturkritik, die bei der Lebensphilosophie um die Jahrhundertwende begann, nach wechselhaften Schicksalen wieder zu ihr zurückgeführt, ohne sie jemals völlig verlassen zu haben. Kritik an der mechanistischen Zivilisation bei gleichzeitiger Parteinahme für Leben und Seele sind Bestandteil der Lebensphilosophie zu einer Zeit gewesen, als das rationalistische Denken meist in technologischer Fortschrittseuphorie verharrte.

In der Lebensphilosophie wird Nietzsches Gedanke, daß der Geist als Instrument des Lebens sich verselbständigen und gegen das Leben selbst sich richten könne, der Gedanke der Selbstentfremdung des Lebens im Geist, zum Allgemeingut. Zahlreiche Bücher erscheinen, die diese Befürchtung zum Ausdruck bringen: »*Der Geist als Widersacher der Seele*« (L. Klages), »*Untergang der Erde im Geist*« (T. Lessing), »*Bewußtsein als Verhängnis*« (A. Seidel).[21] Dabei wird die zivilisatorische Zerstörung von Leben nach beiden Seiten, nach dem psychischen Innen und dem umweltlichen Außen, ins Visier genommen.

Der 1913 geschriebene Aufsatz des Lebensphilosophen Ludwig Klages »Mensch und Erde« war ein Kreuzzug gegen das »ruchlose Vernichtungswerk des Menschen« an

---

19 In dem Umstand, daß die Ökonomisten und Rationalisten in der sozialistischen Bewegung stets am Subjektiv-Wesentlichen vorbeigegangen waren, erblickte Reich die Bedingung für den Erfolg des Hitlerschen Irrationalismus bei den Massen (»*Die Entdeckung des Organs. Die Funktion des Orgasmus*«, Frankfurt a.M. 1972, S. 148, 178, 182). Insofern begünstigte gerade die *Vernachlässigung* des lebensphilosophischen Moments im progressiven Lager dessen Perversion im Faschismus.

20 U.a. in Marcuse, »*Zeit-Messungen*«, Frankfurt 1975.

21 Schnädelbach, *Philosophie in Deutschland 1831–1933*, S. 178; auch Philipp Lersch, »*Lebensphilosophie der Gegenwart*«, Berlin 1932.

der Natur. Darin wird detailliert die globale Abholzung des Hochwaldes angeprangert, die Klimawandlungen und Wüstenausdehnungen zur Folge hatte; der Fang von dreihundert Millionen Vögeln jährlich, die der Frauenmode geopfert wurden; die großangelegte Schlachtung von Walfischen, für die 1908 in Kopenhagen eine Aktiengesellschaft gegründet wurde; die Tötung von einer achttausendköpfigen Elefantenherde an einem einzigen Tag durch eine englische Jagdgesellschaft; die Hinrichtung von »Eisbären, Moschusochsen, Polarfüchsen, Walrossen, Seehunden in den arktischen Zonen«: »So also sähen die ›Früchte des Fortschritts‹ aus!«

Klages hatte ein sicheres Gespür für das Verhältnis des verstädterten Westlers zum Ökosystem: »Dieselben Schienenstränge«, empörte er sich, »Telegraphendrähte, Starkstromleitungen durchschneiden mit roher Gradlinigkeit Wald und Bergprofile... die gleichen grauen vielstöckigen Mietskasernen reihen sich einförmig aneinander, wo immer der Bildungsmensch seine ›segensbringende‹ Tätigkeit entfaltet... in rechteckige und quadratische Stücke zerschnitten, Gräben zugeschüttet, blühende Hecken rasiert, ... soldatisch in Reihen gestellt und ohne das Dickicht des ›schädlichen‹ Unterholzes.«[22]

Radikaler zeichnet Theodor Lessing seine düstere Vision vom Menschen als geistigem Wesen: »So verfestigte sich immer mehr mein Grundgedanke, daß die Welt des Geistes und seiner Normen nur die unentbehrliche Ersatzwelt eines am Menschen erkrankten Lebens sei, nur das Mittel zur Errettung einer in sich fragwürdig gewordenen, nach kurzer Wachbewußtheit spurlos wieder versinkenden Gattung durch Wissenschaft größenwahnsinnig gewordener Raubaffen.«[23]

»Die meisten von uns haben den Sinn für die Einheit der Biosphäre und der Menschheit verloren«, schreibt 1979 Gregory Bateson in »Geist und Natur – eine notwendige Einheit«. »Die meisten von uns glauben heute nicht, daß das größere Ganze, abgesehen vom Auf und Ab unserer begrenzten Erfahrung, grundsätzlich schön ist.«

Als Bergsons Schriften um die Jahrhundertwende die Ver-

22 Aus der erweiterten Ausgabe von Klages, »Der Mensch und das Leben«, Jena 1937.
23 In Philipp Lersch, »Lebensphilosophie der Gegenwart«, S. 82.

fälschung von Seele und Organismus durch intellektual-mechanisches Denken und Quantität bestätigten, waren diese für den positiven Geist Poesie, ein spiritualistisches Manifest. Doch Bateson bestätigt: »Logik und Quantität erweisen sich als ungeeignete Hilfsmittel, um Organismen in ihrer Interaktion und inneren Organisation zu beschreiben.« »Im Augenblick wird der Leser gebeten, die Behauptung als wahr anzuerkennen, daß es, zumindest im Jahr 1979, keine konventionelle Weise gibt, die Phänomene der menschlichen Interaktion zu erklären oder auch nur zu beschreiben« (in *Geist und Natur*). Im Bewußtsein dieses Mangels machte es sich Bateson zur Aufgabe, die Wechselwirkung differenzierter »Teile« unter der Annahme des immanenten Wirkens eines geistigen Prinzips neu zu beschreiben. Deshalb war für Bateseon Lamarck interessanter als Darwin.

Die »évolution créatrice« Bergsons enthielt schon 1907 Beispiele für das Walten von Geist in der koordinierenden Selbsterhaltung von *Struktur* und *Funktion* der Lebewesen – Begriffe, die die Lebensphilosophie gegen das mechanische Konzept Darwins von Aktion-Reaktion setzte. Batesons alternative Beschreibung der Interaktion von Organismen findet sich wieder in den lebensphilosophisch inspirierten Studien des englischen Physiologen J.B.S. Haldane (1860-1936) und in den Werken des Zoologen J. v. Uexküll (1864-1944) über das Kontinuum zwischen dem spezifischen Bauplan eines Tieres, seiner physischen Innenwelt und seiner Außenwelt.

Für die Frage des menschlichen *Erlebens*, also den besonderen Formen und dem Wesen des Zugangs zur menschlichen und außermenschlichen Umwelt, ist für die heutige Psychopathologie die klassische Arbeit Eugène Minkowskis »Le Temps Vécu« (1933) weiterhin von großem Nutzen. Mit der phänomenologischen Problemstellung Max Schelers und den metaphysischen Einsichten Bergsons gewappnet, vom Ansatz der qualitativen, nicht quantifizierbaren, lebendigen »durée« Bergsons und dessen Analysen von Raum und Quantität ausgehend, gelang es Minkowski, die schizophrene Persönlichkeit als Ergebnis des verlorenen vitalen Kontaktes mit der Wirklichkeit zu ergründen, als eine progressive Schwächung der vitalen Dynamik der Psyche also, die in direktem Verhältnis zu einer Hypertrophie der statischen, räumlichen und rationalen Faktoren steht. Besondere Aufmerksamkeit widmete Minkowski der Störung der seelischen Zeitbezüge während der Krankheit, die durch eine tiefgehende Zerstückelung der gelebten Dauer und ein Überhandnehmen der Vergangenheit gekennzeichnet ist.

Bergsons Entfremdungstheorie setzt die Restitution des Naturbegriffes in seiner Ursprünglichkeit voraus. Ihm zufolge gilt es, unsere unmittelbare Welt- und Selbstwahrnehmung von den zwanghaften Illusionen zu befreien, die unsere Alltagssprache und die neuzeitliche Wissenschaft in sie hineingetragen haben. Erst wenn dies erreicht worden sei, rücke die Heilung der im Menschen und um den Menschen erkrankten Natur näher. Cartesisch beginnt Bergson mit dem eigenen Innenleben. Darin findet er eine rein qualitative Heterogenität von Bewußtseinszuständen, die, gleich einer Melodie, in unablässiger Veränderung sich wechselseitig durchdringen. Es ist die »reine Dauer«, die »Form, die die Sukzession unserer Bewußtseinszustände annimmt, wenn unser Ich sich dem Leben überläßt, wenn es sich dessen enthält, zwischen dem gegenwärtigen und den vorhergehenden Zuständen eine Scheidung zu vollziehen« (»Zeit und Freiheit«).

Außerhalb von uns ist die Wirklichkeit des Raumes, in dem die Dinge voneinander abgegrenzt, nebeneinander angeordnet sind; wir können sie zählen. Bergson verwirft den Versuch des psychologischen Atomismus, die Raumverhältnisse auf das Seeleninnere zu übertragen. Es liegt in der Natur des Atomismus, Veränderungen auf den Platzwechsel von an sich unveränderbaren Elementen zu reduzieren. Der Atomismus eliminiert die wirkliche Veränderung durch die Annahme, daß jede Neuordnung der Elemente auf die vorherige Ordnung der Elemente zurückführbar sei und es keine Garantie dafür gebe, daß sie sich nicht schon einmal ereignet habe.[24] Ein zusammengesetztes Objekt hat keine Geschichte, es altert nicht; es kann wieder in seinen früheren Zustand versetzt werden, wenn nicht aus eigener Kraft, so doch durch einen äußeren Anstoß.

Der psychologische Atomismus ist mit dem rigorosen Determinismus logisch verbunden. Beide konvergieren in

---

24 Milič Čapek, »Bergson and Modern Physics«, Holland 1971, S. 99.

der Eliminierung des Faktors Zeit. Was ist die Bedeutung der notwendigen kausalen Verbindung von zwei aufeinanderfolgenden Ereignissen A und B? Daß alle Merkmale des Ereignisses B vom Ereignis A logisch deduzierbar sind. Bergson zeigt, daß die mechanistische Kausalbeziehung in Wirklichkeit eine Inhärenzbeziehung ist. Oder, wie Poincaré sagte, die traditionelle, statische Kausalität transformiere das Universum zu einer immensen Tautologie, wo es keine wirkliche Zeit, keine Neuheit gibt. Letztere aber gehören nach Bergson wesenhaft zu der Realität unseres Tiefen-Ich (»moi profond«) und zu der Art, wie es zu Handlungen gelangt, eben zu unserer Freiheit.

Es ist gegen Bergson öfters eingewendet worden, daß er Zeit und Freiheit in den Bereich unseres Bewußtseins verbanne, während er die Außenwelt dem homogenen Raume und der Notwendigkeit überlasse. Dies trifft zweifellos für sein erstes Werk »*Zeit und Freiheit*« zu, welches noch dem Einfluß des kantischen Raumbegriffs unterliegt. Später erkannte Bergson jedoch den *intellektualen* Ursprung des kantischen Raumbegriffs und dessen falsche Ontologisierung in der neuzeitlichen Physik. Fortan wurde der homogene Raum zum Sinnbild eines Intellekts, welcher sowohl die individuelle Selbstwahrnehmung als auch die Naturerscheinungen deformiert. Dadurch eröffnete sich Bergson der Weg, die Schöpferkraft der eigenen Seele im Reich des Lebendigen zu suchen und zu finden (s. »*Schöpferische Evolution*«). Die Freiheit kehrt in die Natur zurück, nach langer Zeit der Verbannung, zu der sie durch die wissenschaftlich-mechanistische Weltanschauung verurteilt war. Durch Sympathie und Intuition ist fortan das Subjekt befähigt, die Physiognomie einer nunmehr als innigst mit sich selbst verwandt erkannten Welt aus dem Schleier, in den ein hypertropher Intellekt sie gehüllt hatte, zu befreien. Der Gedanke der Herrschaft des Subjekts über die Welt, der wohl bisher in der Angst vor ihrer Fremdheit begründet war, verliert nun seine Existenzgrundlage. Ein Prozeß des gegenseitigen Sich-Kennenlernens bahnt sich an, der die Wunden aus einer langen Kriegführung schließen wird.

Konstantinos P. Romanòs
Heidelberg, Februar 1989

athenäum[s] taschenbücher